本研究为广东省教育科学规划课题(高等教育专项)"面向未来的工科大学生核心素养提升的路径研究——基于新工业革命视角的考察"(编号：2021GXJK280，主持人：王国光)系列成果。

# 高职院校实践教学·质量管理研究

GAOZHI YUANXIAO
SHIJIAN JIAOXUE
ZHILIANG GUANLI YANJIU

王国光 ◎ 著

ZHEJIANG UNIVERSITY PRESS
浙江大学出版社

实践教学质量管理不仅关系到高职院校技术技能型人才培养质量，也关系到高职教育的内涵式发展及其服务社会的能力和水平。探索实践教学质量管理问题是高职院校教育质量整体提升的需要，更是高职教育实现其人才培养目标的需要。

本研究选择我国东、中、西部三所高职院校为个案，综合运用了文献法、调查法和案例分析等研究方法展开研究工作。本研究在检视前人研究和进行现实考察的基础上，对高职院校实践教学质量管理的特点与价值进行了分析，并提出了相应管理体系及其运行机制的理论构想，探讨了高职院校实践教学质量管理的现状、问题及其归因，最后提出了完善的思路与建议。

高职院校实践教学质量管理包括确定目标与内容、进行监控与评价、开展反馈与改进、实施实践保障与维护这四个前后关联的方面及其整合部分。质量管理的内在结构是对这四个方面的具体要求，质量管理的运行机制规定了这四个方面的运行程序。

本研究发现，当下高职院校实践教学质量管理较为显著的特点包括多元认知、多维保障、多层监督和多重评价。存在的主要问题表现为：实践教学目标脱离人才培养目标，实践教学内容未关注学生综合能力；实践教学监控和评价的主体参与不足，实践教学监控和评价的内容标准不明；实践教学反馈机制不健全，问题改进不到位；实践教学保障与维护中教务部门独立进行，系部各自为政以及缺少利益相关者的参与。究其原因，主要在于：目标设定障碍导致实践教学质量管理定位不明;非合作博弈致使实践教学质量管理的协调不畅;交易成本高造成实践教学质量管理体系机制缺失。完善高职院校实践教学质量管理需要优化高职院校实践教学质量目标的管理,建立相关主体彼此协调、联动共生的合作博弈运行机制,建立并完善实践教学质量管理监督制度、评价考核制度和反馈与改进制度。

新时代,在推进我国由制造大国向制造强国转变、由中国制造向中国创造转变的过程中,职业院校毕业生的技术技能水平对于提升我国人力资本质量,推动产业升级和经济高质量发展具有重要意义。习近平总书记在2019年8月对我国技能选手在第45届世界技能大赛上取得佳绩做出的重要指示中指出,"技术工人队伍是支撑中国制造、中国创造的重要基础"。目前我国高素质技术技能人才供需结构性矛盾不容忽视,数据显示,在全国超2亿的技能劳动者中,高技能人才仅有5000多万人。为了努力培养数以亿计的高素质劳动者和技术技能人才,高职院校实践教学亟须向更高水平迈进,因此对高职院校实践教学质量管理的研究势在必行。

《高职院校实践教学质量管理研究》这本著作,是我在天津大学攻读博士学位期间完成的,从计划写作到最终定稿,总共花费了两年多的业余时间。虽说在繁忙的工作间隙,作为高龄二孩妈要完成这样一部著作是一件很艰难的事情,但有那么多深爱我、关心和帮助我的人,让我的内心深处满含奋斗的力量和深深的感激之情。

感谢爸妈,是他们竭尽全力地支持我在近不惑之年重新走进校园,以圆我攻读博士学位的梦想。感谢我的导师庞学光教授,没有导师当年的认可,我就不会有机会到天津大学读书。七年来,我已深深感受到了导师学问的精深、治学的严谨、性格的随和、为人的真诚。

此外,书稿最终得以顺利完成,与天津大学教育学院其他老师的帮助也是分不开的,感谢闫广芬院长、潘海生副院长、肖凤翔老师、杨院老师、孙颖老师、孙立会老师等在开题、预答辩等环节给我提出的意见和一些可行性建议，在此向他们表示深深的感谢！

　　感谢单位领导和同事们为我提供的学习机会，他们的宽容和厚爱让我能够系统、全面地学习有关职业教育的前沿理论知识，并得以借鉴众多专家学者的宝贵经验，这对于我的工作和人生，无疑是不可多得的宝贵财富。

　　感谢同门兄弟姐妹们的支持和帮助，感谢期刊开心群可敬可亲可爱的群友们。

　　感谢老公，感谢我的大宝、小宝！感谢他们给我幸福温暖的小家，让我无论碰到什么样的艰辛，都没有害怕和退缩！他们的大手和小手，给我无穷的力量，我愿和他们一起向诗和远方奋力奔跑，成就更优秀的我们！

　　心怀感念，唯有快乐前行！

王国光

2021 年 8 月 16 日于江西南昌

# 目 录
CONTENTS

**第一章　导　论** / 1

第一节　研究背景与意义　/ 1

第二节　核心概念　/ 6

第三节　文献综述　/ 10

第四节　研究设计　/ 40


**第二章　高职院校实践教学质量管理的内涵、价值与理论基础** / 46

第一节　高职院校实践教学质量管理的内涵　/ 46

第二节　高职院校实践教学质量管理的价值　/ 61

第三节　高职院校实践教学质量管理的理论基础　/ 70


**第三章　高职院校实践教学质量管理的体系及其运行** / 79

第一节　高职院校实践教学质量管理体系　/ 79

第二节　高职院校实践教学质量管理的运行要求　/ 96

**第四章 高职院校实践教学质量管理问题调查及归因分析** / 110

第一节 调查设计和实施 / 110

第二节 高职院校实践教学质量管理的成效与现实问题 / 120

第三节 高职院校实践教学质量管理现存问题的归因 / 158

**第五章 完善高职院校实践教学质量管理的思路与建议** / 166

第一节 明晰高职院校实践教学质量管理目标定位 / 167

第二节 建构实践教学质量管理主体间合作博弈运行机制 / 175

第三节 建立完善的实践教学质量管理制度保障体系 / 183

**结论与展望** / 193

**参考文献** / 200

**附 录** / 221

# 第一章

# 导　论

## 第一节　研究背景与意义

实践教学作为职业教育重要的人才培养模式和核心环节，其质量管理将直接决定和影响人才培养质量。近年来，强化职业院校实践教学质量管理逐渐成为我国职业教育发展战略的重要内容并已引起职教理论界与实践者的高度关注。那么，我国高职院校实践教学质量管理现状如何？是否所有高职院校均已建构起完善的实践教学质量管理体系？现行的实践教学质量管理体系是否存在缺陷和不足？应该建构什么样的体系才能从根本上破解既有缺陷和不足？这些是有待研究和解决的现实而紧迫的问题。

### 一、研究背景

#### （一）强化实践教学质量管理——时代赋予的历史使命

在经济发展新常态、中国制造 2025 战略背景下，我国高职院校进入了内涵式高质量发展的新阶段。职业教育作为特殊的教育类型，侧重实践教学是其区别于其他教育的显著特征。通过强化实践教学，培养高素质劳动者和技术技能型人才是新时代职业院校高质量发展的必然选择。从这个意义上讲，实践教学质量决定着高职院校人才培养质量，建构完善的实践教学质量管理体系将成为高职院校高质量发展的保障。为强化实践教学及其质量管理，国家颁布了一系列政策和文件。2019 年 1 月 24 日，国务院印发《国家职业教育改革实施方案》，开启了职业教育由规模扩招转向高质量内涵式发展的新时代。该方案明确提出："职业院校实践性教学课时原则上占总课时一半以上；要提升职业院校教学管理和教学实践能力；及时将新技术、新工艺、新规范纳入教学标准和教学内容，强化学生实习实训。"[①]2019 年 5 月 6 日，教育部等六部门联合印发的《高职扩招专项工作实施方案》提出："针对不同生源的从业经历、技术技能基础和学习需求，创新实习管理方式，开展灵活多样的实践教学。"[②]2019 年 6 月 5 日，教育部印发《关于职业院校专业人才培养方案制订与实施工作的指导意见》，规定"实践性教学学时原则上占总学时数 50% 以上"，同时"强化实习、实训、毕业设计（论文）等实践性教学环节的全过程管理与考核评价"[③]。这些举措表明实践教学及其质量管理已被纳入国家职业教育发展战略规划并成为社会关注的焦点。研究当前高职院校实践教学及其质量管理现状，特别是存在的深层次问题，探索和建构完善的实践教学质量管理体系，以最大限度推动职业教育向更高质量发展，是时代赋予职教理论工作者的重要历史使命。

### （二）完善实践教学质量管理体系——高质量发展的内在诉求

近年来，扩大办学规模和招生规模成为诸多高职院校的发展方向和办学

---

① 国务院关于印发国家职业教育改革实施方案的通知（国发〔2019〕4 号）[EB/OL].（2019-02-13）[2019-05-19]. http://www.gov.cn/zhengce/content/2019-02/13/content_5365341.htm.

② 教育部等六部门关于印发《高职扩招专项工作实施方案》的通知 [EB/OL].（2019-05-14）[2019-09-02]. https://gaokao.chsi.com.cn/gkxx/zcdh/201905/20190514/1791078159.html.

③ 教育部关于职业院校专业人才培养方案制订与实施工作的指导意见 [EB/OL].（2019-06-18）[2020-04-15]. http://www.moe.gov.cn/srcsite/A07/moe_953/201906/t20190618_386287.html.

追求，但不少院校盲目追求外延式规模发展，对质量提升和内涵式发展关注不足，并未建构起与产业经济发展相适应的实践教学质量管理体系。许多高职院校的实践教学质量管理存在一系列问题。

1. 实践教学质量管理服务目标定位不清

目标是对活动预期结果的主观设想，是在头脑中形成的一种主观意识形态，也是活动的预期目的，它为活动指明方向[①]。高职院校要培养满足产业转型升级和企业技术创新所需要的高素质技术技能型人才，就要求实践教学质量管理的立足点和归宿点都要服务于这一人才培养目标，实践教学质量管理的组织原则、合作方式、运行模式、评价标准等都要围绕既定的人才培养目标来展开。本研究调查中发现，不少高职院校虽然也认识到实践教学质量管理的重要性，并制定了相应的规章制度，但在目标定位上却并未紧扣高素质技术技能型人才这一目标的内在规定，即未能让实践教学及其质量管理与培养"既掌握科学系统的理论知识和丰富的经验技术，又拥有应用技术、解决实际问题、知识迁移创造的能力"的人才这一要求紧密契合[②]。这导致许多高职院校从学校层面到实践教学各环节乃至实践教学指导教师，均难以科学把握实践教学质量管理的服务目标定位。按照目标设置理论，如果没有明确目标引导，则实践教学各环节、各主体难以集中优势资源投入到人才培养过程中，从而影响人才培养质量。除此之外，基于调查，本研究还发现，不少高职院校的中高层领导已经认识到实践教学的重要价值，也能够理解实践教学对于学生职业能力培养的重要意义，但对于如何让实践教学直接对接学校人才培养目标，却很少有人给出明确的解答，这极易导致对实践教学的重视仅仅停留在技术层面，即强调某一项实践教学的问题治理，而忽视质的系统性和完整性。

---

① 徐兆林.基于目标管理 SMART 原则的课堂教学有效观测 [J]. 中国职业技术教育,2019(35):68-72，81.

② 朱厚望,龚添妙.高职教育人才培养目标的历史演变与再定位 [J]. 中国职业技术教育,2020(7):66-70.

### 2. 实践教学质量管理难以整合教学资源

高职院校实践教学与理论教学的结构模式多种多样，近年来在高职院校办学实践中出现了理实一体、工学结合、工学交替、教学工厂等多种实现形式，并且都取得了不错的效果。相应的，实践教学本身也存在着多种多样的组织形式，其中"见习"与"实习"依然是实践教学的主体。但本研究在调查中发现，高职院校的实践教学过程仍存在明显的条块分割现象。比如，课程中的实践教学与学制中的实践教学割裂、见习与实习之间缺少衔接、学期中的实践与学期外的实践分裂等。究其原因在于，实践教学环节的教学人员与实践教学管理部门缺乏良好的沟通，从而导致实践教学在目标制定、具体实施、教学质量检查等方面缺少有效衔接。实践教学的具体环节都由任课教师负责，缺乏有效的监督管理环节和监管人员。还有部分高职院校对实践教学的重要性的认识不够充分，缺乏对实践教学质量检查职责的明确分工，忽视了对实践教学的质量管理，从而难以保障实践教学的质量。条块分割的根本原因在于实践教学管理主体整合不科学、管理内容沟通不畅、管理评价各自为政。实践教学质量管理过程的条块分割有悖于立体全方位培养职业技术人才的要求，难以满足产业转型升级和企业技术创新对技术技能型人才的需要，故如何破解诸多的条块分割难题，促进质量评价从孤立走向结合、从多元走向一体，这不是单靠质量评价本身就能解决的，而是有赖于对高职院校实践教学质量管理体系的重新设计。

综上，实践教学质量管理中存在的问题，已经成为制约高职院校高质量发展的瓶颈。对职业院校实践教学质量管理进行研究，梳理其现存问题并剖析其产生的原因，是职业院校走出现实困境并实现高质量发展的内在诉求。

## 二、研究意义

本研究的意义包括理论意义和现实意义两个方面。

### （一）理论意义

**1. 有助于丰富职业教育学和全面质量管理相关学科的理论内涵**

从理论层面上讲，在职业教育蒸蒸日上的今天，如何提升职业教育品质，成为一个兼具理论性和实践性的紧迫课题。基于社会经济发展和职业教育自身发展的需要，质量管理、质量保障相关研究已成为近年来职业教育研究的热点。然而，实践教学质量管理的相关研究相对薄弱。本研究以 TQM（全面质量管理）和 ISO9000 质量管理体系为理论基础，深入系统地研究高职院校实践教学质量问题并建构完善的质量管理体系，可以在一定程度上丰富职业教育学和全面质量管理相关学科的理论内涵，拓宽其研究领域和视角。

**2. 有助于深化高职院校实践教学质量管理理论**

高职院校实践教学质量管理上层次、出品质、见成效均需要在正确的理论指导下进行，而理论本身的正确性和完善程度决定了理论指导的可行性和生命力。在尚被质疑"教育理论脱离实际"的背景下，教育理论在教育实践中的应用特别需要进一步提高针对性和精准性，以教育实践问题为切入口是一个重要的思路[①]。因此，本研究以解决高职院校实践教学的现实问题为出发点，在审视传统理论的贡献和局限性的基础上展开研究工作，能在一定程度上深化高职院校实践教学质量管理的理论研究，提升高职院校实践教学质量管理的理论品质。

### （二）现实意义

**1. 为高职院校实践教学质量管理提供一定的参考和依据**

实践教学在提高学生综合素质、动手能力以及理论联系实际的能力等方面有着重要的作用。学生通过实践去理解理论、运用理论，并通过实践将理论内化，有利于学生完整、系统地掌握理论知识，把所学知识转化为各种能力。本研究力求通过对当前实践教学质量管理存在的现实问题进行梳理，并

---

① 余清臣. 基于教育实践问题的教育理论实践应用机制 [J]. 国家教育行政学院学报,2019(9):9-16.

在深入剖析其原因的基础上建构较为完善的管理体系，在一定程度上为高职院校解决实践教学质量管理过程中存在的问题提供参考和依据，为各高职院校建构完善的实践教学质量管理体系提供方法论指导。

2.助推职业教育的高质量发展

高职院校实践教学质量管理问题是本研究的出发点和落脚点，研究的目的在于挖掘造成实践教学质量问题的内在根源并建构较为完善的实践教学质量管理体系，在此基础上提出消解制约实践教学质量管理有效运行的各种障碍，推动高职院校实践教学高质量运行的思路和对策。本研究的现实意义在于充分引起广大高职院校对实践教学质量管理的关注与认同，引导高职院校充分认识实践教学质量管理过程中存在的各种潜在风险并前瞻性地建构较为完善的实践教学质量管理体系，进而推动广大高职院校提高人才培养质量和效率，助推职业教育的高质量发展。

## 第二节　核心概念

本研究所涉及的核心概念主要包括"实践教学""教学管理"和"质量管理"。为了明确研究对象，故做如下分析和界定。

## 一、实践教学

目前，学者们对实践教学概念的理解和界定虽然在基本精神上大体一致，但在具体表述上尚有一定差别。有学者认为，实践教学是让学生通过观察、实验、操作、实习等方式，有计划地巩固、深化相关理论知识与专业知识，从而发展与本专业相关的实际工作能力[1]。有学者进行了更为具体的界定。例如，张晋认为，"实践教学是在工学结合的培养模式下，高职院校为提高职业素养和职业能力，通过一定训练，完成一定任务而开展的教学活

---

[1]　郭洪月.我国高等职业教育实践教学环节的研究 [D].天津：天津大学,2007.

动"①。米兰等则按照不同的标准，对实践教学进行了细致的划分，"在教学目标上，主要有认识实习、理论教学、实验验证、技能训练、设计创新能力实践；从教学环节上，主要指实验、实训、实习、顶岗实习、毕业设计、职业技能大赛等；在种类上，包括软件和硬件两方面，软件即指教学改革、师资队伍建设，硬件即指实验室、实习实训基地"②。还有学者从实践教学的功能入手，进一步深化了对实践教学的理解。比如，实践教学可以激发学生的能动性，增强学生的学习兴趣；检验理论知识学习的掌握情况；强化技能训练，提高操作能力；提高学生的职业认同、端正职业态度、完善职业道德③。

基于不同学者从不同的研究侧重点提出的不同观点及其共识，本研究将实践教学的含义归纳为以下几点：（1）实践教学是根据不同级别、不同专业人才，为实现不同人才培养目标而开展的教学活动。（2）实践教学包含实习、实验和实训等一系列活动的实施过程。它依据培养目标制定教学计划，结合相关理论知识的学习，统筹进行课程安排，同时，在相关教师的指导下，利用所需的设备设施，开展实践性技能操作的教学活动，并在实践教学活动完成后，依据一定的标准，开展各方面的考核。当然，实践教学活动开展的过程中也有相关考核。（3）实践教学会提高学生的相关能力。实践教学在表面上提高的是学生的操作技能水平和实际工作能力，但在更深层次上，它带给学生的是综合素质的提升以及整体职业意识的深化。

实践教学改革是高职院校实现由规模扩张向内涵式发展的关键环节，是高职院校办学特色的体现，是高职院校教学质量的根本保证，也是全面提升高等职业教育人才培养质量的有效途径，更是进一步增强高职院校服务经济社会能力的重要体现④。高职院校实践教学是指高职院校为培养高素质技术技

---

① 张晋. 高职实践教学的内涵及其特征 [J]. 继续教育研究 ,2009(8):115-117.

② 米兰，杨彦如，吕倩娜. 高职实践教学体系存在的问题及应对策略——以北京电子科技职业学院为例 [J]. 职业技术教育 , 2011, 32(32):29-31.

③ 陈德清，钟燕瑾. 提高高职实践教学质量的研究与探索 [J]. 中国职业技术教育 ,2010(2):22-24.

④ 姜凌. 构建高职实践教学体系的理性思考 [J]. 教育与职业 ,2009(12): 158-159.

能人才而由相关教师组织的一系列生产性或服务性活动的过程。从发生空间来讲，有课堂中的、实验室的、企事业工作岗位上的。本研究所说的实践教学特指在企事业工作岗位上进行的实践教学。选择此类型实践教学的原因在于：第一，此种类型涉及多个场域，更能体现实践教学的复杂性和主体多元性；第二，此种类型的实践教学追求学生综合职业能力的提升，更能体现高职教育的性质；第三，此种类型的实践教学在生产岗位上进行，更能体现实践教学的本质特征，也更加便于洞察实践教学的真实样态和核心问题。

## 二、教学管理

"管理是指管理者为实现一定目标，对组织所拥有的资源进行有效的计划、组织、指挥、监督、协调、控制等活动过程"[1]，这是《决策科学辞典》给出的界定。教学管理则是发生在教育系统内部的管理工作。关于教学管理的含义，学者们的看法有所不同。刘茗在较早时曾强调，教学管理是学校管理者组织开展的，根据教育教学工作的基本规律，结合教育方针、教学计划、教学大纲所提出的要求，遵循现代管理学的基本理论，通过计划、组织、协调、控制等管理环节，运用科学管理的方法和手段，对教学工作的各方面、各环节、各要素进行优化组合，保障教学工作顺利开展，提高教学质量和效果的活动[2]。有学者对教学管理的涵义进行了更为具体的阐释：教学管理在内容上，包括教学思想管理、教学质量管理、教学行政管理，前提条件是思想管理，核心内容是质量管理，外部保障是行政管理；在管理形式上，需要开展计划管理、组织管理和教务管理[3]。何向彤认为，教学管理工作是一项系统开展的管理活动，它以培养出社会发展需要的人才、提高人才培养质量为目标，根本任务在于使教学活动科学化、规范化，从而提高办学效益与教学质量，

---

① 萧浩辉. 决策科学辞典 [M]. 北京：人民出版社 ,1995.
② 刘茗. 当代教学管理引论 [M]. 北京：教育科学出版社 ,1992.
③ 刑经彦. 浅谈教学管理 [J]. 现代教育管理 ,2001(1):72-73.

其重要性在于它是提高一个学校在市场经济条件下办学竞争力的关键[①]。

基于对众多观点的理解与思考，本研究对教学管理的概念界定主要强调以下三个方面：（1）其管理工作开展的环境在学校，或者说是在教育教学系统内部，因此，它不同于工厂、企业的一般管理，它要根据教育教学系统的环境特点，依据其管理的目标、管理对象的特殊性，结合教育教学的一般规律，采用适合的管理方式和方法。（2）教学管理虽然是在教育教学系统中开展的管理工作，但也要遵循管理学的基本原理及一般规律，运用科学方法，发挥管理职能。如果脱离了管理学的基本原理与一般规律而开展教学管理工作，就难以实现教学管理的目标。（3）教学管理的最终目标是要合理配置教学资源，创造良好的教学环境，保障教师完成教学任务，从而实现教学效果最优化。

## 三、质量管理

所谓质量管理，《现代经济词典》给出的界定是：企业为了保证和提高其产品的质量所进行的技术、计划和组织等方面的控制与管理工作。在计划方面，质量管理涉及质量目标、相关指标、改进措施等计划的制定和对质量控制计划的检查、改进和调整等；在组织方面，质量管理涉及设置质量管理机构、编制相关规章制度、建立质量保证体系、对职工进行质量教育、组织质量管理小组等。基于实践教学的计划性和组织性特点，同样可以运用企业质量管理理念及范式对实践教学进行质量管理，以提高其质量和效率。2000年版 ISO9000 族标准对质量管理的定义是，在质量方面指挥和控制组织的协调活动，包括制定质量方针和质量目标，并进行质量策划、质量控制、质量保证和质量改进。美国学者戴明（W. E. Deming）在 PDCA 循环[②]（戴明环）中很好地诠释了质量管理思想，并由卡内基教学促进基金会（Carnegie Foundation

---

① 何向彤 . 高等职业教育实践教学管理特质初探 [J]. 教育与职业 ,2007(17):46-47.
② DEMING W. Out of the Crisis[M].Cambridge, MA: MIT Press, 2000: 23.

for the Advancement of Teaching) 最早引入教育领域 [1]。该循环由改进质量出发，因改进质量而降低成本，减少返工，从而有更少的错误、延误、障碍，进一步提高生产力，更好地捕捉市场，以更好的质量和更低的价格使业务稳定，并能提供更多工作。著名的质量管理专家朱兰博士认为，质量管理的三部曲是质量计划、质量控制、质量改进。在质量管理实践中，不应把过多精力放在质量控制上，质量计划和质量改进对于质量管理来说同样重要。

本研究结合各种观点对质量管理做出如下界定：质量管理是基于一定的质量方针和质量目标对质量方面进行协调操作的管理活动，它包括质量计划、质量控制、质量改进。质量计划规定必要的运行过程和相关资源；质量控制是对影响质量结果的各要素进行控制，从而满足质量要求；质量改进是对现有水平的提高。在质量管理过程中，不能过分强调质量控制，也要关注质量计划和质量改进的重要性。

## 第三节　文献综述

根据研究需要，本研究对国内外职业教育实践教学管理的相关研究进行梳理与分析，旨在借鉴前人的成果与经验，并确立本研究的突破点和创新点。

### 一、职业教育教学质量管理的相关研究

随着我国经济的快速发展，社会对技术技能型人才的需求越来越明显，职业教育拥有了和普通教育同样的地位，得到了广泛关注。2019年1月，《国家职业教育改革实施方案》颁布，其中明确提出，职业教育要在5～10年内基本完成"由追求规模扩张向提高质量转变"的目标。为此，我国职业教育

---

① BRYK A S et al. Learning to Improve: How America's Schools Can Get Better at Getting Better[M].Cambridge, MA: Harvard University Press, 2015: 89−93.

必须进行教学质量管理，并建立起一个科学、规范、高效的教学管理体系，以实现教学效果不断提升、教学质量不断改善的目标。本节通过对当前我国职业教育教学管理的研究进行梳理，概括了我国职业教育教学质量管理的概念与意义、主要模式、问题及对策等方面的研究内容，为今后的研究和实践提供一些参考。

### （一）关于职业教育教学质量管理的概念及意义的研究

#### 1. 关于教学质量管理概念的研究

在市场经济下，质量作为衡量产品优劣的重要指标，被企业和学校所重视。教学是学校教育工作的中心环节，只有学校的教学质量不断提高，学生的素质才能较好地适应社会和经济发展，学校的教育质量才能有所提高。目前，教育界对于教学质量的概念还没有一致的界定。吴志宏等认为，教学质量是学生经过学习后所应达到的规格要求[①]。王嘉毅认为，教学质量是指学生的发展变化达到某一标准的程度以及不同的公众对这种发展变化的满意度[②]。总的来看，教学质量的概念有狭义和广义两种解释。狭义的教学质量是课堂教学质量，其衡量标准就是学生在教学过程中所获得的各种服务，即学生知识、能力和素质的增长；广义的教学质量则体现在培养出来的学生所具备的素养上，包括德智体美各方面的综合素质与水平[③]。

由于学者们对教学质量的理解不同，因此对教学质量管理这一概念也有不同的理解。吴志宏等认为，教学质量管理是通过有效的管理、协调和控制，促使教学效果达到课程计划、教学大纲和教科书所规定的要求[④]。廖友芳则提出，教学质量管理是指按照教学规律和教学管理规律，通过对教学活动

---

① 吴志宏,冯大鸣,周嘉方.新编教育管理学 [M].上海:华东师范大学出版社,2000:268.
② 王嘉毅.教学质量及其保障与监控 [J].高等教育研究,2002(1):74-78.
③ 应吴硕.构建高职院校实训教学质量管理体系的研究与实践 [D].上海:上海师范大学,2011.
④ 吴志宏,冯大鸣,周嘉方.新编教育管理学 [M].上海:华东师范大学出版社,2000:268.

的检查、评价、协调以及控制，达到教学质量标准的活动过程[①]。总的来看，目前教育界对于教学质量管理概念的理解还不太一致，不同的学者因各自研究的主题和对象不同，都可能对教学质量管理给出不同的界定。

2. 关于职业教育教学质量管理意义的研究

（1）解决就业结构性矛盾，服务经济社会转型

有研究认为，在国家创新驱动和社会转型发展的大趋势下，新兴行业不断涌现，社会对人才的要求也在不断地发生着改变。但是有些职业院校却没能及时调整专业结构与人才培养方向，导致了学生在就业市场上面临着"供需"结构性矛盾[②]。此类研究认为，职业院校教学质量管理是一个由多种要素构成的复杂的、庞大的系统。通过教学质量管理，能够对学校的教学活动进行系统的、全方位的监控与管理，使学校教学工作始终围绕社会需要，能够以最高的效率和最好的效果实现质量目标，以解决就业结构性矛盾，从而更好地服务经济社会转型。

（2）完善人才培养方案，实现学校的可持续发展

此类研究认为，教学质量是学校发展情况的重要标志，对学校的声誉及未来的发展影响很大。学校人才培养方案的制定需要明确专业定位、职业岗位。而学校教学质量管理只有理顺人才培养的整个过程，才能有利于完善教学方案，并保证学校教学的每个环节都处于受控状态，提升学校教学质量。因此，职业学校需要通过科学、全面的教学质量管理，使学校目标定位符合社会需求，人才培养符合行业需求，从而进一步完善人才培养方案，实现职业院校健康、持续的发展。

（3）提高学生综合素质，培养高素质专门人才

相关研究认为，教育活动的主体是学生，教学活动必须满足学生的需

---

① 廖友芳. 职业中学教学质量管理现代化研究 [D]. 上海：华东师范大学, 2006.

② 韩芳, 董大奎. 基于动态响应的高职院校专业教学质量管理研究 [J]. 中国职业技术教育, 2015(27):68−71.

求，顺应学生的发展规律。职业教育应帮助学生获得走上岗位之后所需的理论知识和实践技能，不断提高学生的个人修养、综合素质，让他们能够顺利地在就业市场中实现理想就业[①]。我国社会还在不断转型中，职业学校需要找准自身的定位，满足各行各业对技术技能型人才的需求，注重学生的创新能力、综合素质的培养。职业教育教学质量管理能够对教学质量进行判断，系统地获取教学过程中的全部信息[②]，引导并保证学校的教学工作始终在正确的轨道上进行，有利于提高学生综合素质，培养高素质专门人才。

### （二）我国职业教育教学质量管理的主要模式研究

#### 1. 基于全面质量管理思想的模式研究

20 世纪 80 年代，我国开始引入全面质量管理思想，许多学者都对这一思想及其在学校的应用进行了分析。在职业教育领域中，胡亚群、雷小波等学者们详细阐述了全面质量管理的内涵、特征和原则，并对这一思想在职业教育教学管理中运用的可行性、策略等进行了探索。

随着全面质量管理思想在我国职业教育教学质量管理中的运用，越来越多的学者将全面质量管理思想与教学管理结合起来，以分析职业教育教学全面质量管理的内涵。姜伟等提出："教学全面质量管理是以发展创新精神为宗旨，以不断提高教学质量为目标，从教师的教学过程到学生的学习过程。"[③]王德华认为："教学全面质量管理是指教学团队为了保障和提高教学质量，用全面质量管理理论和系统科学的方法，综合运用管理技术和专业知识的过程。"[④] 此外，王德华等还全面构建了高职院校教学全面质量管理体系，并细

---

①　聂永成.利益相关者视界下的高职院校教学质量管理框架 [J].教育学术月刊,2012(4):75-78.

②　王正.加强高职教学质量管理的意义与方法 [J].教育与职业,2014(12):45-46.

③　姜伟,程传蕊.高职院校教学全面质量管理模式的认识与实践 [J].教育与职业,2006(36):22-24.

④　王德华.对高职院校实施教学全面质量管理的思考 [J].教育与职业,2011(5):27-29.

分了教学质量管理的组织系统、制度系统等[①]，以便于职业学校进行借鉴。可以看出，尽管学者们对于教学全面质量管理内涵的理解有所不同，但是他们一致认为教学全面质量管理是以提高教学质量为中心的，需要教师、学生等人员共同参与的复杂的、长期的过程。

很多学者除分析职业院校教学全面质量管理的内涵外，还提出了以下三点教学全面质量管理的原则：

一是全过程原则。根据全面质量管理的思想，职业教育教学质量观念应该"由重视结果转向重视过程"，从而将教学质量管理贯穿到教学活动的整个过程中，实现对教学过程中所有环节的管理监控[②]。值得关注的是，全过程管理的结果主要在于引发行动，促使教学管理活动成为一种积极的、建设性的过程，以促进教学的各组成要素的改进[③]，提高职业教育的教学质量。

二是全要素原则。要求对职业教育教学系统中任何关涉教学质量的因素都进行质量评估和管理。在职业院校中，教学质量的高低是教学过程中每一个环节工作质量的反映，因此，每一个环节的质量都不容忽视[④]。职业院校需要将所有与教学质量有关的要素全部纳入到教学质量管理体系中，并根据不同要素的分布对教学资源进行优化配置，以完善教学质量管理的过程。

三是全员参与原则。要求教学质量管理重视且调动人的能动性，并通过个体发展推动集体向更高层次发展[⑤]。由于职业教育教学质量体现的是对人的质量要求，所以与学生相关的主体都应该对其质量进行管理、引导，包括学校教师、管理人员、学生、家长，甚至社会人员等。因此，只有在多元利益主体参与的前提下，构建全面、高效的教学质量管理体系，才能保证职业教

---

① 王德华，吕俊峰．高职院校教学全面质量管理的研究与实践[J]．中国职业技术教育，2010(23):38-41.
② 王义宝．基于全面质量管理的高职教学质量评价研究[J]．教育探索，2013(5):63-64.
③ 王德华．对高职院校实施教学全面质量管理的思考[J]．教育与职业，2011(5):27-29.
④ 王义宝．基于全面质量管理的高职教学质量评价研究[J]．教育探索，2013(5):63-64.
⑤ 王德华．对高职院校实施教学全面质量管理的思考[J]．教育与职业，2011(5):27-29.

育的教学管理质量得到持续、稳定的提高①。

关于职业教育教学进行全面质量管理的策略，很多学者都提出了自己的见解。有些学者基于学校教学质量管理中的现实问题，提出了将全面质量管理思想运用于职业教育教学质量管理中。李响等分析后发现我国很多职业院校的教学质量管理理念落后、教学质量保障体系不完善。他们提出，职业院校应围绕学生的教育需求确定教学质量标准，构建以教学质量管理手册、教学质量改进机制等为核心的全面教学质量管理架构②。为解决大众化教育中高职院校人才数量和质量矛盾激化问题，杜学元等也提出了多项策略，包括树立教学全面质量管理意识、制定文件式的质量标准、建立质量信息数据库和质量信息管理制度等③。

此外，还有学者根据全面质量管理思想，提出了具有新意的对策。王义宝认为，职业院校教学应该运用全面质量管理思想，坚持适应性、发展性和多元性的质量观，对教学质量进行全面、系统的评价，建立多元主体评价体系等④。王德华等认为，职业院校可以通过"吸收—消化—创新"和"理论—实践—凝练"的方法，形成基于业务流程再造的方案⑤，这可以帮助职业院校实现教学质量管理工作向内在驱动的成功转化，有利于推动职业学校提高教学质量。

2. 基于 ISO9000 质量管理体系的模式研究

20 世纪末，我国学校教学管理开始引入 ISO9000 质量管理体系，众多学者如史葆龄、蒋艰等都展开了相关的研究。此后，越来越多的学者开始探索

---

① 聂永成.利益相关者视界下的高职院校教学质量管理框架[J].教育学术月刊,2012(4):75-78.
② 李响,仇大勇,黄晓燕.基于全面质量管理的高职院校教学质量管理研究[J].职教论坛,2018(2):58-63.
③ 杜学元,帅燕.高教大众化背景下高职教学实行全面质量管理探讨[J].职教论坛,2008(22):9-11.
④ 王义宝.基于全面质量管理的高职教学质量评价研究[J].教育探索,2013(5):63-64.
⑤ 王德华,吕俊峰.高职院校教学全面质量管理探索[J].职业技术教育,2010,31(23):64-67.

将 ISO9000 质量管理体系引入职业教育教学质量管理中，并分析了 ISO9000 质量管理体系的内涵、特征等。

ISO9000 质量管理体系包括五项标准和八项质量管理原则，其八项质量管理原则经常被用于教学质量管理中，具体包括：以顾客为关注焦点，过程方法管理，领导作用，全员参与，持续改进，系统方法，基于事实的决策方法等[①]。ISO9000 的基本思想是"控制所有过程的质量"，因此，教学质量管理的中心任务也应该是建立科学的质量管理体系，进行持续的教育质量改进[②]。ISO9000 质量管理体系不仅运用了现代的系统论、信息论和控制论等先进管理方法，而且运用了美国戴明博士提出的 PDCA 循环过程理论，具有极强的科学性、综合性。可以看出，对于 ISO9000 质量管理体系内涵的认识，学者们都比较一致，同时大家也都注意到了将 ISO9000 引入职业教育教学的重要性。

（1）关于职业教育教学管理引入 ISO9000 的可行性

很多学者除了对 ISO9000 质量管理体系的内涵进行分析，还探究了将职业教育教学管理引入 ISO9000 的可行性，具体有以下三点：

其一，将 ISO9000 质量管理体系运用于职业院校教学管理顺应了时代的要求。新时代是经济全球化的时代，是知识经济的时代，也是信息化的时代，提高教育质量、培养高素质人才是大众一致认可的。在这样的背景下，我国教育呈现愈加强劲的走势，不同投资主体建起的各类学校日益增多，教育不断走向开放，职业教育面临着更大的竞争压力[③]，这就要求职业学校顺应时代要求，提高教学质量，以吸引优质生源和优秀企业。

其二，ISO9000 质量管理体系与我国职业教育提倡的素质教育比较契合。

---

① 陶应军.ISO9000 视野下高职教学质量管理标准体系构建[J].中国成人教育,2008(15):109-110.

② 唐逊.谈将 ISO9000 族标准引入高职院校教学质量管理[J].中国成人教育,2007(23):43-44.

③ 周凤华.ISO9000 质量管理体系在职业学校教学管理中运用的可行性分析[J].中国职业技术教育,2004(3):10-12.

ISO9000 质量管理体系始终坚持"以顾客为关注焦点""质量由顾客决定"，而素质教育也是"以人为本""以学生为中心"，尊重学生个性的教育，满足学生的需要，帮助学生发展。众所周知，在素质教育理念下，只有将学生的积极性、主动性调动起来，把学生真正作为学习的主体，让他们的需要和发展规律来决定教学活动，这样的观念与 ISO9000 质量管理体系的质量观是一致的、契合的。

其三，ISO9000 质量管理体系运用于职业院校教学管理能够促进学校发展。已有的实践经验表明，ISO9000 质量管理体系运用于学校管理，尤其是职业学校管理不仅是可行的，而且还能提高学校的经济效益和知名度。ISO9000 质量管理体系的运用不仅可以对学校、社会和国家负责，节约教育行政的开销，而且有利于规范学校教学质量管理活动，提高教师们的责任意识，从而提高学校的经济效益，促进学校发展。

（2）关于职业教育教学管理运用 ISO9000 的路径

我国多项理论研究和学校实践已经证明，把 ISO9000 质量管理体系运用于职业学校管理是可行的，因此，许多学者对其运用的路径进行了探索。

有些学者基于现实学校教学质量管理中的问题，提出了在职业教育教学管理中运用 ISO9000 质量管理体系的路径。唐逊针对我国职业学校教学质量的系统性和全员性管理缺乏、与本学校的实际和特色结合不够的问题，探讨了将 ISO9000 族质量管理体系引入职业学校教学质量管理的可行性、具体思路和要注意的问题[1]。陶应军提出了在职业学校实施 ISO9000 质量管理体系标准的具体步骤[2]，对职业院校提供了可资直接借鉴的操作方案。

还有学者运用 ISO9000 质量管理体系进行理论研究，找到了新颖的路径。武马群等建立了一整套完整的高等职业教育教学质量管理与保障体系，

---

[1]　唐逊.谈将 ISO9000 族标准引入高职院校教学质量管理[J].中国成人教育,2007(23):43-44.

[2]　陶应军.ISO9000 视野下高职教学质量管理标准体系构建[J].中国成人教育,2008(15):109-110.

覆盖了高等职业教育全过程的服务质量管理与保障过程[1]。叶萍运用 ISO9000 族标准的过程管理方法，构建了"五方四步三层"实践教学质量管理模式和柔性管理运行机制[2]。马必学等也同样以 ISO9000 质量管理体系为基础，构建了以"四方三层"为结构的教学质量管理框架。程万君则依据高职院校人才培养工作水平评估以及 ISO9000 标准，结合现代职业学校实际编制了高等职业教育教学质量管理体系[3]。这些学者的研究都是在 ISO9000 基础上的进一步发展和创新，在不同层面上丰富了相关理论研究。

此外，叶琦、王波等分析了基于过程方法的教学质量管理，并探究了其路径。过程方法是 ISO9000 族标准提出的八大质量管理原则之一，是建立和实施质量管理体系的基础和核心。叶琦根据过程方法的内容要求，对职业学校教学质量管理体系的构建与实施进行了深入的研究[4]。王波等分析了应用型院校在实践教学质量管理中面临的输入困境、过程困境和输出困境[5]，并提出了相应的对策。

### （三）关于我国职业教育教学质量管理的困境及对策的研究

#### 1.我国职业教育教学质量管理面临的问题

通过对已有文献的梳理发现，现行职业教育管理所存在的问题集中表现在以下几个方面：

（1）政府角色定位不当，教学管理制度不够健全。

政府角色定位不当，教学管理制度不够健全，属于职业教育教学质量管理前存在的问题。有学者指出，在某些职业学校中，从学校的招生指标、专

---

[1]　武马群,童遵龙,黎梅,等.基于 ISO9000 质量管理体系标准的高等职业教育教学质量管理与保障体系研究实践 [J].中国职业技术教育,2014(32):5-8.
[2]　叶萍.基于 ISO9000 族标准的高职实践教学质量管理体系研究 [J].职教论坛,2014(18):86-90.
[3]　程万君.高等职业教育教学质量管理体系的研究 [J].继续教育研究,2009(8):113-115.
[4]　叶琦.基于过程方法的高职实训教学质量管理体系的构建与实施 [J].教育理论与实践,2014,34(21):26-28.
[5]　王波,张崎静.基于过程方法的应用型院校实践教学质量管理 [J].教育与职业,2019(20):93-96.

业设置、就业情况，到学校的财务、基建、教师聘用等无不受到政府严密的控制，这就使得政府管理越位，管得过多，统得过死，也使得职业学校缺乏自主权[①]。政府的角色定位不当既会影响政府的权威，又会影响学校办学的自主地位，会导致学校决策分散化，不利于教学质量的有效管理。

此外，我国职业教育还存在教学管理制度不健全的问题。有研究指出，由于缺少有效的评价制度、反馈调控机制，部分学校没有建立实践教学评价体系，实践教学质量管理体系不完善[②]。还有学者分析了我国职业教育现行管理体制存在的主要问题，具体为职业教育管理的"条块分割"、职业学校办学自主权缺失等问题。比如，我国的中专、职高、技工学校等都由政府部门管理，还有一些政府其他部门以及企业参与办学，使得我国职业教育管理体系更加错综复杂[③]，教学管理制度存在某些相应的问题。

（2）教师学术权力弱化，实践教学课程不被重视。

教师学术权力弱化，实践教学课程不被重视，属于职业教育教学质量管理中存在的问题。我国职业教育一直提倡建设双师型教师队伍，这就要求职业学校的教师既要具备扎实的理论知识，又要具有较强的专业实践能力，能对学生进行理论知识和专业技能的指导[④]。然而，有学者指出，我国目前职业学校的等级化倾向严重，管理层是学校权威的象征，教师和学生处于从属地位，掩盖了教师的主导地位和学生的主体地位，容易造成教师的学术自由严重受限[⑤]。

此外，我国职业教育的实践教学经常得不到应有的重视。有研究指出，

① 聂永成.利益相关者视界下的高职院校教学质量管理框架[J].教育学术月刊,2012(4):75-78.
② 王波,张崎静.基于过程方法的应用型院校实践教学质量管理[J].教育与职业,2019(20):93-96.
③ 牟晖,杨挺.我国职业教育管理体制改革研究综述[J].教育与职业,2009(27):11-13.
④ 吴建强.基于产学结合的高职院校教学质量管理体系构建[J].教育与职业,2014(26):31-32.
⑤ 聂永成.利益相关者视界下的高职院校教学质量管理框架[J].教育学术月刊,2012(4):75-78.

许多职业学校的教学质量管理只关注课堂管理，对实践性的教学质量管理重视不够，而有些职业学校虽然也看重校内实训的质量管理，却又忽略学生的校外实践，比如企业、基地的实践等①。在这样的情况下，即便是应用型职业院校，其实践教学的质量管理仍面临实践课程安排不合理、实践教材质量不达标、实践教学模式运行效果不理想、实践教学评价体系不完善的困境。

（3）学生综合素质不强，教学质量评价方式单一。

学生综合素质不强，教学质量评价方式单一，属于职业教育教学质量管理后存在的问题。大部分应用型院校毕业生虽然参与了一定的实践教学活动，但其岗位能力与企业要求差距较大，技术技能明显不足，且缺乏吃苦耐劳精神，职业素养有待提升。此外，部分应用型院校的专业设置偏离了地区发展对人才的需求，毕业生难以适应市场需要。有学者就指出，由于学生的职业生涯教育不足，没有树立正确的职业观和价值观，学生的综合素质不强，难以适应工作环境，容易引发学生的低就业率和高离职率②。

此外，我国职业学校中还存在教学质量评价方式单一的问题。有研究发现，我国职业学校多实行统一的教学计划、课程设置，甚至连教材、教学方法和考试形式都是大同小异的③。在特定的历史时期，这些统一的评价方式曾经起过非常大的作用，但是今天我们提倡素质教育，要发展学生的综合素质，培养学生的核心素养，这种高度统一的评价方式难以达到评价目标，也不利于培养适应社会需要的高素质技术技能人才。

2. 关于我国职业教育教学质量管理实施策略的研究

针对以上问题，学者们提出了一系列我国职业教育教学质量管理的实施策略，主要集中在以下几个方面。

---

① 吴建强.基于产学结合的高职院校教学质量管理体系构建[J].教育与职业,2014(26):31-32.

② 王波,张崎静.基于过程方法的应用型院校实践教学质量管理[J].教育与职业,2019(20):93-96.

③ 汪艳丽,黄建伟.高职教学质量管理及监控的微观运行机制探讨[J].中国职业技术教育,2010(21):81-83.

（1）发挥相关主体作用，健全教学管理制度。

为进行教学质量管理，政府应明确定位，不能管得过多、过死，要切实保证职业学校的自主权。有学者就指出，我国还应进一步扩大职业学校的自主权，切实处理好政府与学校之间的关系[①]，给职业学校更多的办学自由。同时，还有学者提出，要积极改革职业学校内部管理体制，扩大职业学校的办学自主权，探索积极有效的办学新模式[②]，从而让政府部门由直接的行政管理转变为间接的宏观调控。职业学校也应该积极调动教师、学生参与教学质量管理的积极性，发挥校内相关主体作用。

同时，职业学校要健全教学管理制度。教学管理制度建设是教学质量提升的重要保障，只有形成了完备的教学质量管理制度才能真正做到教育教学的可持续发展。有学者提出，职业学校应建立一个符合职业教育特点的质量管理体系，充分发挥各管理主体的作用，形成各方监督的教学质量评价制度，建立并完善学校、二级学院和教师三级质量保障机制，促进实践教学质量不断提高[③]。此外，还有学者提出，职业学校还要确立有职业特色的教学质量观，认清职业教学质量建设的特殊性，确定职业学校的教学质量标准[④]，为教学管理的实际运作做足准备。

（2）鼓励教师参与管理，重视实践教学课程。

教师是职业教育教学质量管理中的重要主体，职业学校应该鼓励全体教师参与管理，并不断提高他们的参与积极性和管理能力。有研究提出，职业学校可以通过多种形式的活动，使教师能够学到更多的管理方法和经验，帮助他们树立更先进的管理理念，增强其实现管理科学化的自觉性和能动性，

---

① 周昌顺.建立职业教育管理体制良性运行机制 [J].中国成人教育,2002(6):23-24.

② 陈嵩.职业教育管理体制创新研究 [J].河北师范大学学报(教育科学版),2008(5):100-106.

③ 王波,张崎静.基于过程方法的应用型院校实践教学质量管理 [J].教育与职业,2019(20):93-96.

④ 白义,王清宣.高职院校教学质量管理问题探讨 [J].山西财经大学学报,2010,32(S1):245.

从而提高职业学校教学质量[①]。还有学者指出，教学质量管理应该从教师的一般心理需求出发，充分调动教师的主观能动性，充分尊重他们的智力劳动，将努力改进教学方法和提高教学质量成为教师的自觉行为[②]。

此外，职业院校还应重视实践教学课程。随着我国科学技术的发展，职业院校更应该革新实践教学模式、紧跟时代发展、提高教学效率。有学者指出，职业院校的教师要充分利用现代化设备，实现教学的数字化，并结合物联网、互联网等手段设计实践教学应用场景，使学生更容易感知和接受教学内容[③]。职业院校要灵活利用教学时间，将教学内容的重点和难点集中在课程的前半部分，相应增加学生动手操作的时间，培养学生的操作技能，提高学生的实践能力。

（3）培养学生综合素质，丰富质量评价方式。

职业院校的学生不仅要掌握各种基本能力，还要学会对职业生涯进行科学合理的规划。为了提高学生的综合素质，帮助学生更好地胜任今后的工作，学校应通过职业生涯规划，使学生在实践训练中感知职业精神，提升其职业素养。学校还应根据社会需求不断调整学生的知识构成，强化其综合素质，引导他们深入地分析自身优势及劣势，帮助他们有针对性地制定自己的职业发展规划，充分发挥主动性。同时，职业院校还应做好毕业生跟踪管理，包括毕业生跟踪调查工作和毕业生跟踪管理的内容和方法[④]。

此外，职业院校还应丰富质量评价方式。教学质量评价是一项复杂的工作，涉及人才培养的整个过程。职业院校需要丰富评价方式，采用定量评价与定性评价相结合的方式，既重结果也重过程。在对教学质量的考核中，要

---

① 钱吉奎，金榜.关于进一步完善高职院校教学质量管理机制的思考 [J].教育与职业,2009(33):13-15.
② 龙建佑，唐芳.高职院校教学质量管理中的教学督导工作方式创新研究 [J].教育与职业,2015(14):25-27.
③ 王波，张崎静.基于过程方法的应用型院校实践教学质量管理 [J].教育与职业,2019(20):93-96.
④ 白义，王清宣.职业院校教学质量管理问题探讨 [J].山西财经大学学报,2010,32(S1):245.

注重学生对于知识和技能学习的过程。同时，还应对教师的教学过程进行全面考核，并将学生的课堂表现纳入教师教学质量评价体系。此外，还有学者提出，职业院校应该利用现代信息技术及时采集质量信息，对学生进行全面的监测和评价[①]，这将推动学校进行教学质量管理。

## 二、职业教育实践教学管理的相关研究

### （一）国内职业教育实践教学管理的相关研究

国内关于职业教育实践教学管理的相关研究主要从实践教学管理的重要意义、实践教学管理存在的问题、实践教学管理发展的途径三个方面进行。

1. 关于我国高职院校实践教学管理的重要意义的研究

2011 年教育部印发《关于推进高等职业教育改革创新引领职业教育科学发展的若干意见》，强调"高等职业教育以培养生产、建设、服务、管理第一线的高端技能型专门人才为主要任务"[②]。我国高职教育的培养目标定位在高端技能型人才，而高端技能型人才的培养，离不开实验、实训、实习等实践教学过程，因此，实践教学对于高职教育的重要性不言而喻。

在这样的背景下，研究者一般从三个层面讨论高职实践教学管理的意义。第一，实践教学管理是学生综合实践能力提升的重要渠道，对于促进学生从知识到技能的转化具有非常重要的意义[③]，而且对于高职学生来讲，不论是技能课的学习还是公共课的学习都需要以实践教学保证学生的能力提升[④]；

---

① 韩芳,董大奎.基于动态响应的高职院校专业教学质量管理研究 [J].中国职业技术教育,2015(27):68−71.

② 教育部.教育部关于推进高等职业教育改革创新引领职业教育科学发展的若干意见教育部 [EB/OL].（2011−09−29）[2019−08−16].http://www.gov.cn/gongbao/content/2012/content_2112752.htm.

③ 周文清.增值评价：高职院校实践教学质量评价的新选择 [J].湖南师范大学教育科学学报,2016,15(3):126−128.

④ 曲士英,王丽英.高职院校思想政治理论课实践教学模式建构 [J].黑龙江高教研究,2016(11):135−137.

第二，实践教学是提升高职专业建设水平的重要渠道[①]，有利于从整体上提升高职专业建设与需求之间的契合度，有利于促进高职院校双师型教师队伍的建设[②]，有利于优化教育内容，培育工匠精神[③]；第三，实践教学是激发高职院校办学活力的重要途径，有利于促进高职院校与社会需求的有效互动[④]，并激发高职院校以此为契机优化专业结构，修订专业目标，提升教育评价的社会化水平[⑤]。

正如学者们所看到的那样，国家行政主管部门多次出台相关政策，强调高职院校实践教学管理工作的重要意义。教育部 2008 年《高等职业院校人才培养工作评估方案》的通知，2009 年《关于加快高等职业教育改革促进高等职业院校毕业生就业的通知》，教育部、财政部 2010 年《关于进一步推进"国家示范性高等职业院校建设计划"实施工作的通知》，教育部等五部门 2016 年出台的《职业学校学生实习管理规定》等文件，都对高职院校实践教学管理工作提出了具体明确的规定[⑥]。高职院校实践教学管理工作是高职教育教学管理工作中的重要内容，影响实践教学的教学质量与教学成果，影响高职院校人才培养的质量与成果。甚至可以这样认为，高水平的实践教学管理，可以有效保证高职院校各项职能的发挥，从而为实践教学创造规范的制约性框架和良好的保障性条件，推动实践教学有效开展，实现实践教学的预设目标。

2. 关于我国高职院校实践教学管理存在的问题的研究

（1）目标定位不明确。这一问题初步的表现是意识不到高职院校实践教

① 张艳芳，原二保. 高职院校实践教学改革研究——以山西建筑职业技术学院建筑工程管理专业为例 [J]. 教育理论与实践,2016,36(9):27-29.
② 李兰巧. 文科高职实践教学的目标、原则与方法 [J]. 中国高等教育,2012(Z3):60-61.
③ 蒋丽君. 高职院校财经类专业三位一体实践教学模式构建探索 [J]. 中国高教研究,2013(2):103-106.
④ 刘志选. 论网络环境下高职实践教学资源建设的创新 [J].黑龙江高教研究,2013,31(6):159-161.
⑤ 张鹏. 探索高职 EDA 技术工程实践教学模式 [J]. 中国教育学刊,2015(S2):131-132.
⑥ 张一平. 高职院校实践教学管理体系研究与实践 [J]. 中外企业家,2017(1) : 181-182.

学管理的价值所在。已有研究显示，部分高职院校的管理者意识不到高职教育管理的独特性，更意识不到高职院校实践教学管理的独特性。高职教育既是高等教育，也是职业教育，其管理必须兼顾这双重属性。不能把高职教育的管理等同于普通的高等教育管理，也不能把高职教育看作高等教育中低级别的一部分，认为其管理工作是低层次的。应意识到高职教育实践教学管理的重要性以及对于其实践教学的管理不能和普通高校的实践环节的管理一样作为附属环节①。事实上，高职院校实践教学的管理难度更大、要求更高，甚至需要有更系统且专门的管理方式和组织体系。基于高职教育自身的双重属性，其教学管理工作也应独具特色，不能一概而论。要立足于职业技术教育的基本原理，结合高职教育管理的特殊规律，做好高职院校实践教学管理工作，发挥实践教学管理的优势。

此外，还有部分高职院校的管理者对于实践教学管理的目标定位不清晰，也使各项工作很难做到位。比如，不重视实践教学计划的组织安排，实践教学计划内容空洞、可行性差，甚至很难与课堂教学内容衔接，导致实践教学与课堂教学如同两条平行线各自独立，直接影响学生学习内容的连贯性与系统性②。又比如实践教学中对兼职教师的管理问题，兼职教师虽是企业的技术骨干，然而他们可能缺乏岗位培训的相关经验，或者说对于高职院校的学生来讲，他们并不具备所需的教学能力③。解决这些模棱两可的问题，需要有非常明确的目标定位，高职院校实践教学的管理，到底要由谁来进行？管理什么内容？怎么进行管理？这些问题的解决，涉及管理机构的组建、管理对象的确定、管理手段的运用。

（2）实施过程不规范。对于高职院校实践教学管理在教育教学实施过程中出现的问题，学术界已有很多研究，其中涉及的问题主体主要有学生、教

①　何向彤.高等职业教育实践教学管理特质初探 [J]. 教育与职业 ,2007(17):46-47.
②　陈士强.高职院校实践教学管理模式探析 [J].继续教育，2008(5):9-11.
③　刘桂香.现代学徒制下高职实训基地管理模式改革的难点与对策 [J].教育与职业 ,2017(8)：98-101.

师、学校、企业：①学生方面。已有研究涉及学生对于实训日志的态度，显示学生对实践教学过程的重视程度不够，一些学生的做法是，在实训期快结束时，为了应付学校检查，才开始写实训日志，甚至是学生之间互相抄一下。②教师方面（这里的教师，主要是指对学生进行辅助指导与管理的教师，比如高职院校实验室人员）。对教师的配备有短缺的现象，一些院校由专职任课教师兼任实验室的管理人员，这样不仅增加了专职教师的工作量，而且不利于实验室的统一、协调管理，实验室很有可能在使用过程中出现时间冲突的现象，或是有些实验室长期无人使用。同时，这些专职教师可能没有足够的能力使实验设备得到及时、有效地维护保养，会直接影响实践教学课程的开展[①]。再比如，连年扩招使带队老师的任务日益繁重，指导生产实习的带队老师不得不由蹲点指导变成了巡回指导，由指导实习变成了检查实习，这种情况下，学生的实习效果可想而知[②]。③学校方面。一方面，在高职院校实践教学目标的设定上，大多由各专业自己上报，不经院系考量、专家审核、市场调研，这样的教学目标一方面可能脱离社会发展要求与市场经济需要，培养出来的学生难以投入到实际的工作岗位中去；另一方面，实验室已有的实践教学条件无法满足教学需求，学生根本无法操作，教师难以开展实践教学工作。④企业方面。来自企业的问题主要有：学生参加顶岗实习的工作，其生产的产品难以达标，影响企业生产进度，企业会付出更高的成本，因此许多企业只有在人手不够的情况下，才会安排学生进行短期的顶岗实习；学生由于不熟悉企业的生产技术规范，安全生产的意识不强，可能会诱发许多难以预料的企业生产事故；对于企业与学校之间的合作，由于难以明确界定企业的职责，就不能很好地发挥企业作用[③]。以上这些现象，只是各主体在实

---

① 贾林平.高职院校实践教学管理模式构想[J].北京市经济管理干部学院学报,2006,21(2):58-60.

② 何向彤.高等职业教育实践教学管理特质初探[J].教育与职业,2007(17):46-47.

③ 刘桂香.现代学徒制下高职实训基地管理模式改革的难点与对策[J].教育与职业,2017(8)：98-101.

施过程中出现的较为典型的问题，除此之外，在实践教学的实施过程中，仍然有很多宏观或微观的问题。

（3）条件保障不完备。已有研究认为，条件保障方面的问题主要可分为两部分：一是硬件设施，这是来自实验设备与实训基地等硬件条件的问题；二是软实力，这是来自师资队伍的问题。

硬件设施上的问题主要分为两方面。一方面是现实存在的问题，比如，硬件设施不足。硬件设施需要更新成更为现代化的设施设备；同时，这些硬件设施的引入与管理，会涉及多个职能部门，那么就可能会难以协调，使一些实践资源无法共享和利用[①]。另一方面是面临的潜在风险问题。比如，专业招生数量的问题，在其他条件不变的情况下，这些硬件设施的运转与维护取决于专业的招生数量；可持续发展的问题，这些硬件设施的引入不仅要考虑一次投入的问题，还要考虑运行成本及后期投入；配套设施的问题，比如一些大型生产性实训基地的建设需要考虑电力设施、给水与排水设施等；技术支持的问题，比如实训基地的建设与使用需要专业的团队运作，这并非专职教师可以胜任的；道德风险的问题，这指的是由于监管不到位，可能存在个别人员利用硬件设施牟取个人利益[②]。我们可以认为，硬件设施是实践教学管理条件保障中的基础，如果没有适宜的硬件设施，那么实践教学管理将是一纸空文，实践教学也将成为纸上谈兵。

（4）师资队伍的问题。主要是指"双师型"教师队伍的建设问题。当前，高职院校"双师型"教师比例在30%以下，而这与合格标准规定的50%以上还有很大的差距，可以说，这已经成为制约实践教学质量提高的瓶颈问题了[③]。原因是90%以上的教师来自普通高校，缺少专业技能培训，教师实践教学能力亟待提升，而来自企业的具有高水平技术技能的兼职教师，又缺乏对基本教学

---

① 徐张咏. 对职业教育实践教学的思考 [J]. 教育探索, 2013(1):61-63.
② 郭玉梅. 高等职业教育实践教学管理研究 [M]. 北京：中国农业大学出版社, 2009.
③ 田清华，张翠明. 高职院校机电类专业实践教学中存在的问题及对策探析 [J]. 职教论坛, 2013(26):31-33.

规律的掌握①。师资队伍是影响实践教学质量的重要因素，如果说硬件设施是基础，那么，师资队伍这个软实力就是关键，即使硬件设施都到位了，如果师资队伍水平不高，不能发挥良好的引导作用，实践教学的质量仍然难以提升。

（5）考核评价不系统。相较于理论课程的考核评价，实践教学对教学过程、教师、学生的考核评价都没有形成体系。理论课程对教师的考核有教案检查、课堂检查、领导评教、教师互评、学生成绩公布等一系列完整的考核评价体系，并且这个考核评价体系严谨、有效、操作性强。而实践教学对教师的考核则十分零散，甚至没有②。考核评价体系的重要性毋庸置疑，完整、科学、高效的实践教学考核评价体系，是提高实践教学管理水平，保障实践教学质量的有效手段。

3. 我国高职院校实践教学管理发展的途径

（1）树立科学先进的管理理念。科学先进的管理理念对管理工作的开展有思想上的引导作用，要拥有开放、现代、国际化的理念，要树立人本化和民主化的理念，要秉持可持续发展的理念。高职院校实践教学的管理理念特别要注重两方面，一方面，要充分认识高职院校具有高等教育与职业教育的双重属性，其管理思路与普通高等教育不同，特别是对实践教学部分的管理要给予足够的重视，而不是将其视为普通教学的附属环节。另一方面，要根据市场经济发展趋势，充分利用社会资源，争取企事业单位与行业协会的参与③，因此其管理理念要特别强调注重市场需求的指导作用，注重行业企业的职业化要求。

（2）组建责权明确的管理机构。实践教学管理机构的组建，是实践教学管理工作开展的基础，明确不同层级单位、职能部门的工作范围，在这个范

---

① 米兰，杨彦如，吕倩娜. 高职实践教学体系存在的问题及应对策略——以北京电子科技职业学院为例 [J]. 职业技术教育，2011,32(32):29-31.

② 吴文新. 高等职业教育中实践性教学管理探析——以航海类专业为例 [J]. 湖北函授大学学报，2008,21(1):21-22.

③ 潘春利. 引入 ISO9000 体系创新高职实践教学管理模式 [J]. 中国成人教育，2013(16):30-32.

围中落实责任与权利，有利于实践教学管理各项具体工作的开展。

对于管理机构的组建，研究者们提出了不同的管理模式。其中已达成共识的观点是，形成学校、院系、教研室（实验室）三级组织管理模式。学校层面，教务处下设专门的实践教学科，制定实践环节教学原则，统筹协调全校实践教学所涉及的人、物、事，形成分层次、多模块、相互衔接的实践教学体系。院系层面，根据学校教务处的具体要求，遵照实践教学原则，结合各院系实际情况，形成完善的适宜本院系的管理方案，进行整体规划、管理、监控、提高。实验室与教研室是最基层的单位，但也是做好实践教学管理工作的关键组织，它直接管理、监督教师的实践教学工作过程，考察、评价学生的实践教学学习成果，是具体的执行单位[①]。另外，也有研究者提出了由学校进行统一管理的模式以及专业管理模式。其中，前者是由学校组建专门的实践教学管理部门，从实践教学的设计、实施到考核都由其顶层设计、统一管理；后者是各专业直接依据不同的培养方案及学校的管理规定，制定实践教学方案并实施，充分体现专业特色，并结合专业其他教学环节，促进专业教学改革[②]。这些不同的模式有不同的适用范围，高职院校应根据自身的特点进行选择。

同时，鉴于实践教学具有需要企业参与的特殊性，也要特别注意发挥企业的管理职责，本着互惠互利的原则，建立学校与企业的固定联系制度，实现沟通畅通与共同合作[③]。这样有利于明确学生在实习期间企业对学生的监管职责，明确在制定教学计划以及选定教学内容时企业的职责，明确在校企共建教学基地的运营管理中企业的职责等。

（3）确定清晰精准的管理对象。确定实践教学的管理对象，就是明确到底需要管理什么。综合已有研究者的各种观点，可将管理对象分为三大类，

---

① 朱小萍.加强高职实践教学管理的途径 [J].职教论坛,2010(23):45-46,49.

② 李兰巧.试论高等职业教育实践教学的管理 [J].教育与职业,2012(36):159-160.

③ 张俊松,王晓利,许佳玲.试析职业教育的校外实践教学[J].中国高教研究,2004(7):56-57.

即对人的管理、对物的管理、对事的管理。

①对人的管理。对高职院校实践教学师资的管理，既有量的要求，也有质的要求。量的方面，教师对学生实践的指导应定有工作量标准，且实践教学学时应占总教学学时的 50% 以上；质的方面，教师应根据教学目标，指导学生达到职业标准，指导学生参与技能比赛[①]。对教师的管理中，也要强调对教师的培训，尤其是"双师型"教师的培训，学校教师应定期到企业了解最新的技术手段，熟悉最新的岗位需求，及时更新自己的知识储备；企业的兼职教师，也要定期到学校接受培训，构建完善的理论知识体系，提高教育教学水平[②]。全面提升学校教师与兼职教师的实践教学水平，形成质量优良的实践教学师资队伍。

学生方面，首先，要让学生对实践教学的重要性有清晰的认识，从思想上重视实践教学；其次，要让学生明白实践教学的目标、方式、考核标准等，让学生知道实践教学也有一套完整的操作体系并了然于心；最后，鉴于实践教学的特殊性，要特别强调纪律的重要性，制定严明的纪律，要求学生严格遵守纪律。同时，在实践教学的过程中，要特别强调学生综合素质的提升，注意学生敬业精神的养成，观察、思维、表达能力的培养，安全意识的塑造等。对于学生的管理，重在多宣传、多引导、多强化。

②对物的管理。对实践教学内容的管理，是对软实力的提升。有研究者将实践教学内容分为课程实训、顶岗实训、综合应用实训、毕业实践四个方面。课程实训主要是基本技能训练、基本能力养成；顶岗实训，在与专业对口的岗位上，注重对工作情境的适应；综合应用实训，是根据专业培养目标开展的全面实训，注重综合应用能力的养成；毕业实践，主要训练学生对社

---

①　李兰巧.试论高等职业教育实践教学的管理 [J].教育与职业,2012(36):159-160.
②　张俊松，王晓利，许佳玲.试析职业教育的校外实践教学 [J].中国高教研究,2004(7):56-57.

会、行业、职业、岗位的适应①。也有研究者认为，实践教学内容同样由公共课、专业基础课、专业课构成②，只是更加强调相应的实践教学活动的部分，不同的构成模块对应不同的实践教学活动领域。

对实践教学设施的管理包括对实验设备、实训基地等硬件的管理。有研究者提出，对于基地的日常管理，可以把管理权交给专业学科，充分实现教科研、示范推广、生产经营的一体化；对于基地的运行管理，主张提高基地的利用率，吸引社会组织到基地进行科研立项与开发投资③。也有观点认为，应进一步把基地的管理细分为校内基地与校外基地的管理。校内基地，根据其不同的管理部门与使用制度，由院校管理与由系部管理、统管与专管、共用与专用的不同，制定不同的管理方案；校外基地，依据投资主体、校企联系密切程度、基地共用与否，采用不同的管理模式④。对于实验设备，根据使用率的不同，进行优化配置，根据专业设置情况，建立共享的实验中心，提高利用效率，减轻管理负担。

③对事的管理。制定实践教学计划是实践教学工作的开端。计划的制定，对工作的整体开展起着引导与约束的作用。一般认为，实践教学计划是根据培养目标制定的，它明确实践教学的任务和要求，规划实践教学进程，制定学时标准，安排时间、地点、教师，确定考核评价方案。

对实施过程的管理，贯穿于实践教学开展的始末。可以通过教学检查、教学督导、师生座谈会、教学研究活动等形式⑤进行管理。对实践教学实施过程的管理，主要是为了落实相关各主体的职责，严格要求，高效执行。

对考核评价进行管理，形成考核评价体系，对实践教学的开展有调整

① 林小星. 基于工学结合的高职实践教学管理体系构建 [J]. 职业技术教育,2011,32(8):23-26.
② 谢冽. 浅析校企合作下实践教学管理模式的建构 [J]. 职教论坛,2010(11):9-10,13.
③ 徐张咏. 对职业教育实践教学的思考 [J]. 教育探索,2013(1):61-63.
④ 郭玉梅. 高等职业教育实践教学管理研究 [M]. 北京:中国农业大学出版社,2009.
⑤ 谢健. 高等职业教育实践教学质量保障与监控体系的构建 [J]. 中国成人教育,2008(15):92-93.

作用。建立完整的考核评价体系，涉及评价主体、评价客体、评价内容、评价标准、评价方法，要注意体系的全面完整与合理使用。同时，需要强调的是，考核评价并非仅仅为了获得结果，更重要的是依据结果进行反馈调节，因此要注意前期、中期、后期评价相结合。

采用优良高效的管理手段。管理手段的采用涉及的是工具与方法的选择问题，已有研究多从以下方面着手：

①制定实践教学制度，如"实践教学基地管理办法""学生顶岗实习管理制度"等，明确各实践教学环节应遵照的规则与程序，严格遵守，按章办事；

②构建质量管理体系，引入全面质量管理、目标管理、标杆管理、ISO9000族质量管理体系等，将其应用于实践教学的管理[①]；

③运用计算机等现代技术管理手段与设备，进行教学数据分析、实验室使用管理等，优化管理程序，减少管理负担，提高管理效率。

### （二）国外职业教育实践教学管理的相关研究

#### 1.德国职业教育实践教学管理的相关研究

德国的职业教育模式主要是双元制。双元是指接受职业技能培训的人员要在两种场所完成培训：一是在学校，主要接受的是与职业有关的专业知识方面的培训；一是在企业等校外实训场所，主要是接受职业技能方面的训练。这在一定程度上显示出了德国职业教育实践教学的重要地位。

在德国，职业教育主办方的职权通过法律进行明确规定，其管理机构依据联邦、州、地区的层级而设。德国《基本法》明确规定，各州所在辖区内，各类学校属于该州的国家设施，各州根据《州学校法》相关规定进行管理[②③]，

---

① 陈德清，钟燕瑾.提高高职实践教学质量的研究与探索 [J].中国职业技术教育，2010(2):22-24，27.

② 崔文静.德国职业教育管理体制的特色及启示 [J].教育与职业，2013(1):100-101.

③ KLAUS SCHAACK. Why Do German Companies Invest in Apprenticeships?[M]. Klaus Schwarz Publishers Berlin with support of the UNESCO International Centre for Technical and Vocational Education and Training, 2008.

而企业形式的职业教育，其管理权在联邦，根据《联邦职业教育法》等进行管理。德国职业教育法律法规体系比较完备，早在 20 世纪 60 年代就颁布了《手工业条例》《联邦职业教育法》《联邦劳动促进法》等[①]。正是由于有完备的法律保障体系，其各层级的管理机构对各自实践教学管理的职权也更明确。

德国职业教育的分工明确，学校承担基础理论教学的工作，企业承担职业教育实践教学的部分。研究者认为，学校理论教学内容为企业实践教学服务，本质上体现了实践教学在德国职业教育中的核心地位[②③④]。也有研究者研究德国高等专科学院由企业主导、注重实践过程管理的实践教学模式，认为企业在高职院校实践教学过程中占主导作用，这体现在企业主导整个实践教学过程与教学内容的安排，实践教学中的科研任务源于企业需求并为企业服务，企业对实践教学成果进行评价和考核，企业是德国高等专科学院实践教学经费的主要来源，企业把对学生的指导和培训作为己任，并作为其人力资源开发的途径[⑤]。其实，双元制表面上是学习场所（学校和企业）的双元，深层次的更是培训人员身份的双元、培训内容的双元、培训目标的双元、法律依据的双元、组织管理的双元，其中对于学校与企业的不同角色有不同要求，双方应有明确的目标定位与责任意识。另外，还有独立于学校与企业之间的行业协会，最初它是为维护企业共同利益而自发建立的社会团体，之后它也作为德国职业教育与培训的组织管理机构监督职业教育相关工作、规划制定教育培训大纲、审查实施主体资质认定、组织职业资格考试等。

① CEDEFOP. Vocational Education and Training in Germany[M]. Luxembourg: Office for Official Publications of the European Communities, 2007: 31.
② GERHOLZ K H, BRAHM T. Apprenticeship and Vocational Education: An Institutional Analysis of Workplace Learning in the German Vocational System[J]. Discourses on Professional Learning: On the Boundary Between Learning and Working, 2014(9): 143.
③ MÜIEHLEMAN S, WOLTER S C. Return on Investment of Apprenticeship Systems for Enterprises: Evidence from Cost-benefit Analyses[J]. IZA Journal of Labor Policy, 2014(3): 1–22.
④ WOLTER S C, MÜHLEMAN S, JÜRG S. Why Some Firms Train Apprentices and Many Others Do Not[J]. German Economic Review. 2006(3): 249–264.
⑤ 黄亚妮. 国外高职实践教学模式特色的评析和启示 [J]. 高教探索 , 2005(4):69–71.

由此我们可以看出，德国职业教育实践教学管理的三大特色，即健全完备的法律体系为职业教育实践教学的开展制定了明确的权限、规则、范围；分层多级的管理主体，联邦、州、地区三级管理主体，层层相接，环环相扣；多元合作的组织机构，学校、企业、行业协会，明确权责，各司其职。

2. 英国职业教育实践教学管理的相关研究

英国是世界上最早采用雇佣学徒制且将其成功发展起来的国家，英国的现代学徒制采用工作本位的培训模式，学徒 20% 的时间在继续教育学院或一些私立的专业学习机构学习，80% 的时间在工作场所进行培训。企业、继续教育学院、学徒三方签订协议，按照学徒制相关法律，依据学徒制培训框架，完成学徒培训项目，获得相关资格[1]。

英国国家职业资格证书制度（NVQ）与英国现代学徒制的建立紧密联系，是英国职业教育的核心[2][3]。英国高职院校实践教学模式在一定程度上受国家职业资格推动，形成了独具特色的"资格推动型"职业教育实践教学模式[4][5]。该模式的主要特色有三：一是在做中学。当学生想要完成某部分的知识或技能的学习时，可以从已有的工作条件出发，尝试设计工作项目，在考评员的指导下，按照国家职业资格标准实施工作项目，从而掌握相应的知识与技能。二是以能力为基础。因为国家职业资格是以相应职业能力为基础的，因此高职院校实践教学也应当以能力基础为目标，获得了职业资格证书，就意

① WALLIS P. Apprenticeship and Training in Premodern England[J]. The Journal of Economic History, Cambridge University Press, 2007(3): 832−861.

② MICHAELA B, LINDA C, CHRISTPHER W. The Apprenticeship Framework in England: a New Beginning or A Continuing Sham? [J]. Journal of Education and Work,2010: 25−39.

③ SMITH E, RAUNER F. Rediscovering Apprenticeship, Research Findings of the International Network on Innovative Apprenticeship (INAP)[M].Technical and Vocational Education and Training: Issues, Concerns and Prospects,2010.

④ WOLF A. Portfolio Assessment as National Policy: The National Council for Vocational Qualifications and Its Quest for A Pedagogical Revolution[J]. Assessment in Education: Principles, Policy and Piactice, 1998(10): 21−32.

⑤ AITKEN J. National Vocational Qualification: A Review NVQ Report[M]. London : Institution Of Electronics and Electrical Incorporated Engineers, 1993: 45.

味着掌握了相关的职业资格能力。三是基于以上两点，在对学生成绩的考核上，以实际的工作效果为标准。英国高职院校实践教学的特色在一定程度上离不开国家职业资格制度的引导，国家职业资格证书比传统证书更严格[①]。正是英国国家层面重视对职业资格制度的管理，通过严把资格证书关，从而实现了对高职院校实践教学的管理。

### 3. 澳大利亚职业教育实践教学管理的相关研究

澳大利亚职业技术教育与培训的承担主体主要是技术与继续教育学院（TAFE），这是澳大利亚高等教育的重要组成部分[②]。TAFE 高等文凭由澳大利亚政府颁发，其地位相当于我国高等职业教育层次，其课程教学以能力为本，强调实践教学环节[③]。澳大利亚 TAFE 学院内部配备有完善的实习设备、实训基地，将理论与实践相结合，边教理论，边练实践，提高教学效率，使学生更好地掌握专业知识与技能。学生学成之后，拿到 TAFE 的文凭，在就业市场极受欢迎，可以在各相应行业大显身手。在一定程度上甚至可以说，TAFE 学院高质量的实践教学成果，离不开其建立的一系列质量培训保障框架。

澳大利亚质量培训框架（AQTF）是澳大利亚国家培训框架中的核心组成部分之一，另外两部分是培训包和澳大利亚资格认证框架。它包含两套质量标准：一是 RTO 标准，当某个教育培训机构满足标准下的 12 个条件，即可举办职业教育培训，从事职业技能鉴定，颁发职业资格证书；二是 R/CAB 标准，这是对各州（领地）培训注册及课程认证机构的行政职能提出的要求[④]。

---

① 黄亚妮. 国外高职实践教学模式特色的评析和启示 [J]. 高教探索，2005(4):69-71.

② Department of Education, Science and Training. Skilling Australia: New Directions for Vocational Education and Training[R]. DEST, 2005:1.

③ HOFFMAN N. Schooling in the Workplace: How Six of the World's Best Vocational Education Systems Prepare Young People for Jobs and Life[M]. Cambridge: Harvard Education Press, 2011: 85-89.

④ 周祥瑜，吕红. 澳大利亚的职业教育质量保障体系——国家质量培训框架 [J]. 职业技术教育：教科版，2005, 26(31):79-82.

2011 年，澳大利亚技能质量署作为全国性的技能质量监管机构成立，出台新的职业教育与培训（VET）质量框架，对澳大利亚职业教育与培训提出了更高的质量要求[①]。这样的培训质量保障框架，对办学资格进行严格审查，对办学质量制定统一标准，实现了对澳大利亚职业教育实践教学的严格管理，从而保证了澳大利亚职业教育的高质量。

### 4. 美国与加拿大职业教育实践教学管理的相关研究

美国与加拿大的职业教育在很多方面有相似性，两国在职业教育发展中都强调基于能力本位的职业教育，也都注重合作实施的重要性[②③]。基于能力本位的 CBE（Competency-Based Education, 以能力为基础的教育）职业教育课程模式，从课程的开发到课程的实施以及课程的评估，都紧紧围绕岗位的职业能力，满足市场需求是贯穿职业教育的一条主线，职业能力是其培养目标与评价标准[④]。因此，其对实践教学的管理也从社会与市场的需求出发，结合各行业岗位的实际需要，将校内与校外结合、学习与工作结合，全方位提高实践教学质量。

美国与加拿大对职业教育实践教学管理的成功离不开其思想观念上的高度重视[⑤]。在对职业教育的认识上，政府与公民都认为职业教育是包含在国民教育体系中的重要组成部分，其在促进经济发展方面发挥有重大作用[⑥⑦]。有研

① 吕红 . 澳大利亚职业教育质量保障的新举措——从质量培训框架到质量框架的过渡 [J]. 职业技术教育，2013, 34(22):90−93.

② HOWARD R D. Gordon. The History and Growth of Vocational Education in America[M]. Boston: Allyn and Bacon, 1999.

③ GLEN A J. Higher Education in Canada: Different Systems and Different Perspectives[M]. New York: Garland Publishing Inc. 1997.

④ 朱惠君 .CBE 职业教育课程开发模式对我国职业教育的启示 [J]. 职教论坛，2015(2):63−65.

⑤ CUDDY N, TOM L. Vocational Education and Training in the United Kingdom[M]. Luxembourg: Office for Official Publications of the European Communities, 2005.

⑥ 胡海青 . 浅析美加职业教育模式及其对中国高职教育的启示 [J]. 教育与职业，2014(33):98−99.

⑦ HYSLOP-MARGISON E J. An Assessment of the Historical Arguments in Vocational Education Reform[J]. Journal of Career and technical Education, 2001,17(1): 4−21.

究者基于对佛罗里达州立大学职业教育实践教学的研究，认为其对职业教育实践教学管理的特点之一即对细节的重视，比如明确要求学生实验报告、实验记录的格式；注重实验课程之前的准备工作，教师和学生在进入实验室之前都需要为实践教学做大量准备[①]。也有研究者研究了滑铁卢大学对职业教育实践教学管理的重视，比如学校设立合作教育与职业服务部、大学 CO-OP 研究中心、大学顾问委员会等机构，明确职业教育实践教学管理机构的职责[②]。

## 三、对已有研究的评述和思考

上述已有的相关研究，既为本研究提供了支撑，又为后续研究提供了空间。

### （一）已有研究对本研究的支撑

1. 关于职业教育实践教学质量管理的内涵研究为本研究提供了逻辑前提

已有研究多从宏观和微观两个视角出发，既重视分析宏观的社会变革对实践教学质量管理内涵变化的影响，又重视从微观的教学行为发生的角度分析实践教学质量管理内涵的具体体现。这些研究及其观点对于本研究厘定核心概念、准确把握研究对象提供了重要的理论支持和观点启示，并对于理解实践教学质量管理的要素、结构和内涵提供了逻辑前提。

2. 关于职业教育实践教学质量管理模式的研究为本研究提供了方法论启示

已有研究中，很多学者都基于现实情况或者理论的分析，对新的职业教育教学质量管理的模式进行论证，归纳总结出多样化的实践教学质量管理模式，这些模式确定了实践教学多样化的目标、要求、结构和策略，为本研究分析和理解高职院校实践教学质量管理的模式提供了很好的启发。基于这些

---

① 纪静波.佛罗里达州立大学实践课程对我国高职实践教学的启示 [J].职业技术教育,2010,31(11):93-95.
② 刘选.工学结合模式下高职校外实践教学管理问题剖析与对策研究 [D].上海：上海师范大学,2011.

观点，本研究确定了力求符合理论发展和实践改革的实践教学质量管理分析框架。

**3. 关于职业教育实践教学质量管理问题的研究为本研究提供了实践线索**

教育问题是教育研究的逻辑起点[①]。教育问题一方面来源于对实践的理解与反思；另一方面来源于前人研究提供的启示与线索。通过对高职院校实践教学质量管理研究的分析和总结，对于论证本研究选题，并深化对实践教学质量管理问题的理解提供了大量的参考。具体说来，首先，丰富了本研究对问题类型的分析，现有研究对实践教学质量管理的问题类型从主体、场域、表现形式等方面进行划分，这对于本研究厘定问题的类型提供了很好的参考；其次，丰富了本研究对于问题原因的分析，现有研究对于问题原因从宏观的体制机制方面和微观的行动互动方面进行了大量的分析，这对本研究也提供了较好的参考。

**4. 关于国外职业教育实践教学质量管理的研究有助于拓宽本研究的思路**

已有研究中，很多研究者借鉴国外经验，并渗透于中国本土。透过关于国外职业教育实践教学管理的相关研究可以发现，国外职业教育的实践教学管理多从宏观角度入手，从教育系统外部出发，注重外部支撑体系的作用。总结下来，关于国外职业教育实践教学管理的研究主要涉及以下几个方面：思想观念的相关研究、职业教育法律体系的相关研究、分级多层的管理主体的相关研究、多元合作的组织机构的相关研究、国家职业资格制度的相关研究以及质量保障体系的相关研究。可以说，对国外职业教育实践教学管理的相关研究，更加侧重的是宏观层面上的研究，包括法律体系、管理主体与组织机构、职业资格制度的建立等，这些都是涉及国家宏观层面的管理举措。职业教育实践教学管理虽说是教育系统内部的事情，但它离不开整个社会环境的支持，离不开外部宏观体系的支撑，这些支撑涉及法律、政策、经费等

---

① 余清臣.教育研究的问题意识：实用化风险及其应对[J].国家教育行政学院学报,2018(5):88-95.

相关方面。借鉴国外研究的经验，也可以降低研究的难度，有利于一线工作者参与，丰富研究人员的构成，并充实我国高职院校实践教学质量管理的研究。

**（二）已有研究的不足之处**

1. 高职院校实践教学质量管理相关研究的理论深度不足

通过对已有研究的分析可以发现，当前有关高职院校实践教学质量管理的研究数量还是比较多的，我国很多学者常通过理论角度来探索高职院校教育质量管理体系。但是，相关研究中理论研究的深度不够，学者们较少涉及观念层面的突破，尤其是较少借鉴其他学科的方法论思想，大多研究都是借用全面质量管理思想和ISO9000质量管理体系的管理思想，方法论上的创新不足。从整体上看，这些研究对于我国职业教育教学管理工作的基本规律及对职业教育教学管理体系构建原理等尚缺乏分析，在这些方面都还存在着较大的空白。为此，高职院校应该开展多学科的交叉研究，增强教学质量管理研究的理论性。从其他学科视角进行研究可以有不一样的研究方法、研究思路，有利于理论研究的深化。多学科的交叉研究还能取长补短，拥有多元的视角。在进行职业教育教学质量研究时，可以用到教育学、管理学、心理学等多个学科的理论，增强研究的理论性和深度。

2. 高职院校实践教学质量管理相关研究的实践针对性不足

通过分析已有研究的作者可以发现，参与高职院校实践教学质量管理研究的学者数量还是比较多的，但是这些研究人员主要由教育理论研究方面的专业人员和实践在第一线的工作者构成，相比专业的研究人员，一线工作者进行的研究数量很少。而这些专门从事理论研究的人员，实践经验非常欠缺，这是研究的实践针对性不足的原因所在。同时，单一的研究人员构成也使得相关研究难有创新和突破。为此，高职院校应该调动一线人员参与研究的积极性，丰富研究人员的构成。

### 3.高职院校实践教学质量管理的研究内容有待拓展

通过分析发现，高职院校实践教学质量管理的研究内容有待进一步拓展，诸如，现有研究针对中职、民办职业教育、职业教育培训机构等的研究数量较少；虽然实践教学管理在职业教育中有一定的普适性，但是根据各专业不同特点，对实践教学管理的要求也应不同，比如机械加工类、酒店管理服务类、会计财务类等专业的实践教学管理的模式一定有所差别，而目前很多研究都没有突出其专业特点；再次，我国开展职业教育倡导不同的模式，比如工学结合、现代学徒制等，不同的模式下，实践教学管理的工作也应该有差别。结合本研究选题，一些重要内容也需要拓展，比如，对高职院校实践教学质量管理的内涵、价值与理论基础的研究还有待探究；高职院校实践教学质量管理体系各组成部分的具体要求及其运行机制、核心结构也还需要进一步明晰；高职院校实践教学质量管理现状的全貌（特别是存在的问题）还需要有理论深度的检视。凡此种种都为本研究提供了空间和启示。

## 第四节　研究设计

### 一、研究目标

本研究通过对高职院校实践教学质量管理内涵、价值及其理论基础的探讨搭建，厘定高职院校实践教学质量管理的基本分析框架，以此为基础深入剖析当前高职院校实践教学质量管理中存在的问题及其原因，并从目标、主体和管理制度等方面探讨改善高职院校实践教学质量管理的思路。

### 二、研究对象

高职院校实践教学质量管理既涉及实践教学环节，也涉及实践教学管理环节，还涉及学校战略规划和顶层设计环节。要全面获取实践教学质量管理相关信息和资料，必须对各个环节涉及的相关主体进行全方位、全过程的深入调查和研究。本研究的研究对象主要包括以下几种类型：

一是高职院校专任教师。高职院校专任教师是实践教学的具体执行者，对实践教学过程、实践教学质量、实践教学质量管理现状、实践教学质量管理的政策文件等均有较为深入的认识和了解。通过对该类人群的调查和研究，可以获得来自一线的真实有效的信息，特别是获得有关实践教学质量管理存在的问题的信息。该类人群既包括实践教学教师，也包括理论教学教师。

二是高职院校中层领导。高职院校中层领导是实践教学质量管理的具体执行者或实践教学质量管理院校层面的决策性文件的具体制定者或参与者，其对职业院校实践教学质量管理有比较深刻或全面的认识和了解，对于实践教学质量管理过程中存在的问题及其原因有比较详细的了解。通过对该类人群的调查和研究，可以获取较为权威的信息和资料，进而为后续研究奠定坚实的基础。如果该类人群对实践教学质量管理及其成效缺乏足够的了解，说明该学校实践教学质量管理体系很可能存在严重缺失或不足。

三是高职院校高层领导。高职院校高层领导是实践教学质量管理的顶层设计者和宏观执行者，其对实践教学质量管理具有较为宏观或前瞻性的认识和了解，能够从学校布局、产业经济发展的角度理解实践教学质量管理的定位。通过对该类人群的调查和研究，既可以了解学校关于实践教学质量管理的目标定位，也可以深入调查学校在实践教学质量管理过程中存在的深层次问题及其根源，为本研究提供有力支持。

四是校企合作的企业代表。校企合作的企业代表既是人才培养主体也是用人主体。可以从用人标准的角度分析实践教学质量管理对人才培养的利与弊，并对实践教学质量管理提出有针对性的对策和建议。对该类人群的调查和研究，可以提高实践教学质量管理体系建构的实用性和针对性，实现育人标准与用人标准之间无缝对接。

五是高职院校学生。高职院校学生是实践教学质量管理最直接的利益相关者。通过对该类人群实践操作技能的调查和研究，可以得知职业院校推行的实践教学质量管理是否具有明显成效；通过对该类人群不同类型教学时间、教学方式以及教学过程的了解，可以得知实践教学活动是否具有明显成效。

## 三、研究思路与方法

### （一）研究思路

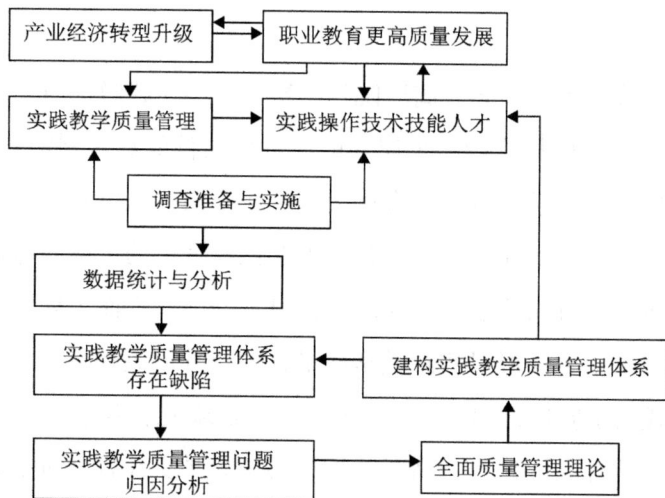

図1-1 研究思路模型図

产业经济转型升级对职业教育提出了更高质量的要求，培养大批实践操作型技术技能人才是时代赋予高职院校的历史使命。在实践操作型人才培养过程中，实践教学质量管理是影响和制约人才培养质量和效率的关键。本研究的总结思路如下。

首先，在对高职院校实践教学相关理论问题进行较为深入、系统的研究的基础上，提出分析实践教学现实问题的理论框架；其次，对实践教学质量管理实施成效、发展现状进行调研，运用统计学相关分析工具对调查数据进行统计分析，归纳并论证实践教学质量管理现存的问题及其产生原因。再次，提出有针对性的改善高职院校实践教学质量管理体系和提高实践教学质量效率的对策建议。

## （二）研究方法

本研究主要采取以下几种研究方法：

文献法。一是对实践教学及其质量管理的相关政策、文件、实施方案等进行系统的梳理和分析，了解国家和高职院校开展实践教学及其质量管理的轨迹、脉络和趋势；二是对国内外关于实践教学质量管理等方面的已有研究进行搜集、整理、分析，全面把握国内外实践教学及其质量管理的现状、问题及其应对策略，为后续研究提供理论支撑和经验借鉴。

调查法。一是采用问卷的方式按照区域分布对全国近百所高职院校专任教师进行调查，了解各院校实践教学质量管理的开展情况、存在的问题以及对策建议；二是采用访谈的方式按照区域分布对三所高职院校中高层领导、专任教师和学生进行深入访谈，系统了解实践教学质量管理的运行模式、实施效果、发展困境。通过调查研究，为后续研究和提出破解路径提供事实依据和现实支撑。

比较法。其一，将实践教学质量管理运行模式、实施效果进行国际对比研究，借鉴国际先进经验，为本研究建构实践教学质量管理体系提供实践经验支持；其二，将实践教学成效显著的高职院校与成效不显著的院校进行横向和纵向对比分析，挖掘造成彼此差距的内在根源，为本研究提供事实依据。

案例法。本研究按区域分布以 D 城市职业学院、Z 交通职业技术学院和 X 护理职业学院为样本，深入系统研究实践教学质量管理的实施方案、实施过程及实施结果，梳理分析各院校实践教学的成功经验和面临问题或困境。

D 城市职业学院、Z 交通职业技术学院和 X 护理职业学院分别作为我国东、中、西部高职院校的代表，在办学水平与质量上处于中上层次，能代表大多数高职院校。在实践教学质量管理上，三所高职院校均在管理制度的制定、管理过程的监管、管理人员的培训、管理结果的运用等方面进行了较多的尝试，其基本的做法代表了大部分高职院校的特点，同时也存在一些共同性的问题。因此，对 D、Z、X 三所职业院校的选择体现了样本学校的代表性和典型性。

## 四、研究内容

本研究的主要内容包括四个方面：

第一，高职院校实践教学质量管理的内涵、价值与理论基础。本部分是本研究的理论探讨部分之一，主要研究高职院校实践教学的特点、演变与组成等内涵问题：高职院校实践教学的总体价值，高职院校实践教学质量管理的价值旨趣，高职院校实践教学质量管理的哲学前提和全面质量管理的理论基础。

第二，高职院校实践教学质量管理体系及其运行机制。本部分研究着力于从理论上构建高职院校实践教学的质量管理体系及其运行机制。在体系构建部分，以第一部分的内涵研究为基础，讨论实践教学质量管理各个部分或环节（实践教学目标与内容、实践教学监控与评价、实践教学反馈与改进、实践教学保障与维护）的具体要求。在运行机制方面，主要从价值定位、主体关系、改进要求和结果呈现等方面探讨实践教学质量管理体系在运行方面的具体要求。

第三，高职院校实践教学质量管理现状调查及问题归因分析。主要以"质""量"结合的方式对三所样本高职院校实践教学质量管理的现状进行调查，总结其已经取得的成绩，并梳理高职院校实践教学质量管理在目标与内容、监控与评价、反馈与改进、保障与维护等方面存在的主要问题，最后，借助一系列相关理论对现存问题进行归因分析。

第四，完善高职院校实践教学质量管理的思路与建议。本部分研究从多个角度提出针对前述问题的改进思路和建议。根据前述研究基础，本研究重点从质量管理目标、质量管理主体建构、质量管理制度保障三个方面进行研讨，提出对策建议。

## 五、创新之处

其一，研究视角的创新。已有研究主要从产教融合、校企合作等角度研究职业院校人才培养问题；本研究则从实践教学质量管理的角度研究职业院校人才培养问题。研究视角更为深入和独特，能够有效把脉影响和制约人才培养问题的关键症结。通过研究当前高职院校实践教学质量管理问题并建构新时代职业院校实践教学质量管理体系创新研究视角。

其二，理论基础的创新。本研究依据全面质量管理和ISO9000质量管理体系理念和标准，立足多元认知、多维保障、多层监督以及考核评价等多个方面，对我国高职院校实践教学质量管理的现状进行实证调查。然后运用定性分析和定量分析相结合的研究方法，对职业院校实践教学质量管理过程中存在的问题进行系统分析，全面归纳和总结实践教学质量管理问题产生的内在根源。最后运用全面质量管理理论建构新时代职业院校实践教学质量管理体系，即形成全方位、全过程、全员参与的立体式实践教学质量管理体系。将全面质量管理理论作为本研究的理论基础可谓研究基础的创新。

其三，研究方法的创新。已有研究的研究方法相对单一，要么是定量研究，要么是定性研究。本研究则采用定量研究和定性研究相结合的研究方法对职业院校实践教学质量管理进行全方位、多层次的深入系统研究。采用问卷方式对全国200余所高职院校800余位专任教师进行大规模调查，采用访谈的方式对职业院校53位校级、中层领导和专任教师实施了半结构式调查；同时对3所样本院校进行实地考察和调研；运用SPSS、多元回归分析等多种统计方式，对调查数据进行定性和定量分析，全面归纳实践教学质量管理中存在的问题、潜在的风险以及合理化建议，为研究提供科学的事实依据和支撑。所以，运用定性分析和定量分析相结合的研究方法是本研究的研究方法方面的创新。

# 第二章

# 高职院校实践教学质量管理
# 的内涵、价值与理论基础

　　高职院校的人才培养目标决定了实践教学在其人才培养过程中的重要地位。培养生产、管理、服务一线的高素质、高技能应用型人才，不仅要让学生掌握必备的基础理论知识，而且更要通过实践教学使学生具备综合职业素质、职业能力与创新能力[①]。因此，无论是高职院校的教学质量还是人才培养质量，都与其实践教学息息相关。高职院校在开展实践教学的过程中，不仅要引导学生将知识学以致用，培养他们的实践能力，而且要注重学习的多元评价以及教学操作灵活性的把握。

## 第一节　高职院校实践教学质量管理的内涵

### 一、高职院校实践教学的涵义及其特点

　　开展实践教学不仅能培养学生良好的职业道德、提高学生的实践应用能

---

① 周萍，缪宁陵，宋扬.高职院校内涵建设：教学质量保障研究 [M].苏州：苏州大学出版社,2015:146.

力，而且能促进产教融合、校企合作，是凸显高职院校人才培养特色的重要方式。实践教学之所以在高等职业教育中处于重要地位，主要得益于其能够培养高素质、高技能应用型人才。因此，高职院校的教学质量和人才培养质量与其实践教学质量管理密不可分。

### （一）高职院校实践教学的涵义概述

#### 1. 实践教学的涵义阐释

实践教学作为一个教育学术语，存在"实践"与"教学"的内涵整合，同时又与高职院校人才培养目标这一语境发生关联，其含义、结构和功能都有待于从逻辑上予以厘清[①]。作为教学过程的重要环节，实践教学有利于学生实践能力的培养及实践体验的丰富，因此是实现高素质、高技能应用型人才培养目标的有效途径和重要保证[②]。新时代需要全面发展的人，这就要求培养的学生应当既具有理论素养又具有实践能力，具有过硬的综合素质，并能协同应用知识、能力和素质。对高职院校的人才培养目标而言，正是因为实践教学在实现人才知识、能力、素质协调发展中所具有的不可比拟的优越性，使得强化实践教学内涵[③]，培养学生实践能力和创新意识，成为其教育改革的重要内容。

"实践"的本义为"实行、履行"。哲学层面的"实践"指主体能动地改造和探索客体的社会实践性活动，它具有客观性、能动性和社会历史性的特点，其主要形式有生产活动、处理社会关系或服务的活动和科学实验活动等。这里，生产活动包括物质生产活动和精神生产活动；处理社会关系或服务包括物质性的和精神性的社会关系处理或服务（如管理、教育教学、咨询指导等）；科学实验活动包括探索性实验和验证性实验等。

---

① 杨群祥，熊焰，孙繁正.高职院校实践教学创新的理论与实践——基于校内实习公司培养学生职业素质 [M].广州：广东高等教育出版社,2012:1.
② 沈奇，张燕，罗扬.应用型本科实践教学体系的构建与改革 [J].实验技术与管理,2010,27 (10):36-38.
③ 郭水兰.实践教学的内涵与外延 [J].广西社会科学,2004(10):186-187.

关于"教学"迄今为止尚未得出一个精确的定义。哈佛大学教授谢弗勒（I. Scheffler）认为，教学是一种有意向的活动。教师的行为表现会受到自己意图的左右，而他们的意图则以教师自身的信念体系和思维方式为基础。这种观点一再强调教学活动的目的性和教师在教学过程中的主导性，关注教学过程而非结果。

英国的彼得斯（P. Peters）和赫斯特（P. Hirst）认为，"教学"必须符合三个基本的条件：一是教师有目的地激发学生的学习意图；二是说明或表达要求学生学习的内容；三是选择恰当的方式。这种观点注重从教师工作效果的角度来定义教学，仅仅考虑教师而忽视学生，显然也是存在缺陷的。

关于"教学"的内涵，国内比较通用的观点是"教学是教师教，学生学的统一活动"。[1] 这一观点强调教学活动中教师的"教"和学生的"学"之间是相互依存和相互制约的辩证关系。

"实践教学"是指在"理实一体化"理念指导下，为实现学校人才培养目标，将学习、教学与工作有机结合起来的多种教学形式的统称，一般包括教学内容安排、教学目标的设置和教学方式的选择等方面。实践教学有广义和狭义之分。狭义的实践教学概念是指实践教学的内容体系，即围绕人才培养目标，在制定教学计划时，通过课程设置和各个实践教学环节的配置而建立起来的与理论教学体系相辅相成的内容体系，主要包括实验教学、实训教学、实习教学等内容[2]；广义的实践教学是由实践教学活动中的各要素构成的有机联系整体，具体包含实践教学活动的目标体系、内容体系、管理体系和保障体系等要素[3]。

教育学家顾明远教授认为，实践教学是相对于理论教学的各种教学活

---

① 王策三. 教学论稿 [M]. 北京：人民教育出版社, 2005:87.
② 刘国成, 林锦章, 王金兰. 数字家庭应用型人才培养探索与实践 [M]. 成都：西南交通大学出版社, 2017:134.
③ 刘国成, 林锦章, 王金兰. 数字家庭应用型人才培养探索与实践 [M]. 成都：西南交通大学出版社, 2017:135.

动的总称，它包括实验、实习、设计管理、实际操作、工程测绘、社会调查等，旨在使学生获得感受性知识，掌握技能、技巧，养成理论联系实际的作风和独立工作能力[①]。

教育部 2000 年颁布的《关于开展高职高专教育师资队伍专题调研工作的通知》中指出："教学课分为理论教学和实践教学，理论教学包括课堂讲授、课堂讨论、习题课等教学环节；实践教学包括实验、实习、实训、课程设计、毕业设计（论文）等教学环节。"

马克思主义的实践观认为，实践不仅是一个与认识相对应的范畴，而且是人存在方式的表征。据此，实践有广义与狭义之分，广义的实践是指"只为人所特有的对象性活动"[②]，即人以一定手段能动地、有目的地改造世界的活动。狭义的实践是与理论（认识）相对应的范畴，是理论认识的运用，"是区别人以精神、观念的方式把握客体的活动，如认识、理论活动等"[③]。

传统教学观念多从狭义的实践观层面来理解实践教学，将实践教学作为与理论教学相对应的一个范畴。此时的课堂教学多以学科理论的讲授为主要任务，通过理论讲授的形式，让学生获得间接经验，从而理解学科理论的内涵；而作为理论教学的延伸与扩展的实践教学，则以课外教学的形式进行，从而使学生获得直接经验。但如果就此认为"实践教学"只是社会调查、见习、参观、服务活动、毕业实习、毕业设计等，则会使实践教学停留在狭义层面，因为这些只是实践教学的一部分，或者只属于社会实践教学。广义实践观指导下的实践教学存在于整个教学过程之中，包括理论实践教学和社会实践教学。作为一种特殊的实践活动，教学活动本没有强调其实践性的必要，但是，实践教学中强调的教学实践性，是为了突出学生学的实践性，从而区别于强调与体现教的实践性的传统教学。传统教学活动因没有确立学生

---

① 顾明远.中国古代教育史（下）[A]//教育大辞典 9 [M]，上海：上海教育出版社,1992：7.
② 黄瑞雄.马克思主义哲学原理 [M].桂林：广西师范大学出版社,2003.
③ 韩庆祥.马克思主义哲学原理疑难解析 [M].北京：中国人民大学出版社,2002.

的主体地位，导致学生在学习过程中的"被动"与"配合"，学生应有的积极性与主动性受抑，这不仅与当代素质教育的要求相背离，而且也不能满足学生适应社会发展的需要。实践教学侧重明晰师生双方主体及主体之间的相互关系，这一方面有利于师生正确认识各自在教学过程中的定位，另一方面则有利于有效教学手段的选择，从而达到学以致用的效果。

对缄默知识与实践知识的理解是认识实践教学的重要前提。实用主义教育家杜威认为，获取实际经验的过程与教育之间有着紧密和必要的联系，经验的连续性与相互作用共同促进人的生长[①]。波兰尼把经验作为知识范畴进行探讨，划分了人类存在的两种知识，一种是"显性知识"，一种是"缄默知识"[②]。缄默知识为人们的认识活动提供最终的解释性框架及知识信念，它支配着人的整个认识活动。施瓦布基于对实践经验和知识的整合，明确提出"实践性知识"的概念[③]。强化实践教学过程、推动实践教学改革的理论基础即人们对缄默知识及实践知识价值的认同。但是，需要明确的是，理论教学并非只在增进理论知识上具有明显的功用，实践教学也并不只是为了促进实践经验的获得。

一般意义上，人们习惯性地将教学划分为理论教学与实践教学，其中理论教学是以教师的教为主，强调知识之间的逻辑关系，注重从某一学科的概念、范畴与基本原理出发，对学生进行系统性的讲解，学生只需要根据教师所讲解的知识点，理解并识记，进而形成系统的知识体系；实践教学则是以学生的学为主的活动探究，主要以教师为指导、以学生为主体，通过能动、直观、有针对性的现场体验，达到理解理论知识、提升实践能力的效果。因此，实践教学是促进高素质、高技能应用型人才培养的重要方式，在高等教育中发挥着不可或缺的作用。

---

① 赵祥麟，王承绪.杜威教育名篇[M].北京：教育科学出版社,2006:247-258.

② POLANYI M.The Study of Man[M].London:Routledge&Kegan Paul, 1957:12.

③ SCHWAB J J.The Practical:A Language for Curriculum[J].School Review, 1969, 78 (2) :1-23.

2.高职院校实践教学的涵义阐释

作为哲学范畴的实践，是一种人类能动地改造客观世界的活动，它既与外部世界息息相关，也与人类自身密切相关。高职院校人才培养目标的制定，需要重视学生实践能力的培养，并尽可能在教学活动的全过程渗透实践教学，从而实现理论教学与实践教学的协调发展。实践教学体系与理论教学体系呈现对立统一的关系，两种学习体系之间既相互独立，又相互联系，共同构成学校的教学体系。实践教学历来是高职院校教学中非常重要的一个方面，高职教育更强调职业性，对人才应用能力的培养具有更高的要求，从而决定了实践教学体系在高等职业院校中处于较高的地位 ①。

实践教学一般是指教学活动中的实验、实习、设计、实践等。高职院校传统实践教学的目的是检验理论教学的结果，帮助学生将所学的理论知识、方法和思想等转化为技术和能力，从而解决学生"怎么做"的问题，适应职业的相关要求。因此，本书认为高职院校实践教学是指高职院校为培养高素质、高技能应用型人才而有计划地组织其参加由相关教师组织的一系列生产性或服务性活动的过程。

我国高职教育的方向和目标，就是"以就业为导向，以服务为宗旨，培养高技能应用型人才，满足社会需求"。要实现这个目标，实践教学是关键 ②。实践教学是高职院校培养学生的职业技能、正确的职业态度、良好的职业道德和综合素质的必备环节 ③。一方面要注重培养学生良好的职业道德和职业态度，加强"双创"能力教育；另一方面要加强学生的实践能力培养，以技术、技能

---

① 王栩.王栩集 [M].北京 : 线装书局 ,2012:53.
② 王晓宏，汤红军，周少华.《高职实训基地建设与提升学生就业竞争力关系研究》研究报 告 [EB/OL].http://fffg76f64419792a42d68f16568a2ffde302h9wkpo0wwqkcc69v6.fgfy.eds.tju.edu.cn/.
③ 张振锋.高职院校实验室建设和管理模式研究 [J].实验技术与管理，2017,34(11):251－254.

的提升为主线，建立契合高等职业教育发展规律的实践教学体系①。

基于此可知，高职院校的实践教学是指在教育共同体所承诺的一定社会规范下进行的，存在共同的信念、方法与手段，从而形成相互参照的基本模式，即范式②。

### （二）高职院校实践教学的特征分析

#### 1.实践教学的特征

实践教学是一种主动学习，无论学生学到了什么，他们都将应用并且将以这种方式行动③。实践教学尤其强调知识的学以致用，通过实际操作，体现知识的魅力，加强学生的求知欲。另外，除了对实践能力的培养外，实践教学实行多元评价也受到了学生的欢迎，通过多元价值评价，学生能够有很多表现自我的机会，避免了被过多拘束在卷面分数上的弊端④。因此，实践教学的特征主要表现为：其一，注重知识学以致用；其二，注重实践能力培养；其三，注重批判反思能力培养；其四，注重教学方式灵活。

第一，注重知识学以致用。在弗莱克斯纳看来，大学专业在本质上源于理智，追求科学和学术工作才属于大学，现代大学在最高层次上全心全意地致力于增进知识、研究问题和训练学生⑤。高职院校实践教学的目标从属于大学的一般目标，只是其外在形式不只是简单的直观教学，而是围绕特定的专业问题通过具体的专业实践活动课程开展的实践教学。实践教学在高职院校应用型人才培养环节发挥着至关重要的作用，且贯穿应用型人才培养的全过程。因为只有在实践教学环境中，才能检验学生的所学是否有所用，以及

---

① 梁小婉.基于"双创"理念下实践教学体系构建的实证研究 [J].实验技术与管理,2013,30(1):142-144，165.
② 杨群祥，熊焰，孙繁正，等.高职院校实践教学创新的理论与实践——基于校内实习公司培养学生职业素质 [M].广州：广东高等教育出版社,2012:10.
③ KOLACHI N A. Practical Teaching & Learning Model: A Modern Dimension for Business Management Schools[J].Journal of Education and Learning, 2013, 2（2）.
④ 谢文东，王林发.实践教学的途径与应用 [M].福州：福建教育出版社,2017:3.
⑤ 亚伯拉罕·弗莱克斯纳.现代大学论 [M].徐辉，陈晓菲，译.杭州：浙江教育出版社,2001:19.

如何将所学专业知识应用于具体的专业实践，从而达到最终的学以致用。教育部之所以明确将撰写毕业论文（设计）作为实践教学的主要环节，是因为撰写毕业论文（设计）的过程就是学生在教师指导下进行专业实践活动的过程，也是培养学生分析问题、解决问题能力从而实现应用型人才培养目标的过程。

第二，注重实践能力培养。培养和提高学生的实践能力，是高职院校办出水平的关键所在[①]。高职院校的目标是培养地方经济社会发展所需的高技术技能人才，其所培养的学生能否充分并有质量地就业与实践教学质量管理密切相关。实践教学既是新时代经济社会发展对应用型人才培养提出的客观要求，也是高职院校高技术技能人才培养目标得以实现的迫切需求。实践教学对培养学生的实践能力有着特殊的作用和意义，是高技术技能人才培养过程中贯穿始终的重要部分。学生的实践能力需要通过教学实践来形成，高职院校的主要任务是培养高技术技能人才，所以对学生动手实践能力的培养尤为重要。加强实践教学，是提高学生实践能力的关键。唯有在教学过程中促进学生实践能力培养的教学活动才属于实践教学范畴。

第三，注重批判反思能力培养。高职院校的实践教学不仅使学生在深度理解理论知识的同时获得专业技能，而且可以发展学生的智慧，提高学生的批判思维能力。批判性反思是学生通过深层次的反思以达到对事物有更进一步理解和批判。大学以育人为根本目的，不同类型的大学在育人目标上存在差异，但作为培养高级专门人才的大学，绝不仅仅是进行单一的知识传递，还应该兼顾知识的个体价值与社会价值。因此，高职院校的实践教学不仅要体现出其作为高等教育应有的学术性，引导学生认识与领悟高等职业教育学科的知识体系，而且要彰显技术知识的批判功能，使学生能够结合自身所学的专业，通过反复的深度思考，形成较高的批判思维能力。

---

① 邓春江.加强实践教学，培养实践能力 [J].广东技术师范学院学报（职业教育），2011，32(1)：118—120.

第四，注重教学方式灵活。确定教学目标后，下一步就是选择恰当的教学方式。教师需要根据课程类型、知识内容、学生基础选择不同的教学方式。教学方式的选择对教学效果有着至关重要的决定性作用。高职院校实践教学的过程，是产教融合、教学合一、理实合一、校企合作的过程，学生一般是在校学习一定时间的理论之后，去企业、实训车间等具体工作场所进行实践，实践教学贯穿高职院校学生学习的全过程，理论知识的学习可以为学生实践环节的进行提供前提和基础。每个实践教学环节之间均具有相对的独立性，但又紧密联系成为一个体系，因此，实践教学方式具有一定的灵活性特点[①]。

2.高职院校实践教学的特征

（1）综合性

高职院校培养应用型人才应当注重对其具备一定的操作技能、职业能力及创业能力的培养，又注重对学生一般的求知技能和劳动技能等一般能力的培养。高职院校的毕业生在就业时，应该既具有合格的职业素养，又具有与社会发展相适应的思想、行为及人格，并具有在相应职业岗位工作所需的交往和协作能力，不仅会做事，还会做人。

（2）现场性

高职院校实践教学的目的是提升学生的综合职业能力，而学生的综合职业能力需要在实际的工作场所中才能获得和提高。当然，也不排除模拟现场教学在学生职业能力培养中的重要作用，但模拟现场毕竟是仿真的，与真实的工作现场存在一定的差距，一些重要的企业、工作理念及工作行为习惯的养成，离不开真实工作现场的熏陶与冲击。模拟现场教学无法为学生提供真实的工作环境，尤其无法为学生提供缄默知识。实践教学在实习过程中，学生身处真实的职业岗位与工作场所，其现场性具有一定的不可替代性。

---

① 郭水兰.实践教学的内涵与外延 [J].广西社会科学，2004(10)：186-187.

（3）开放性

实践教学在学校与企业两个场域中进行，无论是从实践教学的目的考察，还是从实践教学的主要任务分析，都可以看出，实践教学并不是在一个封闭的教学体系中进行的，它应当是面向行业、社会的。这就决定了实践教学的内容需要关注行业企业与社会的实际需求，并根据技术发展的最新成果或工艺及时更新，缩短高职毕业生从学校到工作的"磨合期"。当然，实践教学内容的开放决定了其教学形式、过程、地点、师资、设备等也需要是开放的，需要直接面向行业企业或社会。

（4）系统性

高职院校实践教学过程是一个完整的系统，不仅有梯度、分层次，还分阶段、有顺序。可以说，高职院校实践教学过程是一个从简单到复杂、从低级到高级，循序渐进并需要慢慢累积和逐步深化的过程，因此，其具有一定的周期和规律。故而，在高职院校实践教学进行之前，需要对整个实践教学进行统筹规划，需要在制定出详细的各个阶段的培养计划之后，在实践教学活动的整个过程中贯彻执行。

（5）双主体性

有研究表明，合作教学模式比传统教学模式更具优势[1]。高职院校的实践教学就是一种典型的校企双主体合作育人的人才培养模式。双主体中的一方为高职院校，另一方为行业企业。其中行业企业主要负责提供实训设备，参与专业建设、教学计划制定等，行业企业往往需要直接介入实践教学的实施过程。与其他教学形式相比，实践教学更注重学生主体作用的发挥，这也是高职院校学生职业素养形成与发展的必经路径。

## 二、高职院校实践教学质量管理的演变

美国著名教育家泰勒（Ralph W.Tyler）说过："学生学到什么取决于他做

---

① NISSIM Y, NAIFELD E. Co-Teaching in the Academy-Class Program: From Theory to Practical Experience[J]. Journal of Education and Learning, 2018,7(4): 79-91.

了什么，而不是教师教了什么。"① 这一理念重在强调在人才培养过程中实践教学所发挥的重要作用。我国《高等教育法》明文规定："高等教育的任务是培养具有创新精神和实践能力的高级专门人才。"② 实践教学是理论联系实际的纽带，是高职院校学生学习中不可缺少的部分。随着高等教育规模的扩张以及高等教育的多样化发展，高职院校的教育质量管理问题日益受到社会各界的广泛关注。为提升社会认可度，加快高职院校发展已是大势所趋，而实践教学质量的好坏直接影响着高等教育的全局。实践教学直接与人才培养质量相关，反映了高职院校的办学水平，因此，积极探索提高实践教学质量的管理对策刻不容缓③。从高职教育的定位和社会需求来说，实践教学质量是高职教育的生命线和永恒主题，实践教学直接影响所培养的人才质量，进而影响学校的就业、声誉和生源情况。因此，高职院校必须把实践教学质量放在首位，积极探索高职院校实践教学质量管理体系，切实做好实践教学管理工作，这是高职院校在竞争激烈的职业教育市场立于不败的重要手段④。

衡量高职院校教学质量的一个重要指标是实践教学质量。传统高职院校在具体的办学过程中，总是有意无意地因循着普通本科院校的模式，忽视实践教学的重要性。因此，虽然实践教学是高职院校应用型人才培养的关键环节，却也是高职院校人才培养的薄弱环节。管理学中经常用到的一个理论是"木桶理论"，这一理论提出：衡量一个木桶盛水量的多少是由最短的那块木板决定的。它给高职院校实践教学带来的重要启示是：若想全面提高教学质

---

① 泰勒.课程与教学的基本原理[M].罗康，张阅，译.北京：中国轻工业出版社，2008.
② 全国人民代表大会常务委员会.中华人民共和国高等教育法[EB/OL].（1998-08-29）[2019-09-25].http://fffg4a810dc598c046a5b99550803b7b7acdhxonkobqoxukk6u5f.fgfy.eds.tju.edu.cn/item/flfgk/rdlf/1998/111603199802.html.
③ 王波，张崎静.基于过程方法的应用型院校实践教学质量管理[J].教育与职业，2019(20):93-96.
④ 叶萍.基于ISO9000族标准的高职实践教学质量管理体系研究[J].职教论坛，2014(18):86-90.

量，就必须改变实践教学质量相对于理论教学质量落后的现象①。

质量管理是企业经营管理活动的一部分，其范畴包括企业最高管理层对质量方针（即宗旨和方向）和质量目标的确定，以及为实现方针和目标所做的质量策划、质量控制、质量保证和质量改进的一系列管理工作②。用最经济有效的手段设计、生产和服务，产出让用户满意的产品，是质量管理的最终目标。质量及质量管理的内涵随着社会生产力的发展进行了不断的丰富和扩展。质量管理先后经历了质量检验、统计质量控制及全面质量管理三个阶段。

### （一）质量检验阶段（20世纪30年代初）

此时，人们对质量管理的理解还相对简单和直接，认为只要通过对有形产品的质量检验和控制就可以保证产品的质量。在生产制造过程中，运用各种各样的检查设备和仪器仪表进行百分之百的检验，来保证进入下一道工序的零部件质量。20世纪初，美国出现以泰罗为代表的"科学管理运动"，在工厂中设立了专职检验的职能工长。之后，因为公司规模的扩大及生产批量的增加，会成立专门的检验部门，并由专职的检验人员来负责企业各生产单位的产品检验工作。

质量检验阶段的质量管理主要是检验，也就是从生产的产品中挑选出不合格产品。这种专职检验促进了专业分工，可以保证最终产品的质量，对当时企业的生产发展有极大的积极推动作用。但也有其固有的弱点：首先是预防作用弱，这种"事后检验"完全是一种非主动的质量管理方式，它无法控制和预防不合格品的产生。其次是适用范围有限，并不是所有产品都需要百分之百的检验，这会导致检验费用增加，在经济上不合理，对于某些生产类型的产品不能全检（如破坏性试验），像雨鞋等产品不需要进行全检。

---

① 王源远,王丽萍.高校实践教学质量管理体系的研究与构建[J].实验技术与管理,2012,29(7):14-16.
② 陈杰.现代企业管理[M].北京:北京理工大学出版社,2018:118.

## （二）统计质量控制阶段（主要在第二次世界大战期间）

这一时期美国军火生产迅猛发展，战争对军需品的特殊需要，强烈地刺激了统计质量控制方法的应用。美国数理统计专家休哈特曾提出控制和预防缺陷的概念，并在其发表的《工业产品质量的经济控制》一书中提出了用数理统计中的正态分布来预防废品的产生，并据此设计出了质量工序控制图，之后，这种预防缺陷的方法被应用到了各种工厂生产的现场，极大解决了之前百分百检验导致的费用增多的问题，减少了对产品进行质量检验的烦琐程序。之后，数理统计方法在质量管理中的应用达到高峰。在联合国的赞助下，通过国际统计学会等组织的努力，数理统计方法风靡一时，统计质量控制的活动在美国、日本、墨西哥、印度、西欧等国家和地区受到积极推广，并取得显著成效。20 世纪 50 年代中期，我国机械、纺织等行业也试点应用过统计质量控制方法，效果非常明显。

虽然数理统计方法可以让生产过程处于受控状态，并预防大量不合格产品的产出，但是，这一方法过于强调质量控制的统计方法的应用，忽视了组织管理中人的重要作用，而且数理统计的理论和方法也相对复杂，因此在一定程度上影响了质量管理的推广。

## （三）全面质量管理阶段

进入 20 世纪 60 年代以后，质量管理产生了质的变化，不再是以质量技术为主线，而是以质量经营为主线。随着社会生产力的不断提高，科学技术的迅猛发展进一步导致了市场竞争的加剧和产品迭代的加速。因此，人们对产品质量也提出了更高的要求和期待，不能单纯用统计质量控制方法来进行质量管理，还需要渗透全方位的、综合的质量管理理念和方法，才能做好一系列与质量管理相关的组织管理工作。

依据我国国家标准《质量管理体系　基础和术语》（GB/T 19000-2016）质量管理是指"确定质量目标、方针和职责，并在质量管理体系中通过例如质量标准策划、质量过程控制、质量效果保证和改进其推进的所有管理职能的全部活动"①。按照《质量管理体系标准》（GB/T 19000-ISO9000（2000））的定义："质量管理是指确立质量方针及实施质量方针的全部职能及工作内容，并对其工作效果进行评价和改进的一系列工作。"②组织必须在质量方针的指导下，通过建立质量管理体系，实施质量管理。

综上可知，教学质量管理就是以重视教学质量的观念和以对质量的责任感为基础，采用科学手段对教学全过程进行设计、实施和检查分析，以保证教学目标实现和教学任务完成的一种管理方式。为提高教学质量，应该实施全员质量管理、全程质量管理和全局质量管理③。

### 三、高职院校实践教学质量管理的基本构成

高职教育作为一种类型教育，其质量管理有自身的价值取向。一是服务导向。高职教育的核心是高素质、高技能应用型人才培养，即服务于区域经济产业的发展，服务于学习者就业能力和"双创"能力的提升，服务于学习者的学习需求和社会的人才诉求。二是要素变化。高职教育不是一个封闭的系统，而是处于一个动态开放的状态。产业发展和企业技术升级，以及各院校、各专业的个性和差异都将导致高职教育的各项质量要素的多样性和动态性。三是反馈迅速。高职教育面向区域经济发展和生产第一线，围绕行业企业技术技能型人才需求开展教育教学，其社会服务通过外部质量评价反应迅速，直接影响到学校的专业设置、课程开发、教学设计以及招生规模等。

基于高职教育的类型特点，广义上的高职教育质量管理应包括外部管理和内部管理两个层次，外部管理涉及高职院校与政府、市场、社会之间的主体关系；内部管理则是多主体之间的相关利益在高职教育中的调整与分配，并相应地统筹带动高职教育内部要求的改革。具体来说，高职院校质量管理

① 杨理连. 高职教育质量管理：内涵审视、体系构建及其评价 [J]. 中国高教研究，2015(6):99—102.

② 何清华. 项目管理 [M]. 上海：同济大学出版社,2011:231.

③ 王超. 新建本科院校院系管理的理论与实践 [M]. 成都：电子科技大学出版社,2009:122.

就是围绕高职人才培养质量这个核心目标，涉及专业建设及教学、科研、社会服务、师资多元能力等要素，从而形成的一个多类别、多层次、多方式的管理体系[①]。本研究从内外部管理相结合的视角展开分析，将高职院校实践教学质量管理的内涵划分为四个部分来解读：其一，确定目标与内容；其二，进行监控与评价；第三，进行反馈与改进；第四，进行实践保障与维护。

### （一）确定目标与内容

高职院校实践教学目标是高素质、高技能应用型人才培养的导向性标准，在整个实践教学体系中发挥着引导、驱动的作用，也在一定程度上影响着实践教学诸环节中各要素的结构与功能。高职院校中的实践教学目标体系应以加强学生职业技术应用能力培养为主线，以提升学生实际岗位职业技能为核心，以增强学生就业竞争力为导向，制定专业总体及各个实践教学环节的具体教学目标和能力标准。实践教学内容是实践教学目标在整体教学中的具体表现，它是指实验、实训、实习、毕业设计等各个实践教学环节的课程配置、实施方式、课程考评等具体教学活动。高职院校实践教学内容体系是高职院校提升学生职业素养的重要渠道，其质量直接决定着高职院校实践教学的整体水平。

### （二）进行监控与评价

实践教学能否达到教学目标，教学质量能否得到保障，教学各环节的组织安排及各项教学任务能否顺利实施，实践教学管理都起着决定性作用。为保证实践教学工作的顺利推进，促进实践教学质量的不断提高，就必须加强对实践教学的监控和评价。实践教学质量监控与评价是指高职院校"为加强实践教学质量检测与控制所建立的用人单位、教师、学生共同参与的内部质量保障与评价机制"[②]。它主要包括学校、社会和企业对实践教学课程与实践

---

① 杨理连.高职教育质量管理：内涵审视、体系构建及其评价[J].中国高教研究,2015(6):99-102.

② 李进才.高等教育教学评估词语释义[M].武汉：武汉大学出版社,2016:47.

教学内容的评估制度、课堂教学评估、实践教学评估以及学生的反馈与教学督导等。

### （三）进行反馈与改进

高技术技能人才的培养主要是通过有目的、有计划、有组织的相关活动来实现的，高职院校必须始终将人才培养质量放在至关重要的位置。由于在实践教学过程中影响高技术技能人才培养质量的因素很多，如教师（师傅）业务能力、实习场地、学习周期、专业状况、院校水平等都会对其产生直接影响。而且上述因素之间又相互作用，任何因素的变化都会对人才培养质量产生复杂的影响，从而阻碍人才培养质量保障体系功能的充分发挥。因此，需要建立健全信息反馈系统、不断完善质量保障体系。

### （四）进行实践保障与维护

对高职院校实践教学质量的保障与维护，不仅是对高技术技能人才培养质量进行宏观控制的重要手段，而且有利于保障和维护学生的合法权益，提高高职院校的竞争力。

## 第二节　高职院校实践教学质量管理的价值

教学因实践的需要而产生，也因解决实践问题而存在和发展。实践是教学的出发点和归宿，以直观、生动和多样的方式将课堂上的知识展现在学生面前。它以理论教学为基础，同时又拓展与深化着理论教学。在高职教育中，将实践教学作为教学中重要的组成部分，不仅因为实践教学是凸显高职教育特点的重要途径，而且是因为实践教学质量管理会对高职院校人才培养的整体质量产生直接的影响[1]。因此，如何科学、客观地对高职院校实践教学质量进行评价，以及选择何种适合的评价方法，是当前需要积极探索和重点

---

[1]　周文清.增值评价：高职院校实践教学质量评价的新选择 [J].湖南师范大学教育科学学报,2016,15(3):126-128.

研究的课题。

## 一、高职院校实践教学的总体价值

在当前高等职业教育的改革中，实践教学是一个热点问题。从价值视角出发认真思考这一问题会发现，大多数高等学校尚未完全明晰实践教学的价值[①]。基于此，本研究试图立足价值论层面，审视高等职业院校实践教学中一些需要澄清的问题。

人以实践为基本的存在方式。主客二元对立思维以及在这一对立思维方式指导下，对于人与世界关系的抽象性认识的消解都需要以实践为中介。实践不仅是作为人类整体生命存在的一种追求、一种尊重，而且对于高职院校学生这一实践教学的价值主体而言，需要通过实践发展满足其自身发展。

本研究认为，实践教学应当是在以实际操作为主的过程中使学生获得知识和技能，从而提高学生综合素养的一系列教学活动的总称。因此，实践教学不是某一门或几门特殊课程的简单组合，而是指所有课程中所涉及的实践因素和实践环节。比如，生产劳动、课程实习（设计）、科研活动、社会实践、毕业设计（论文）等环节都属于高职院校实践教学的范畴。实践教学的特征主要表现为以下几点。

### 1. 整体性与实践性

高职院校实践教学的整体性主要体现为：其一，实践教学并不是由某个单一的要素组成的，而是由教学目标、教学内容、教学组织形式、教学管理、教学评价等一系列要素构成的；其二，实践教学在对人的培养上是全面的。因为高职院校的实践教学既重视发展学生的专业实践能力和社会实践能力，同时也注重培养学生面对新形势、新问题时根据外界变化主动调整自身思维方式和实践行动的能力。

实践教学之所以具有实践性是因为其注重培养学生的实践能力。对学生

---

① 王桂林 . 高等学校实践教学价值论 [J]. 现代教育科学 ,2010(4):126-128，149.

进行实践教学一方面可以使学生获得专业能力和技能，另一方面可以为学生获得知识、发展创造性提供基础。同时，实践教学的过程也是深化学生对感性材料理解的过程，因为在参与实践教学的过程中，学生不仅可以掌握必要的知识，而且可以发展思维能力。

### 2. 情境性与经验性

实践教学较为关注教学活动中的情境性。一方面实践教学在实际的工作场所中进行，比如通过开展现场教学，安排学习者到实际工作岗位上进行顶岗实习，从而参与到真实的职业情境中；另一方面则根据实践教学的要求，在课堂教学中尽量选取贴近现实问题情境的学习内容，尽量创设与本专业的就业岗位真实情境相一致的职业情境。学生通过或虚拟或仿真或真实的工作情境来提升其综合职业能力。

实践教学的经验性则主要体现为对学生直接经验的关注，学生通过亲身体验和感受获得直接经验知识。不同于以符号和逻辑表征的教学形态，实践教学强调在进行教学资源整合的过程中以学生的亲身体验或自身经验为核心，不以抽象的文化知识积累的方式进行认知，而是倡导学生以自身的亲身经历为其全面发展的前提。对直接经验的强调是为了恢复对人的兴趣、知觉、情感、体验等以探寻世界的合法性和目的性价值，从而改变以为机械化、刻板化的生活为目的的探寻活动，更为重视充满生命的激情与心灵感悟。当然，对直接经验的强调并不意味着间接经验的退却，二者并不是对立的关系，相反，实践教学在尊重学生直接经验价值的同时还探寻间接经验的个体价值与意义。

### 3. 生活性与开放性

与理论教学沉浸于科学世界并将科学世界建立在抽象的"数理—逻辑"结构基础之上，并由一些概念、原理和规律过程构成的世界不同，实践教学注重对现实生活世界的回归。胡塞尔将科学世界的特征概括为"不可知觉的客观性"，并认为人们从经验到知识都只是一些由形形色色的概念原理、规则规律的形式呈现出来的"图像",人们永远无法知觉和体验到实际的世界。但"日常生活世界"是"可被实际知觉的",人们可以实际知觉和体验这个我们日常生活的世界本身。由此可知,科学世界以生活世界为基础,生活世界才是一切目的、意义和价值的来源。实践教学正是为了克服传统理论教学与学生生活实际相分离的事实,对突破学科疆界束缚,回归学生的生活和体验世界意义重大。

实践教学的开放性主要表现为教学内容的开放,因为实践教学需要及时关注行业企业的新需求,及时吸取并采纳行业企业发展的最近技术与成果,从而为学生职业能力的开发提供依据。学生的学习不再局限于课堂上的知识学习,而是一种参与性学习,一种工学结合的学习;教师的教也不再局限于课堂,而是要抽出一定的时间和精力深入企业学习,并注重向社会招聘富有经验的兼职教师,扩充高职院校现有的教师队伍,完善教师队伍结构,使学校形成专兼结合的师资队伍。最后,从教学评价上看,需要内外部评价相结合,在高职院校内部做好自评的基础上,还应该将企业、社会等外部评价纳入现有评价指标体系中来。

从上述论述中可以看出,实践教学作为高职教育的重要组成部分,是高职院校高技术技能人才培养的重要环节与必然过程。值得注意的是,高职教育的实践教学是多种因素综合作用的结果,并不是某一个单一的教学环节,也不能将其看作理论教学的补充,而是高等教育必不可少的环节。高职院校实践教学的价值诉求主要表现为以下几个方面。

### (一)为培养创新精神和实践能力提供境遇性体验

马克思主义实践观认为,人在实践的过程中完成了自身的发展,人的劳动实践使"生产者也改善着,炼出新的质量,通过生产而发展和改造着自身,造成新的力量和新的观念,造成新的交往方式、新的需要和新的语言"[①]。实

---

① 马克思恩格斯全集(卷46)上 [M]. 北京:人民出版社,1979:494.

践的过程不仅是人们获得知识、提高技能的过程，而且是世界观改造、社会生活基本素养形成的过程，最终达到个人能力、个性发展与个人价值的完全统一。这与马克思主义关于人的全面发展的基本内涵的表达相一致。在实践教学的过程中，学生始终以自身内在体验的方式参与教学过程，并在这一过程中不断获得知识、技能及行为方式的完善，同时也在这一过程中习得相应的社会生活经验，从而慢慢养成主动参与社会生活的习惯。如此，便既实现了教育育人这一根本目的，也满足了人的社会生存、适应、发展等全面发展的内在要求。

以往人们对实践教学内涵的理解偏重"硬实践"，即认为实践教学就是对人的动手能力、操作能力的培养。这一理解窄化了实践教学的内涵，因为这只是实践教学的一方面。其实，除了"硬实践"外，实践教学还包括"软实践"的内涵，即理论知识的运用、心智技能的形成及实践经验的累积等，这些更侧重学生思维训练，侧重分析问题、解决问题等综合应用能力的培养，"软实践"也是实践教学的重要内容。高职院校实践教学最终要达到的目的是：（1）使学生在自身亲历的实践学习活动中获得全方位的感悟和体验；（2）培养学生在科学研究中应有的严谨态度和钻研精神；（3）在具体的岗位实习中培养其应有的社会使命感和社会责任心；（4）在实践教学过程中互相交流自身的经验和体会，从而学会分享与合作；（5）能够在具体的实践活动中明辨是非、辨别真伪；（6）能够具备一定的收集信息、分析信息及利用信息的能力；（7）培养关注实践不断发展的意愿，并愿意主动运用唯物辩证法的观点来分析问题、解决问题。

### （二）为推动学校教育科研发展整合社会资源

高职院校实践教学的发展需要借助地区周边的各种社会资源，比如企业、政府、社区等。但在专业内涵发展与特色发展的教学过程中，高职院校普遍存在制约其专业建设与发展的"社会资源共享困难""实训设备数量不足""师资队伍知识老化"和"学生学习动力缺乏"四大瓶颈问题[①]。其中,"社会资源共享困难"是制约高职院校实践教学发展的关键,这一问题的存在还间接导致了其他问题的形成。虽然高职院校办学形式及经费来源多样,其中公立院校的教育经费投入及学生学费由政府出资,民办院校的办学经费投入主要由股东出资。但是,不管经费来源于哪种渠道的高职院校,都在谋求社会、行业企业、其他高校等社会办学资源的资助。社会存在着丰富的办学资源,需要高职院校能够根据自身专业发展特色去充分挖掘。

高职院校实践教学的发展并不只是聚焦于学校发展或学校人才培养的需求,还需要根据社会整体发展的需要及产业链的布局,构建"专""兼"结合的实践教学平台,从而满足高职院校实践教学发展的实际需要。基于此,需要对高职院校内部的实践性教学资源进行整合,打通专业之间主观设置的各种壁垒,多科学之间以其各自的资源优势进行互补发展,以达到提高实践教学资源效益的目的。目前许多高职院校都面临教学资源短缺的问题,且对教学资源的利用率不高,存在着严重的条块分割、壁垒森严现象。因此,可以以大专业的方式建设实验室,聚集实践性教学的人力、物力和财力资源,从而为大专业的广大学生提供服务,达到提高高职院校实践教学资源利用率的目的。

### (三)为实现专业的特色化发展构筑突破点

高职院校要实现特色化发展并不是仅仅由学校的实践教学就可以独自完成的,而是需要全社会全方位的共同努力。当然,实践教学在高职院校试点专业特色化发展的过程中发挥着至关重要的作用。实践教学的水平与质量,直接决定着一所高职院校的办学水平与人才培养质量,从而决定着其服务社会的地位和水平。所有一流大学都有其一流学科,高职院校必须加强学科专业建设,促进教学活动及科研活动与生产实践贴合。要尽可能创造条件为学

---

① 孙湧,孙宏伟,蔡学军.高职院校共享社会资源借势发展问题研究与实践 [J].深圳职业技术学院学报,2007(2):83-86.

生提供多样化的实践机会，从而减少学习与实践之间的差距。这样不仅可以强化学生对理论知识的理解，而且还可以提高学生分析和解决实际问题的能力。知识经济时代的到来，导致社会技术研究重心由工业经济时代拥有大机器和资本的公司企业转移到高等学校和研究机构之中。高等教育的功能必须相应地由传统封闭的教学与科研相促进，转变为适应生产力发展的产学研之间的整合互动。

人在不断社会化的同时，个性化也进一步凸显，个性化则进一步带来了个体的独特性和差异性。不过个性化的社会人，在一定社会背景下又共同建构普遍的社会关系，从而创造了一定的社会和社会关系。教育过程正是促进个体发展与社会发展的同构过程，其直接的意义，是培养人的生产所需的能力，其间接意义，则是实现人的生产与社会生产相统一的过程，当然人的生产与社会的生产实践活动都是创造性的，而不是一种简单的机械复制。应该说教育对人的培养从其最根本的意义上来说，是通过教育的创造性实践培养创造性的人，从而实现社会的创造与发展。

## 二、高职院校实践教学质量管理的价值旨趣

高职院校实践教学质量管理，反映的是人们对一定社会历史条件下的教育价值选择。关乎高等职业教育改革与发展大局的实践教学质量，应秉持其根本的价值理性与终极关怀，不能仅仅限于工具理性层面，还应该包括质量文化与质量价值等内在要素。基于价值理性与终极关怀的高职教育，要有高职教育之于人、文化、社会责任伦理的多维视界[①]。

当前，我国的高职教育面临着一定的现实难题：一方面，国家大力支持高职教育，国内民众对高职教育需求有了较大程度的提升，与此同时，社会对高职教育的要求也随之提高。然而，现有的高职教育随着普通高等教育的扩招出现了教育教学质量滑坡、同质化现象严重、难以适应地区特色化发展

---

① 刘春花,李敏,李宝斌.价值理性与终极关怀:我国高等教育质量管理的价值探求[J].湖南师范大学教育科学学报,2014,13(5):96-100.

的需求等问题，使得许多高职院校遭到责难却又难以做出强有力的回应。另一方面，基于"标准"的质量理念，过于功利、实用的工具取向与高职教育的终极关怀相悖而行，使高职院校似乎有因失去存在意义的危机而陷入方向性困惑和技术性式微的两难困境①。基于此，本研究试图立足价值理性与终极关怀的价值追求，探索高职院校实践教学质量管理的应然选择，以期为我国高职教育质量管理研究提供可能性思路。

### （一）人文关怀：高职院校实践教学质量管理的本义所指

立德树人是高校的根本任务，高职院校的目标应为培养高技术技能人才。

高等职业院校自产生至今，以及在未来的发展过程中，都是以高技术技能人才培养为主的教育机构，而不仅仅是高深技术传播或产出的机构。无论是教育还是职业教育，任何教育活动所关涉的重点都是人及其生命活动。教育属于一种文化的实践。从一定意义上讲，教育的要义在于其"为人"之本真意蕴②。因此，高职院校的核心目标也是培养人，不过高职院校培养的人应该不仅获得了知识的增长、潜能的开发、能力与素质的提升，而且要将高职院校在发展过程中所积累、传承下来的办学理念、精神文化等都内化于其所培养的人才之中③。高职院校的发展并不仅仅是社会需求的主导，因此，如果从短期利益出发，我们可以追求"想要的"，这也是高职院校为社会发展培养所需人才所存在的合理性，而从长期利益着眼，则应该遵循教育的初衷，关注我们真正需要什么样的大学④。

### （二）技术浸染：高职院校实践教学质量管理的要义所系

可持续发展是高职院校利用新技术理念推动学校综合改革与内涵发展

① 韩延明，栾兆云. 我国现代大学文化的价值取向 [J]. 高等教育研究, 2010, 31（4）: 9-14.
② 刘春花. 从"素质关怀"到"生命关怀"——教师教育的伦理视角 [J]. 教育发展研究, 2008(8): 50-52.
③ 钱军平. 中国高等教育质量的困境及出路 [J]. 江苏高教, 2008(3): 35-37.
④ 王建华. 我们需要什么样的大学 [J]. 高等教育研究, 2014(2): 1-9.

的核心理念，目的在于促使高职院校不断进行反思，适应和调整自身发展规划，充分把握现实社会的机遇与挑战，不断寻找高职院校得以在社会与经济变革中生存与发展的办学特色，提升人才发展的竞争力，从而促进新技术人力资源的可持续增长①。技术浸染是高职院校实践教学质量管理的要义所系，因为实践教学的关键是学生实践能力的提升，而实践能力的提升来源于对生产发展所需的一线技术的掌握和应用。伴随着产业升级和技术进步对高职教育发展提出的新要求和新方向，在新技术、新产业背景下对未来的技术人才实施培养，既是高职教育发展规律的必然趋势，也是高职院校在办学理念和办学实践上进行创新的必然选择。新技术的应用对高素质技术人才提出了较高的诉求，高职院校要想在以产业变革为背景的高等教育结构性改革中异军突起，必须依靠"新技术"培养"新人"，构建以新技术应用职业人才为技术资源的现代高等职业教育体系。

**（三）伦理正义：高职院校实践教学质量管理的义理所在**

社会责任是任何一种社会实践活动必然要考量的基准，缺失了这一维度的考量，则这一实践活动本身的价值和意义就值得商榷。教育作为一种人道主义事业，其本身属于一种社会伦理实践。所以，人们追求高质量的高职教育，是对高职教育实践的一种伦理诉求。在一定意义上，对高职院校的高技术技能人才培养质量的要求不属于纯工具取向或功利取向的，因为还有对其质量价值或伦理的诉求，其中既有基于技术文化知识创新的要求，也有对高职教育在精神高度和社会责任伦理等方面内在的理性价值追求。高职教育质量的伦理维度，逻辑地要求高职院校或高职教育关注并尊重学生精神品格的形成以及高职教育的多元利益相关者。高职教育需要从个人与集体两个维度来观照现实。高职教育不仅要关注个人的幸福，还要关注他们与社会的共同福祉，从而达到个体与集体相统一；高职教育既需要立足个人，又需要超越

---

① 谢志远，刘燕楠．深化产教融合 推动职业教育技术革命——高职院校新技术应用人才发展战略思考 [J]．中国高教研究，2018(3):103−108.

个人，注重把个人引向对社会正义和个体德性的兼顾，从而达到超越自身的卓越。

## 第三节　高职院校实践教学质量管理的理论基础

### 一、马克思主义的实践教育思想

实践是马克思主义哲学的一个重要概念，马克思、恩格斯创立了科学的实践观并将其用于分析与指导教育问题，指出：实践不仅是人的身心发展的关键因素，还是实现人的全面发展的根本途径，应坚持教育与生产劳动相结合。马克思主义创始人不仅在理论上阐明了实践在教育中的重要地位和作用，为人的全面发展及教育教学确立了实践性的原则，也为世界上第一个无产阶级政权——巴黎公社的教育提供了重要指导，具有重要的理论价值和实践意义。

列宁及苏联的革命教育家继承了实践教育思想的基本原则，并在苏联的社会主义国家建设中予以贯彻和运用。列宁结合苏联国家建设的需求，突出强调了教育与生产劳动相结合并确立了综合职业教育的基本原则和方向；以苏霍姆林斯基等为代表的苏联革命教育家对马克思主义实践教育思想予以了具体的贯彻与运用，在理论及实践中予以完善。在实践教育思想的指导下，苏联的实践教育取得了重要的成就，不仅在理论上得到了发展，同时也为苏联的社会主义建设培养和输送了一大批具有实践经验的人才。

作为马克思主义中国化的杰出代表，毛泽东不仅写出了《实践论》等著名哲学著作，而且提出了富有中国特色的实践教育思想，这一思想曾在具体的革命过程中予以贯彻。新中国成立后，毛泽东确立了教育必须为工农兵服务、必须与生产劳动相结合以及为革命战争和阶级斗争服务、理论联系实际、从实践中学习等重要方针。社会主义建设时期，毛泽东结合社会主义建设实际，确立了德智体全面发展、教育与生产劳动相结合、理论联系实际的马克思主义实践教育原则。

党的十一届三中全会以来，邓小平继承发展了毛泽东的实践教育思想，同时结合改革开放的实际，重新确立了德智体全面发展的方针并创造性地提出了"三个面向"的重要思想，为我国改革开放时期的教育发展指明了方向。江泽民与胡锦涛继承了马克思主义实践教育思想的基本原则并结合我国社会主义现代化建设的实际，对强化实践教育，推进我国创新型人才培养等进行了重要阐述。党的十八大以来，习近平总书记进一步提出，要坚持践行社会主义核心价值观，并就大力发展职业教育等做了重要论述。

新世纪以来，我国以马克思主义的实践教育思想为指导，积极推进实践教育的开展。主要包括：（1）以法律条文的形式确立了马克思主义实践教育思想的基本原则；（2）素质教育与马克思主义实践教育的紧密结合；（3）我国新一轮基础教育课程改革突出马克思主义实践教育思想。与此同时，我国的实践教育也存在诸多问题，包括片面突出智育，导致部分学生人格缺失、身体状况堪忧、学生劳动观念差等情况；造成上述问题的原因既包括了社会层面的原因，也包括了教育层面及学校层面的问题，需要综合地予以解决。

作为社会主义国家，我国开展的实践教育都以马克思主义实践思想为指导，始终坚持德智体美劳全面发展、理论联系实际等原则。基于此，我们需要转变社会观念，凸显素质教育的重要性，学校要重视教师的参与，并坚持依法治教的原则，促进实践教育的法治化管理。

虽然德智体美劳全面发展的素质教育已经提出数年，但我国教育领域存在着很多亟需解决的问题，所以实施效果有待提升，重智育轻德育、重智育轻体育等现象仍然比较严重。国家曾开展了多种形式的基础教育课程改革，但应试教育的现状依然未能从根本上得以改观。而在高等教育领域，虽然大学的扩招解决了"升学难"的问题，但又出现了新的问题，比如培养出的毕业生存在不同程度的适应性差、无法满足社会对人才的实际需求等问题。纵然上述问题的出现是多方面因素综合作用的结果，但实践教学的缺位是最重要的影响因素。比如指导思想不够全面，在教学过程中过于强调理论知识的学习，忽视学生的实践体验与锻炼。这就容易造成理论与实践的脱节，在一定程度上会导致学生实践能力的薄弱。这一现象的存在一则不利于学生的成长，二则阻碍我国社会主义现代化建设的人才培养。

早在《资本论》中马克思就曾对"人的全面发展"及"教育与生产劳动相结合"等相关问题表述过观点。当时主要是针对大工业生产的需要，马克思指出要"用那种把不同社会职能当作互相交替的活动方式的全面发展的个人，来代替只是承担一种社会局部职能的局部个人"[①]。他还指出："从工厂制度中萌发出了未来教育的幼芽，未来教育对所有已满一定年龄的儿童来说，就是生产劳动与智育和体育相结合，它不仅是提高社会生产的一种方法，而且是造就全面发展的人的唯一方法。"[②] 在《德国工人党纲领批注》中，马克思进一步指出："在按照不同的年龄阶段严格调节时间并采取其他保护儿童的预防措施的条件下，生产劳动与教育的早期结合是改造现代社会的最强有力的手段之一。"[③] 这些关于实践教学的经典主张和论述至今仍然具有十分重要的现实指导意义。

"科学发展观，第一要义是发展，核心是以人为本，基本要求是全面协调可持续，根本方法是统筹兼顾。"[④] 科学发展观为高职院校实践教学质量管理体系的建构奠定了理论基础。高职院校实践教学的深化与发展，一方面需要从教学目标、内容、过程、模式、方法等层面进行深入探讨，另一方面需要对实践教学的质量进行科学管理，从而建立起客观、全面的质量评价体系。对高职院校实践教学而言，需要在坚持以学生为本的前提下，重视学生实践能力和创新创业能力的发展，从而促进学生的全面发展。其基本要求是

① 马克思恩格斯文集（第五卷）[M]. 北京：人民出版社,2009:561.
② 马克思恩格斯文集（第五卷）[M]. 北京：人民出版社,2009:556-557.
③ 马克思恩格斯文集（第三卷）[M]. 北京：人民出版社,2009:448-449.
④ 胡锦涛.高举中国特色社会主义伟大旗帜 为夺取全面建设小康社会新胜利而奋斗 [N]. 光明日报,2007-10-16.

促进高职院校实践教学和理论教学的充分结合，理论课程教学和专业课程教学的协调发展，线上教学与线下教学联动发展，通过相辅相成的实践教学系统，合力共促高职院校实践教学质量的提升。

作为认识的基础，实践是认识产生、发展的重要基础，也是认识的检验标准和最终目的。与此同时，认识对实践又具有能动的反作用，其反作用集中体现为它对实践具有一定的指导作用。正确的认识可以促进实践的发展，并促使人们进行认识世界和改造世界的活动；相反，错误的认识则对实践起着阻碍作用，不利于人们认识和改造客观世界，因为如果把错误的认识转化为行动，则会对实际造成消极作用。对认识与实践辩证关系的研究，为改变高职院校理论与实践教学环节相脱节的现象提供了理论指导，促进了对高等职业院校的规范管理，有利于帮助学生在实践活动的过程中更好地理解和掌握理论知识，实现从感性认识到理性认识，再由理性认识到实践的飞跃。

## 二、全面质量管理理论

质量管理是一个组织以质量为中心，全员参与为基础，为追求顾客和组织所有者满意，而建立和形成的一整套质量方针、目标和体系[①]。它首先需要通知质量策划者来设定组织的质量目标，并规定要进行的作业过程及可能涉及的相关资源；其次，采取必要的质量监控手段来监控其内部的质量过程，从而排除在质量管理环节中可能存在的问题或缺陷；再次，针对管理中存在的问题进行质量改进，从而提高组织内部的质量管理能力，达到改善组织内部质量管理过程的目标；最后，采取相应的质量保障体系，从而向客户表明组织有能力满足用户的质量要求，为其信任提供证据。

质量体系作为质量管理的运作实体，对组织的结构、质量过程、过程程度和过程资源做出了定义，所以质量体系有必要以文件的形式做出形式化、制度化的规定，并以培训的形式争取得到组织内部的广泛理解，从而强制性

---

① 王青.现代质量管理理论在软件组织的应用 [J].计算机工程与应用,2001(23):71-74,87.

地贯穿于整个组织。

质量管理理论始于 20 世纪初期，其历史演变过程如图 2-1 所示。

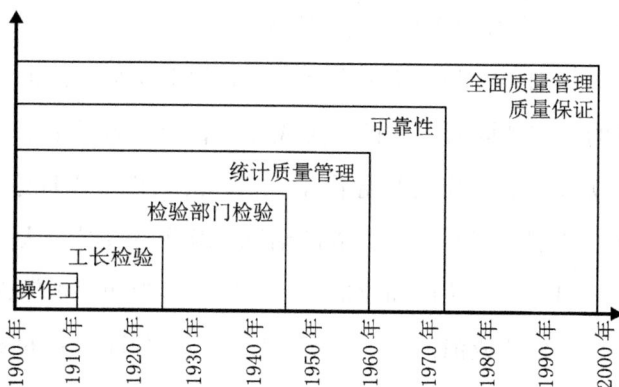

图 2-1　质量管理的历史演变

质量管理从产生到现在，大致经历产品质量检验阶段、统计质量控制管理阶段、全面质量管理阶段三个阶段。相关质量管理理论[①] 主要有：（1）组织中的质量管理；（2）供应链上的质量管理；（3）流通领域的商品质量管理；（4）PDCA（戴明环）循环质量管理。

质量管理理论的发展历史说明，质量管理已经从对产品进行质量检验发展到对产品的形成过程进行控制，这是一种从源头端到结果端的改变，其控制方法也从静态发展为动态。所以，发展至今的质量管理理论，已经涵盖策划、控制和过程能力等各个环节和方面。

全面质量管理是由美国人休哈特于 20 世纪 30 年代提出的一种管理思想和管理实践。全面质量管理属于管理学研究范畴，是质量管理发展的最新阶段，主要是指一个组织以质量为中心、以全员参与为基础，通过让顾客满意、组织成员获利、社会受益实现可持续发展的管理途径[②]。它是在传统的质量管理理论基础上发展起来的现代质量管理理论。其基本内涵是"为确保

① 李波 . 网络购物商品质量管控及其演进研究 [M]. 北京：知识产权出版社 ,2018:23-30.
② 许智勇 . 高等学校实验室管理理论与实践 [M]. 长春：吉林大学出版社 ,2018:18.

产品质量的持续提高，由组织的全体成员综合运用现代科学和管理技术，对影响质量的全过程和各种因素进行全面系统管理，以达到生产出消费者满意的产品为目的的一种有效质量管理体系"。[①] 在这一理论引入我国之初，主要在企业等组织中应用。后来有学者将其应用到高等教育领域，并建议将全面质量管理理论的内涵转化为高等教育全面质量管理的内涵。尤其是在教学管理中，将高等教育教学质量作为一个特殊的产业，实现"标准化"管理日益为理论与实践界所接受。把质量管理纳入到教学管理中，在高等学校实行全面质量管理的思想，就是要把学校教学看作一个多要素、多层次、多功能的系统，对一切同教学质量有关的因素进行系统控制，即对各方面的工作过程（确定目标、制定计划、组织实施、检查总结）以及全体师生员工实行全员、全过程和全方位的管理，最终达到全面提高教育教学质量，实现预定的人才培养目标[②]。全面质量管理是全员的质量管理、全过程的质量管理和全面的质量管理。

全面质量管理理论作为一种管理理论和方法，最早应用于工商管理领域，并广泛流行于西方国家。自 20 世纪 80 年代开始，随着高等教育质量管理问题受到人们的广泛关注，这种理论开始被应用于高等教育领域，并对改进高等教育质量产生了积极的影响，成为高等学校教学质量保障的有效方式和手段[③]。

全面质量管理理论不同于其他管理理论的突出优势是其具有一定的系统性，质量体系则将全面质量管理理论作为一个由多种系统组成的整体。全面质量管理至少包括了社会性系统、技术性系统、管理系统等。此外，全面质量管理理论在概念上也与传统质量管理理论有较大区别，它不再单纯强调产品在生产目标与产品规格上的一致，而是从"全面"的意义上对质量加以界

---

① 赵中建.ISO9000 质量体系认证适用于学校吗：关于教育领域引进质量体系认证的思考 [J].上海教育 ,2001(11):18-22.
② 赵铁 . 地方综合性大学教学质量监控体系的总体设计 [J]. 高教论坛 ,2006(2) :98-99.
③ 孔晓东 . 全面质量管理理论与高校教学质量保障 [J]. 教育评论 ,2009(1):27-29.

定，比如强调不断进行产品质量的改进，强调根据顾客是否满意来调整目标与策略，从而获得更高的顾客满意度。也就是说，全面质量管理理论更为关注产品生产的过程及其质量改进，并根据质量情况提出更完善的目标、标准与方法。

本研究首先将高职院校实践教学质量管理研究分解为"实践教学"与"质量管理"两个大的方面来理解；其次，从实践哲学与管理哲学的角度来找寻本研究的哲学前提；再次，将"全面质量管理"理论作为本研究的理论基础进行研究；最后，将高职院校实践教学质量管理分为确定目标与内容、进行监控与评价、进行反馈与改进、进行实践保障与维护四个方面的内容来展开论述。本研究的理论框架如图 2-2 所示。

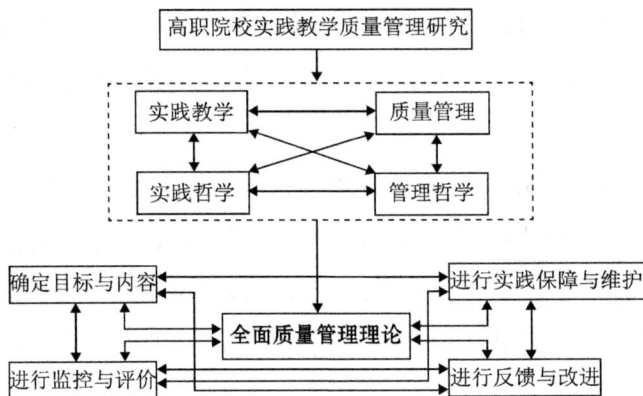

图 2-2　理论框架模型图

## 三、相关经济学理论

全面质量管理是一个以质量为中心、以全员参与为基础，通过让顾客满意、组织成员获利、社会受益实现可持续发展的管理途径[①]。在提质培优、增值赋能、以质图强，加快推进职业教育现代化的新时代，实现高职院校实践教学全面质量管理，最大限度提高人才培养质量是时代赋予的历史使命。实

① 许智勇.高等学校实验室管理理论与实践 [M].长春：吉林大学出版社,2018:18.

践教学全面质量管理涉及多元主体，只有全体成员明确实践教学质量管理目标并为目标达成提供必要的人财物支持，只有制定与时俱进的管理方案和标准，才能确保高职院校实践教学的质量和效率。在全面质量管理理论视域下，运用目标设定理论、博弈论以及交易成本理论等经济学理论对实践教学质量管理具体实施环节和过程进行研究不仅具有理论可行性，而且具有现实必要性。

美国马里兰大学管理学兼心理学教授爱德温·洛克和休斯在研究中发现，外来刺激都是通过目标来影响动机的。目标能引导活动指向与目标有关的行为，使人们根据难度的大小来调整努力的程度，并影响行为的持久性。于是，在一系列科学研究的基础上，他们于1967年最先提出"目标设定理论"（Goal Setting Theory），认为目标本身就具有激励作用，目标能把人的需要转变为动机，使人们的行为朝着一定的方向努力，并将自己的行为结果与既定的目标相对照，及时进行调整和修正，从而实现目标。这种使需要转化为动机，再由动机支配行动以达成目标的过程就是目标激励[①]。高职院校实践教学质量管理涉及高职院校内部的教学部门、实习实训部门以及合作企业等多个主体，明确预期目标是激发各主体积极参与的前提，也是集中各主体优势资源助力目标达成的关键。否则，各主体难以形成一致的努力方向，无法形成合力。所以，运用目标设定理论研究高职院校实践教学质量管理问题具有可行性和必要性。

博弈论（Game Theory）是指研究多个个体或团队在特定条件制约下的对局中利用相关方的策略，而实施对应策略的学科，也称为对策论或赛局理论。依据局中人之间在博弈过程中是否有具有约束力的协议，可将博弈分为合作博弈和非合作博弈。如果有具有约束力的协议则称为合作博弈，如果没有具有约束力的协议则称为非合作博弈。在高职院校实践教学过程中，不同的经济主体具有不同的价值追求和利益取向；各主体参与实践教学的过程实

---

① 张美兰，车宏生. 目标设置理论及其新进展 [J]. 心理学动态,1999(2):35

质是多元主体之间进行博弈的过程。各主体之间是否围绕提高实践教学质量而形成完善的游戏规则或资源共享行为则是影响和制约实践教学的重要因素。运用博弈论可以深入系统研究高职院校实践教学质量管理过程中相关主体行为及其对实践教学的内在影响。

交易成本理论是用比较制度分析方法研究经济组织制度的理论。其基本思路是：围绕交易费用节约这一中心，把交易作为分析单位，找出区分不同交易的特征因素，然后分析什么样的交易应该用什么样的体制组织来协调。基于人的有限理性和交易环境因素交互影响下所产生的市场失灵，为解决人们的交往或合作受阻行为而产生了一定成本，如搜寻成本、信息议价成本、决策成本、监督成本和违约成本等。高职院校实践教学质量管理过程也是利益相关主体之间进行信息搜集、沟通以及实践教学质量管理文件的制定和执行的过程。受人的有限理性和信息不对称影响，信息搜集、文件制定和执行均需要支付相应的成本。那么，在高职院校实践教学质量管理过程中，究竟在哪些方面存在哪种类型的交易成本以及这些成本对实践教学产生哪些影响等，均需要运用交易成本理论进行深入系统研究和分析。

# 第三章

# 高职院校实践教学质量管理
# 的体系及其运行

　　高职院校实践教学质量管理体系关乎质量管理的对象要素及其内在结构；运行机制是质量管理体系诸要素运行的逻辑顺序和应该遵循的基本原则。对这两个问题的探究是对高职院校实践教学质量管理实践进行现状检视、问题剖析、原因揭示的前提，也是针对高职院校实践教学质量管理存在的问题提出解决策略的立足点。本章对此进行专门的探讨。

## 第一节　高职院校实践教学质量管理体系

　　高职院校实践教学质量管理的内在规定关涉系列对象之间的关系，其中最为重要的关系是管理主体与客体的关系，在这一活动中的主体是管理者，客体是"实践教学的质量"，而实践教学质量本身又包括着内在结构维度。从质量哲学和教学实践逻辑上看，实践教学的内在结构维度包括从前到后的系列要素，具体来说就是实践教学的目标与内容、监控与评价、反馈与改进、实践保障与维护。高职院校实践教学质量管理体系的内在结构就是指这四个维度及其内在关联。

# 一、实践教学目标与内容

## （一）实践教学目标要求

实践教学目标的确定需要有全面和宏观的职业教育视野。高职院校是为国家和社会培养具有实际动手能力、能够面向企业生产一线、在工作中运用专业技能解决实际问题的综合素质高的技术技能型人才，而实践教学作为对课堂理论知识进行巩固和进一步深度挖掘的途径，是高职院校培养具有较强操作能力的高素质人才的不可或缺的途径。从高职院校教学价值上来看，实践教学能够更好地为高职教育开辟道路，能够使高职院校的学生在就业上更具竞争力，能够切实落实技术技能型人才培养目标，能够办出具有高职特色的教育。随着我国产业结构转型升级以及"中国制造2025"等战略计划的提出，出现了大量行业企业招不到合适的技术技能型人才而高职院校学生就业困难的结构性供需矛盾[①]，社会和企业对技术技能型人才的要求越来越高。通过实践教学的培养，能够使高职院校的学生在就业上更契合企业一线的实际需求，提高高职院校学生就业的指向性、就业岗位的针对性、就业竞争力以及提高学生的综合能力，在一定程度上缓解行业企业招不到人而高职院校学生无法就业的结构性供需矛盾。

高职院校实践教学只有依托科学、合理的实践教学目标才能落到实处。高职院校培养能够面向行业企业生产一线的技术技能型人才，从根本上看就是为某些特定岗位或特定职业培养具有相关的职业素质和职业能力的人才，这就从本质上决定了高职院校实践教学的目标具有明确的针对性和指向性。因此，高职院校实践教学目标的制定应该根据行业企业和用人市场对特定行业、岗位的实际需求，紧扣特定岗位所需的技术技能与专业知识，紧扣专业、行业所需，才能突出高职院校人才培养模式与普通高等院校存在的区别，突出高职院校人才培养的独特性与实践性。

---

① 郭福春，王玉龙.规模、结构、质量、政策：高等职业教育供给侧结构性改革的四重维度分析[J].黑龙江高教研究,2019(3):39-43.

　　学生的综合职业能力与综合素质是高职院校毕业生就业的核心竞争力，学生的综合职业能力与综合素质越高，学生适应岗位的能力越强，就业质量就越高，用人单位对学生的岗前培训时间就越短，能在一定程度上为企业带来效益，用人单位也就越满意[①]。社会经济的常态化发展，为高职院校发展带来了机遇与挑战，因此，许多高职院校开始进行实践教学的改革，这些高职院校意识到"知识本位"人才培养模式的不足，积极开展和探索了以社会行业企业所需为导向的高职教育模式，但在探索和转向的过程中，一些高职院校出现了只注重学生专业技能培养的问题，采用订单式的培养模式，这种培养模式从一定程度上能够提高学生的就业竞争力和实践操作能力，但从长远发展来看，学生没有选择自己感兴趣课程的自由，这种"一刀切"的培养模式往往会抹杀某些学生的独立个性和创新创造能力。在社会经济不断进步和我国产业结构转型升级的背景下，行业企业生产一线对技术技能型人才的要求也随之升级，它们不仅要求培养出来的人才具有实践动手操作能力，而且还要具有综合职业能力，以及沟通协调能力和创新能力，能够及时发现在工作过程中存在的问题并提出解决问题的方法[②]。要使高职院校培养出来的人才适应企业生产一线的要求，除了高职院校制定的实践教学目标要紧扣专业人才目标外，还需要兼顾培养发展学生的综合职业能力，让毕业生不仅拥有行业企业所需的实践操作能力，而且还具有适应社会发展所需的综合职业能力。实践教学不仅应该让高职院校的学生获得专业知识和能力，而且更要注重培养学生适应相关岗位所需的一些基本技能和适应各种状况的良好心理状态，比如与人沟通的能力、合作能力、协调能力、组织能力、终身学习的能力等，这些综合职业能力的培养有利于学生的可持续发展。

① 汪锋.综合能力本位的"校—企—校"高职协同育人创新模式探索 [J].中国职业技术教育,2017(26):76-80,92.
② 何静.试论高职院校大学生综合能力的培养 [J].教育与职业,2012(2):173-174.

### （二）实践教学内容要求

高职院校实践教学的内容是教学计划实施和教学目标实现的重要载体和基础，也是实践教学质量管理的重要组成部分。高职院校实践教学内容要以社会需求为准则，它不仅要随着企业生产一线、社会岗位工作的需求变化而不断变化，而且由于高职院校培养人才的滞后性，更需要能够预测企业生产一线、社会岗位工作的需求，注重对高职院校学生进行企业生产一线、社会岗位所需的技术技能的培养，将最新的行业、企业知识技术充实到实践教学的内容中去，突出高职院校办学特色，提升高职院校学生的就业竞争力。要通过对企业生产一线、社会岗位工作需求的预测，在实践教学内容中渗透行业企业未来所需的专业技术技能，并且将传授未来所需的实践教学内容落实到学生的实践操作中去，使现在所需的企业生产一线的技术技能与预测的技术技能实现有机融合，建立起从现在到未来的桥梁，使实践教学内容的构建坚持两个原则，即必须原则和够用原则。

我国高职教育是高等教育发展到一定阶段的产物，因此，高职教育发展历史并不长，高职院校要办出特色还需要走很长一段路。在高职院校发展的较长一段时间内，很多高职院校照搬照抄高等教育的办学模式，对自身的发展定位不明确，在教学过程中以"知识为本位"，把高等职业教育办成了高等教育的"压缩饼干"，完全没有体现出高等职业教育的职业性、技能性、指向性等特点[①]。由于对高等职业院校的特点与办学模式没有进行深入的思考与探索，出现了高职院校学生"就业难"的社会问题。随着国家产业结构的转型升级与高职院校实践教学改革的不断推进，高职院校逐渐意识到办出具有自身特色的重要性，于是积极探索具有高职特色的办学模式，但在这一探索的过程中，一些高职院校在学生的培养模式与实践教学内容的结合上走向了极端，在培养学生的过程中，实践教学内容一味地注重学生专业技能的培

---

① 查吉德. 发展高职院校高等性 履行高职教育新使命 [J]. 中国职业技术教育,2016(6):28-32.

训，没有与学校办学实力相结合、忽视当地经济社会发展对人才所提出的要求，甚至一些高职院校直接采用"订单式"的培养模式，实践教学一味以技能训练为主，这种模式虽然能够快速提升高职院校学生的实践能力与就业竞争力，但是却忽视了高职院校与中职院校在人才培养目标与学生就业所需能力上存在的本质不同。高职院校培养的是能够独立发现问题、解决问题并具有创新能力的综合型技术技能人才，中职院校则是培养大量的技术技能劳动者。但由于高职院校实践教学内容单一，没有突出其实践教学内容的特色，使得高职院校学生在就业时需要与中职院校毕业生竞争同一工作岗位，从长远来看限制了高职院校学生未来发展的空间①。高职院校实践教学内容除了与企业生产一线所需的实际操作技能相融合外，还需要融合社会所需的综合职业能力，尊重市场生产一线的规律，培养符合要求的人才。高职院校实践教学内容首先需要满足企业生产一线对高职院校人才提出的最新要求，以培养学生岗位所需技术技能和职业综合能力为目标，以培养学生创新能力、综合职业能力为导向，以与中职院校人才培养模式相区别为切入点，使高职院校学生能够通过实践教学的学习把理论与实际结合起来，突出高职院校实践教学内容与中职院校实践教学内容的区别。

高职院校实践教学内容需要把教育资源与行业企业所能提供的实践教学资源进行整合，提高其实践教学的指向性和专业性。高职院校的实践教学内容不仅需要提高学生的专业技术技能，还需要提高学生的综合职业能力，使学生能够满足岗位操作技能要求，运用专业知识和专业能力解决实际生产过程中遇到的问题，同时还具有社会和实际生活所需的各项综合素质。高职院校培养出来的综合型技术人才要面向社会、面向企业生产一线。社会和企业生产一线所需的技术技能型人才首先是源于生产，传统高职院校采用的知识与实践教学内容相分离的方式很难使学生把所学的操作技术技能与实际生产

---

① 柴勤芳. 对高职教育"高等性"与"职业性"融合的思考[J]. 中国高教研究,2012(5):95-97.

情境相联系。因此，高职院校实践内容要把教育重点转向教会学生把知识与技能相联系，将所学知识运用到生产中去。

简言之，作为高职院校实践教学质量管理的重要内容，实践教学目标与内容是紧密联系的两个分支。从整体上看，目标与内容牵制着整个实践教学的体系。从部分来看，有质量的目标应该紧扣专业人才目标，应该发展学生的综合职业能力；有质量的内容应该紧扣目标，同时还应该与社会需求相契合、与办学实力相匹配，能体现高等职业教育的"高等性"，并体现内容和真实工作情境的联系，体现对高职生专业知识、专业能力、专业情意和专业心理品质等素质要求的整合。

## 二、实践教学监控与评价

实践教学监控与评价是实践教学质量管理中的重要内容。在监控与评价涉及的诸多要素中，主体要求与方式要求是最为基础性的方面。这是本小节讨论的两个着眼点。

### （一）监控与评价的主体要求

主体是监控与评价活动中的执行者，主体的存在状态和组成状态决定了评价活动的能动性、有效性和深入程度。利益博弈时代各教育机构都拥有评价的话语权，各主体价值取向的不同必然导致监控与评价的冲突和矛盾。矛盾和冲突本质上是利益博弈，利益争夺的主观动因是各主体的"为我"，客观原因是高等教育资源的有效供给不足[①]。正是在这种背景下，高职院校实践教学监控与评价的主体长期存在相对单一的情况。高职院校实践教学监控与评价主体主要是教务处或教务处的下设机构，这种单一的评价主体，由于在认识上比较单一，评价结果难免不够全面，并且带有一定的主观性，而这种主观性影响了实践教学评价的有效性。

---

① 宋博，邱均平.利益博弈时代大学评价主体间的冲突与和谐 [J].高教发展与评估,2019（1）：29-40.

　　要解决评价结果单一性这一问题，需要构建多元化的实践教学评价主体，不同的评价主体由于所处背景以及利益驱动不同，对于评价的过程及结果有不同的看法与观点。因此，对实践教学过程的侧重点有所不同，多元化评价主体能够更加客观地反映出高职院校在实践过程中存在的各种问题，更加客观与全面。不同的评价主体从多渠道、多层次对实践教学过程进行客观、合理的评价，才能发挥高职院校学生在实践教学过程中的主动性，改善在实践教学评价过程中高职院校"一堂言"的局面。

　　长期以来，在高职院校教学质量监控与评价的过程中，企业主体的缺失严重影响了高技能人才的培养和高职教育教学质量监控与评价体系的完善。从利益相关者理论的角度来看，企业是高职教育质量的最终检验方，企业作为主体参与教学质量监控与评价意义重大[①]。在实践教学开展的整个过程中，企业生产一线的师傅最了解学生的技术技能，他们在实践过程中对学生的操作技能、职业素养、创新能力等是否达到企业生产一线所需的标准有较为公正的判断与评价。高职院校应该注重与企业之间的沟通与合作，使企业深度参与高职院校的实践教学评价工作，使高职院校的实践教学朝着企业生产一线所需的技术技能型人才方向发展。

　　学生由被评价者向评价者的转变是发挥教学评价功能的一种体现，从自主性、主动性及创造性出发，学生成为教学评价主体对于教学评价功能的发挥具有一定的作用[②]。学生是直接参与实践教学的主体，是高职院校的利益相关者，在实践教学过程中有参与评价的权力，学生的实践操作技能和专业技能是否有用、是否能够提升自己的就业竞争力、在实践教学过程中是否实现了"价值增值"，只有高职院校的学生最有发言权，因此高职院校学生在实践过程中的自我评价，不仅有利于了解高职院校实践教学过程中存在的问题，

---

① 李红.企业主体参与高职院校教学质量监控与评价问题研究 [J].内蒙古师范大学学报(教育科学版),2014(11):7-9.
② 彭亮.学生成为教学评价主体的探究 [J].湖南师范大学教育科学学报,2015(6):41-45.

还能够借此掌握学生在实践过程中的学习状态、学习兴趣以及实际动手能力。除此之外，学生在实践过程中与同伴的沟通交流能力、合作能力等也是企业非常在意的，经过一段时间的相处与合作，同伴对学生在沟通、合作以及组织协调等方面进行的客观公正评价也可以作为参考。高职院校实践教学评价不是一个静态的过程，而是一个动态的评价过程，在评价过程中，应该发挥各主体的优势与作用，充分把握实践教学的本质属性，全面收集各利益相关主体对实践过程存在问题的评价，并以此为依据进行调整与改进。

**（二）监控与评价的方式要求**

监控与评价的方式对实践教学质量意义重大，方式不同，所产生的效果可能差距巨大。我们知道，高职院校需要在"中国制造 2025"的时代背景下稳扎稳打，提升高职院校"质"的发展。高职院校实践教学"质"的提高，关键在于建立合理科学、具有高职特色的实践教学监控与评价体系[①]。

实践证明，高职院校实践教学监控与评价对提高学生对实践教学的满意度有很大的帮助：有利于增强高职院校实践教学与社会、企业生产一线等新技术技能的结合；有利于推动高职院校发现实践教学过程中的问题。实践教学与理论知识传授存在本质区别，理论知识的掌握可以通过作业、期末检测的模式，但专业动手能力却不能以作业、期末考试等模式检测，因为学生知道是什么并不代表他知道该怎么做，也并不代表他的实践动手能力强。

因此，高职院校的理论教学与实践教学的监控与评价应该有所区别。当前高职院校在实践教学方面普遍采用的方式是实习结束后，行业企业的师傅给高职院校学生进行最终的评分，这种终结性评价虽然能够快速为学生的实习画上句号，但不能真实反映学生通过在行业企业一线的实习，在面向某一特定岗位的职业能力、实践动手操作能力与综合职业能力等方面是否真的提高了，是否实现了技术技能上的"增值"。高职院校实践教学评价的最终落脚

---

① 高玉兰.职业院校教学质量监控与评价体系研究与实践——以山西建筑职业技术学院为例 [J].教育理论与实践,2013,33(15):24-26.

点不应该只是对于学生的实践结果进行排名，应该发挥出"评"的关键作用，在"评"的过程中发现问题。培养学生的职业能力和综合素质是高等职业教育的特色所在，这就决定了高职院校实践教学监控与评价不能采取"一刀切"的方式，必须把实践教学过程和监控放在学生实习的过程中。为了科学评价学生的综合职业能力是否发生了"增值"，终结性评价应该与形成性评价相结合，以形成性评价为主、终结性评价为辅，使形成性评价在学生最终实践考核中也占据一定比重，从而保证终结性评价以形成性评价为依据，保证终结性评价的科学性、合理性。

高职院校要做到以科学合理的方式开展实践教学的监控与评价：首先，要以学生在实践过程中完成的工作量以及完成工作的态度来评价学生的实践教学，并通过考核学生在企业生产一线或在生产任务中所表现出来的操作性技术技能知识来评价学生的实践能力。其次，在评价的过程中，要突出具有高职特色的评价体系，在实践操作过程中使学生在做中学、学中做、边学边做，把教、学、做融为一体，以学生在"做"的过程中表现出来的专业性与"做"出来的实际成果为中心进行评价。最后，实践教学是高职院校的主要特色与重要组成部分，承担了培养学生职业技能、动手操作能力、专业技能、创新能力、交流合作能力等使命，在评价学生在实践教学过程中的成绩，应该突出高职特色、突破常规，根据社会、企业一线等的需要，从静态化评价走向动态化评价，把形成性评价放在突出、重要的位置，实时掌握学生在企业一线实践和专业能力的情况，与企业建立稳定的反馈机制，及时发现实践教学实施过程中出现的问题，根据当地行业企业的需要，因地制宜调整实践教学的模式。

高职院校实践教学评价结果生成后，要对高职院校实践教学评价结果存在的问题进行分析与反馈，对实践教学过程中需要优化升级的模块投入更多的人力物力，并在此基础上针对发现的问题提出相应的改进策略，最终形成"评价—分析—反馈—改进"的可持续性评价机制，有效发挥出高职院校实践教学评价的作用，最终办出高职院校的特色、实现高职院校的可持续发展。高职院校实践教学评价不应该局限于评价学生实践操作能力与专业能力达到规范的某种程度，还应把实践教学评价重点转向学生在实践过程中的行为表现和发展动态，要让学生能够在这一纵向评价过程中感受到自己的专业技能与实际动手操作能力的提升，这样才能促进学生主动审视自己，提高高职院校学生参与实践活动的积极性，从而提升学生参与实践教学的质量。

总体来说，理想的实践教学监控与评价，需要做到主体多元和方式多样。主体方面要做到利益相关者的多元参与，具体来说，改变过去以高职院校为主的主体结构，形成高职院校、企业、实践教学指导者、同伴评价和自我评价相结合的主体格局。在方式上要做到以形成性评价为主、终结性评价为辅的格局。

## 三、实践教学反馈与改进

实践教学的反馈与改进是质量管理的重要一环，其主要目的在于把监控与评价所获取的信息和结果与相关主体进行沟通，进而及时调整实践教学过程中的安排与行为，以此实现优质的实践教学过程。建立优质的实践教学反馈与改进要求体系，是整体提升实践教学质量、促进实践教学效能最大化的需要。在这一环节中需要解决三个关键点：时间、内容与状态。

### （一）实践教学反馈与改进的时间要求

时间性从深层无意识界影响着教育观念[①]。时间尺度属于行动的、客观的领域，时间尺度的运作使社会成为一个其特征为改造的过程，而社会的改造和自我或个性的改造是人类社会进化过程的两个方面[②]。实践教学反馈与改进兼具社会改造与自我改造的双重特点，这之所以成为实践教学反馈与改进必

---

① 张生虎，张立昌.生成、建构到行动：教育的时间性考察[J].南京社会科学,2017(2):149-156.

② 孙斌，张艳芬.社会在何种意义上以时间为尺度？——从乔治·米德社会心理学出发的一个考察[J].云南大学学报（社会科学版）,2017,16(6):33-40.

须关注的一个点，是因为反馈的频度与及时性决定了改进的效果，同时，反馈与改进的及时性又决定了实践教学质量管理的整体修正与完善状态。

在高职院校实践教学的反馈与改进过程中，经常出现两种不同的取向，一种主张在一个周期或循环完成之后给予效果与问题的反馈，并进行阶段性的改进；另一种主张及时反馈，并尽快纠正过程中的问题。两种取向各有其依据，前一种取向的依据在于实践教学活动所体现的技术技能要求的完整性，需要在一个周期完成之后才能看出效果，中途反馈不但不利于质量提升，反而会影响持续的行动。后一种取向的依据在于，实践教学本身就是一个技术技能不断叠加的过程，在此过程中某一个环节的问题可能会带来另一个环节的错误，并导致技能形成的过程性错误和方向性错误，最终影响实践教学的质量目标达成。两种价值分歧导致的取向差异纠缠在实践教学质量管理中。

要形成正确的实践教学反馈与改进的时间观念，需要深入理解实践教学的本体。实践教学不是一种检验性的教学，而是一种形成性的教学，需要在这一过程中完成教育与学习任务，并在学生身上凝练某种或者几种职业能力，这就决定了维持实践教学过程的完整性远远没有确保实践教学过程的教育性更重要。所以，在时间观上，不能偏执于周期性的反馈与评价，而应该体现及时性的反馈与评价。

从这个意义上讲，高职院校实践教学反馈与评价须把教育与学习中出现的问题，通过一定方式反映给高职院校及企业的相关部门，以便通过"收集—反馈"的形式服务于问题改进。高职院校实践教学反馈应该注意反馈的时机，注意反馈的及时性，即在实践过程中，学校和企业应该从学生层面形成一个从下到上畅通的反馈机制，避免出现因程序成本导致反馈不畅和改进延迟。

### （二）实践教学反馈与改进的内容要求

高职院校实践教学反馈与改进的主体是质量管理者、学生和其他教育活动参与者，反馈与改进的客体则是内容。内容上的不同选择可能导致不同的反馈与改进效果，诸如，反馈实践教学过程中"量"上的问题，则必然导致改进过程中会更多地关注实践教学量的充足性、合理性。但量的增多不一定会带来质的提升。所以，反馈与改进的内容要遵循一定的标准。

实践教学的内容林林总总，从不同角度有不同的划分结果。但总体上是围绕高职人才的素质结构来架构的。素质结构是指个体所包含的不同性质、类型的素质，相互关系和所能实现的效能的总称。从高职教育人才培养规定的定位看，高职学生素质结构大致可以分为思想政治素质、公民道德素质、持续发展素质和身体心理素质四个方面[1]。如前所述，有的研究认为素质结构包括量的结构与质的结构[2]；有核心能力结构还有普通能力结构[3]。不论哪种分类方式都应从职业人的角度思考高职生的素质，这也为实践教学反馈与改进的内容要求提供了思维方向，即内容必须体现全面性的特点。

内容的全面性与参与主体的多元性有内在关联。高职院校实践教学体系是一个错综复杂的完整体系，每个部门与主体都有特定的职能，只有各个部门与主体主动、积极地参与到实践教学评价的过程中，从整体出发，形成一个畅通、全面的实践教学反馈体系，从不同角度、不同层次发现问题，高职院校才能真正实现实践教学质和量的稳步提高。

高职院校办学的出发点和落脚点是办出人民满意的高等职业教育，在符合国家政策的前提条件下，为社会、企业生产一线培养合格的具有创新能力的技术技能型人才，为实现中华民族伟大复兴的中国梦培养综合型技术技能人才。企业生产一线的师傅和参与实践的学生是实践教学过程中的利益相关者，因此他们应该参与到反馈的过程中来，切实发挥好、利用好反馈监督的

---

① 叶华光，吴金定.当代高职学生的素质结构特点及素质教育策略研究 [J].黄冈职业技术学院学报,2018,20(5):20-25.

② 曹珍，罗汝珍.职业教育产教融合政策的执行成效研究——基于 2019 年企业参与职业教育的质量年报分析.[J].成人教育,2020,40(3):54-60.

③ 孙晓倩，欧阳常青.高职生创新创业心理素养培育路径——以广西机电职业技术学院为例 [J].职教论坛,2019(12):166-171.

权力，只有这样才能形成合理的反馈机制，促使高职院校实践教学质量稳步提高。

### （三）实践教学反馈与改进的状态要求

反馈与改进的状态是指这一活动存在于整个实践教学质量管理过程中的活跃程度，它体现的是一种教育自由与教育强制的张力。如果是间歇性的反馈与改进，则貌似"自由"，以一种自在的状态处理实践教学过程中的问题；如果是持续的反馈与改进，则体现的是"强制"，以一种压力的状态面对过程中的问题。这一过程的取舍有深刻的教育哲学背景。在一般意义上，自由与强制是难以共存于教育艺术之中的，因为二者是矛盾的。在康德那里，他在界定教育是艺术时，又把"强制"与"自由"同时纳入了教育艺术之中。于是，教育既是自由的艺术，同时又是强制的艺术[①]。从这个意义上来讲，实践教学反馈与改进至少面临着以"强制"为特点的"持续进行"状态和以"自由"为特点的"随意进行"状态之间的矛盾。

然而，这种矛盾的解决很显然要服务于教育评价和教育质量管理的基本特点。反馈与改进作为大学教育评价的应有环节，决定了评价活动的价值实现程度。由于反馈环节存在内容片面、时间滞后、流向单一等不足，大学教学评价反馈环节的价值实现程度受限，也制约了本科教学评价有效性的提升。从系统论和信息论相结合的视角，建立"教评学""学评教"、同行评价、自我评价、教学管理部门评价等多回路动态评价反馈系统，有利于提升大学教学评价的有效性[②]。所以，从这个意义上来看，反馈与改进的"持续性"是必须坚持的基本原则。

总体上来说，高职院校的人才培养过程遵循"以服务为宗旨，以就业为导向，走产学研结合的发展道路"，因此，高职院校的学生就业具有很强的

---

① 李长伟.康德的实践性教育：强制与自由的悖论[J].教育学报,2019,15(4):10-25.
② 周家春.大学教学评价反馈机制面临的问题与改进策略[J].重庆科技学院学报(社会科学版),2019(4):112-114，118.

指向性，从这个方面来看高职院校对实践教学反馈的过程和结果应更加重视。通过对上一个实践教学反馈结果的总结，积累经验并积极探寻解决问题的策略，把上一阶段在实践过程中反馈的问题转到下一个阶段，不断循环改进，才能不断优化实践教学结构达到持续改进的效果。高职院校的实践过程是一个动态过程，实践反馈结果也应该是一个动态收集的过程。因此，在动态收集实践教学结果反馈中，要注重实践结果长期的提高与改进，要落实实践教学反馈在实践教学过程中持续改进的作用，在持续改进高职院校实践教学中有两个关键点值得反思：一是高职院校现有实践教学反馈过程的运行是否合理，是否发挥了实践教学反馈的最大作用；二是现有的实践教学反馈过程是否还有其他途径能够使相关利益者感到满意。

总体来看，在实践教学反馈与改进方面，需要做到及时、全面与持续。"及时"与"全面"关系反馈与改进，但主要是针对反馈；"持续"关系反馈与改进，主要针对改进。将及时、全面与持续的要求贯穿到实践教学反馈与改进的各个环节，既是落实实践教学目标与内容、回应监控与评价的需要，也是实践教学保障与维护的前提。

## 四、实践教学保障与维护

实践教学保障是落实职业教育技术技能型人才培养目标的关键一环。在普通高等教育与高职院校激烈竞争以及国家逐步重视评估工作的背景下，许多高职院校为谋求新的发展出路，逐渐意识到实践教学保障工作的重要性。而从高职院校实践教学质量管理的内在结构来看，这一环节事关其他三个环节的整体质量，但保障与维护应该有哪些内在要求，是值得深思的问题。

### （一）内部保障与维护的要求

内部保障与维护是以高职院校组织结构为边界的保障。这是保障与维护的主体结构，其核心问题是谁参与和怎样做的问题。

谁来参与，之所以成为一个重要要求或重要内容，是因为参与者的情况不同，保障与维护的机制与效果肯定是不同的。长期以来，高职院校实践教学保障与维护的主体往往是以系部或者教务管理部门为主，这种参与者的格局有利于明确责任，提升执行力，但其不足在于把系统的工作以专业化要求的名义做成了片面化的工作。

本研究认为，应该坚持以利益相关者的视角来构建参与主体。从宏观的角度来看，高职院校在转型发展和制度变迁的过程中，各利益群体表达不同的利益诉求，表现出各自的行为取向。这些利益诉求和行为取向可能相互一致，也可能相互冲突，由此导致在人才培养中未能实现利益相关者之间的协同合作①。所以利益相关者的参与需要解决的核心问题是谁最应该参与和应该怎样合作的问题。

高职教育比较成功的国家，例如德国、英国等，认为高职院校的学生是教育的主体和直接利益相关者，学生是整个实践教学活动过程的直接参与者，通过实践教学环节，他们能够提升就业竞争力和专业技术技能，学生对高职院校实践教学质量保障有最直观的感受，应把学生的利益诉求放在实践教学质量保障的第一位，由于学生是直接参与者、直接受益者，他们对实践教学环节有最切身的感受和体会，因此学生在质量保障体系中最有发言权，他们能够根据高职院校在实践教学过程中构建的质量保障体系提出合理、客观的建议，学生应该成为内部实践教学质量保障的主体。高职院校有关部门在制定实践教学保障体系的实施细则以及标准时，学生有参与和制定实践教学保障实施细则及标准的权力。

此外，高职院校实践教学从落实部门和推动部门来看，主要是系部或学校教务管理部门，也可能涉及人事部门、后勤部门、科研部门等，这些部门在保障与维护上能够发挥独特的作用，因此肯定也是利益相关者。

"谁参与"之外的另外一个问题就是"怎样做"的问题。这需要对实践教

---

① 全守杰, 谷陈梦. 从缺位到共治：基于利益相关者的高职院校人才培养模式建构 [J]. 现代教育管理, 2020(4):96-102.

学内部保障的相关主体及要素、实施与监控环节等做出严格的规定，使他们主动参与到实践教学保障的活动中来，从制度上保障高职院校教务处及其他部门参与到内部实践保障体系中来。

高职院校实践教学内部质量保障要以"质的发展"为核心，"量"的发展为基础，在实践教学保障过程中把重点放在实践教学过程效率的提升、各部门的参与度以及实践教学保障体系的建立等方面，使实践教学在发展"量"的同时伴随"质"的显著提高。

以上这些措施能在一定程度上促进高职院校相关部门参与内部实践教学质量保障体系建设，但最重要的还是要建立深入人心的"内部实践教学质量保障文化"①，即培养高职院校利益相关主体实践教学质量文化观，增强他们的实践教学保障意识，为高职院校实践教学质量保障创设文化环境和氛围，使高职院校各部门、各成员认识到自己是实践教学质量保障中的一员，使各部门和每个独立个体意识到实践教学保障与自己的切身利益紧密相关，让他们能够积极主动参与，建立高职院校常态化的内部实践教学保障机制。

### （二）外部保障与维护的要求

外部保障与维护成为质量保障中一个非常重要的组成部分，并确定其相关要求，这与宏观格局有关。《国家中长期教育改革和发展规划纲要（2010—2020年）》中明确提出"建立健全职业教育质量保障体系，吸收企业参加教育质量评估"。毕业生实践动手操作能力较差、创新能力欠缺成为制约高职院校发展的短板，而实践教学保障体系能够不断提高学生的实践操作能力。许多高职院校还未意识到实践教学质量保障的战略地位，它们存在认识误区，认为实践教学质量保障只是为了迎合国家评估检测建立的体系。因此，高职院校建立的实践教学保障体系的主要参与人员是学校教师、学生、管理层等相关人员，主要是在学校内部建立，以迎合国家评价检测、自我评估并改

---

① 周应中. 质量文化培育与生成：高职学校高水平建设的核心路径 [J]. 中国高教研究 ,2020(3):98-101.

正。而高职院校实践教学保障体系建立的本质是为了保障学生实践教学的质量，因此，不仅需要内部相关人员的积极参与，还需要建立外部实践教学保障体系，只有通过以"内"促"外"，内部实践教学保障体系与外部实践教学保障体系共同作用，才能从根本上解决高职院校的短板问题。

高职院校培养的技术技能型人才主要面向社会、企业生产一线，即社会、企业生产一线对高职院校培养出来的人才是否符合标准具有权威的判断。因此，社会评估机构、企事业生产一线的技术工人等，都应该参与到实践教学外部保障体系中来。要切实发挥高职院校实践教学外部保障的作用：首先，高职院校要不断提高社会影响力，依托高等职业教育发展大众化平台，吸引社会优秀企事业单位和社会资源，引入优质的企事业单位参与到实践教学质量保障体系中来。其次，应该加强高职院校与社会企事业单位之间的联系，厘清企事业单位在实践教学中应该发挥的职能。

相互合作、彼此联系的实践教学体系可以提高高职院校实践教学的教学质量，有利于社会各界更深入了解高职院校实践教学的真实性。高职院校实践教学质量保障的有效性、科学性离不开学校和社会各方的积极参与。只有把内部保障与外部保障结合起来，才能更好地发挥实践教学保障的作用，持续改进实践教学过程中存在的问题，使高职院校的实践教学质量呈现螺旋上升的状态。因此，高职院校教学质量保障方式应该由原来的内部保障转换为"内""外"结合，"内""外"并举，"内""外"耦合，形成一个闭环持续反馈，不断改进，共同致力于高职院校实践教学质量保障体系的构建。

简言之，高职院校实践教学内部保障与维护，需要在优质质量文化和利益相关者理论指导下，形成以教务和系部为主体，统筹学生和其他相关职能部门参与的主体格局，并秉持保障过程中"质""量"并重，以质为主的要求。在外部保障过程中要实现以人才消费方为参与主体的保障格局。保障的内外是协调沟通的，以实现内外良性互动。

## 第二节　高职院校实践教学质量管理的运行要求

实践教学质量管理的运行要求是前述内在结构四方面的组织与作用方式，是对其内在动力和实践方略的现实回应。基于现代管理哲学和全面质量管理理论的核心要义，本研究认为，高职院校实践教学质量管理的运行机制应该体现"全员、全程、全方位"的要求，具体来说，这些要求包括明确行动价值、促进主体协作、实现持续改进、加强成果展示四个方面。

### 一、明确行动价值

高职院校实践教学体系运行需要解决的首要问题是体系运行为了什么，即行动价值。只有在明确行动价值的前提下，实践教学的运行才会有较为一致的价值目标。"所谓价值，是指作为主体的人的需要与作为需要对象的客体的属性之间的一种特定的关系。对这种关系的不同认识和评价便构成了人们的价值观，这种观念一旦参与人们的行为实践活动则构成了人们的价值取向或价值选择。"[①] 在行动价值的选择上历来都有不同的可能，比如，在宏观的教育价值取向上，存在社会本位还是人本位的争论；在教育功能的价值取向确立过程中，也存在个人、社会之间的张力及其调适等。在实践教学体系运行的价值取向上，依然存在多种可能性，比如是服务于实践教学程序的顺利还是服务于问题的诊断改进；是服务于实践教学的目标明确和内容的丰富还是服务于效果的深刻与久远。当然，这些选项之间也不完全是矛盾和对立的，这也提示我们在确定行动价值的实施过程中尽量体现包容性，能把较多的正面的价值取向涵盖进去。同时，行动价值应该具有较高的层次，能服务于实践教学体系最大功能的发挥。从这个意义上讲，实践教学行动价值的层次决定了行动的层次，也决定了它对实践教学体系的引导力。

教育在本质上是为了人，所以教育的本体功能是教育的个体功能。这一

---

① 王坤庆.现代教育哲学 [M].武汉：华中师范大学出版社，1996:171.

教育学常识给我们提供了行动价值的启示，即我们应该以高素质高水平复合型创新型技术技能人才的培养为实践教学运行体系的行动价值。要准确理解这一行动价值的内在规定，就需要理解现代职业人的基本特性。

现代职业人是具备独特性的人。由于遗传、环境、教育以及主观能动性等因素的影响，使得人的身心发展具有了个别差异性，由此形成人的独特性，这不仅表现在外貌，更体现在其心理世界中[①]。现代社会的职业技术工作者既需要对社会规范和职业规范的整体要求和基本特质有准确理解，又需要保持自己的独特性。这是由现代社会的经济和社会发展特点决定的，在传统社会里各种职业对人的要求是合规，越是合规就越有利于效能发挥，以自由竞争为特点的现代社会需要个体发挥自己的独特性来为企业、社会提供信息刺激和智慧供给，所以现代职业人应该是具备独特性的人。

现代职业人是具有独立性的人。基于独立基础上的自主性的建立是青少年心理成熟的标志[②]。独立与依附相对立，工作中，具有良好独立性的人不容易被权势、金钱所影响，他们有自己的职业道德、职业操守，有自己独立的想法，既能追求自身的卓越又能很好地与他人协作而不依附于他人。传统社会强调人的依附性，依附于某种政治势力、依附于某种生活方式、依附于某种地域区间，这与传统社会的保守封闭和社会变迁缓慢有关系。现代社会发展日新月异，作为某一种职业的职业技术工作者，必须先成为一个独立的人，拥有独立的人格，能够独立思考、独立实践，才能具备一定的价值，从而实现自身的价值并造福他人和社会。

现代职业人是专业性的人。现代社会职业人才的专业性与社会生产的体系化、类型化息息相关，专业性是职业人所必备的特征，在社会分工日渐明

---

① 朱建民. 尊重和成就学生个体的生命独特性 [J]. 中国教育学刊,2017(5):91-94.

② 邓衍鹤, 宋郁, 刘翔平. 自我意志型的青少年自主 [J]. 北京师范大学学报 ( 社会科学版 ),2018(5):62-71.

晰的今天，专业性更是自身价值的重要体现[1]。而专业性的形成是需要专门化的教育和培养来实现的，依赖于专业性的课程体系、专业性的师资队伍、专业性的培养流程和专业性的评价。高职教育在专业性人才培养过程中发挥着不可替代的作用，这更说明专业性人才培养的高标准[2]。虽然，对专业性的理解存在多元的特点，但是现代职业人才的专业性表现为专业的精神涵养、专业的知识水平、专业的技术技能、专业的思维品质和专业的心理状态等。

现代职业人是具有社会责任感的人。社会责任感是在一定的社会背景下，社会成员在情感和行为上对其他人的关怀和帮助，属于道德义务的范畴[3]。一个国家国民的社会责任感可以直接影响这个国家的兴衰成败。高职院校的学生是从事一定社会职业的专门人才，他们会在社会上扮演一定的角色，发挥一定的作用，他们的社会责任感不仅与他们自身的理想信念紧密相关，更与国家前途命运有着不可忽视的联系。在我们全面建成小康社会、努力实现中华民族伟大复兴的今天，对高职院校的学生进行社会责任教育，让他们积极承担自己的社会责任，树立正确的人生观、价值观，无论是对学生个体的发展还是对社会的发展都具有极其重要的意义。

要以高素质高水平复合型创新型技术技能人才的培养为实践教学运行体系的行动价值，要准确理解行动价值的内在规定，就需要理解现代职业人培养应该具有的要求或者标准，并在教育过程中服务于这一目标，主要应做到以下几方面。

强化职业意识。职业意识是人们对自己所从事的职业劳动的认识、评价以及其他心理情绪的综合反映，它包括奉献意识、竞争意识、协作意识、创新意识等方面。一个合格的职业人，首先要有良好的奉献意识，他能够做到

① 蔡泽寰，肖兆武，蔡保.高职制造类专业人才培养要素优化探析——基于"中国制造2025"视域 [J].中国高教研究,2017(2):106-110.
② 陈正江.高职院校高水平专业建设——基于专业性人才培养与专业化教师发展的二维审视 [J].中国职业技术教育,2019(2):64-67，87.
③ 任志祥.新时代青年社会责任感探究——评《青年大学生社会责任感培育研究》[J].高教探索,2018(10):129.

"以人为本"，实实在在地尊重他人、理解他人并乐于成就他人。其次，合格的职业人具有积极向上、追求卓越的竞争意识，在自己的职业岗位认真完成自己的任务，遵守企业的规章制度，奋发图强、努力进取①。此外，合格的职业人具有善于合作、乐于沟通的协作意识。创新是这个时代发展的重要因素，也是个体发展的基本路径。因此，一个合格的现代职业人，需要具备很强的创新意识，才能给自己和企业提供可持续发展的动力。影响职业意识形成的因素具有动态、多样的特点，这些因素主要来源于社会和家庭、外部环境和内心世界，这些因素发挥作用的形式多数是互融的②。实践教学是一种综合式的培养方式，对于强化职业意识具有不可取代的作用。

培养职业能力。职业发展进程中从业者职业能力的标准经历了阶段性变化：从基于躯体技能的职业能力标准到注重心智技能的职业能力标准，再到当代体脑合一的职业能力标准。尽管每一阶段有其独特的评价标准，但其背后都受到技术实践演进的牵引③。纵观这些演进和不同的标准，都表明职业能力是多种能力的综合，是个体在一定情境中完成一定职业任务的能力，包含三方面的要素：任职资格、职业素质、职业生涯管理能力，任职资格主要指个体在就职之前对职业知识的储备、职业能力的掌握等，职业素质和职业生涯管理能力是个体进入职场之后表现出来和慢慢形成的④。可以看出，职业能力对求职、就职以及职后发展都有很大的影响作用。目前全球范围内教育质量管理出现了从"投入导向"向"产出导向"的范式转变，开展以效果为导向的职业能力评价也被提上我国职业教育的议事日程⑤。这种评价意味着职业能

① 王证之.21世纪职业意识内涵研究述评 [J].教育与职业,2010(15):19-21.
② 张敏.简论高职学生职业意识形成的影响因素与培养策略 [J].当代教育科学,2015(17):57-58,64.
③ 肖凤翔,付小倩.职业能力标准演进的技术实践逻辑 [J].西南大学学报(社会科学版),2018,44(6):45-50,189,190.
④ 赵志群.职业能力评价在职业教育发展中的现实意义 [J].职业技术教育,2019,40(25):1.
⑤ 高帆,赵志群,黄方慧.职业能力测评方法的发展 [J].中国职业技术教育,2017(35):9-16.

力是在职业生活实践中形成和展示的，实践教学在其中发挥的价值和作用不可小觑。

规划职业行为。职业行为是一个人职业意识的行为反映，是一个人的职业目的达成的前提和基础。一个合格的职业人，会表现出很强的随机应变的行为，能够随着环境的改变迅速地调整好自己，能够随着岗位要求的变化调整自己[1]。对于职业人来说，在入职之前就应该对自己的职业有一个长远的规划和目标的设定，并以此为导向，不断激励自己、提高自己。在市场经济快速发展的新时代，一个合格的职业人能够根据市场的需要来配置资源，按市场经济的规律来思考企业发展的方向和路径，从而在激烈的市场竞争中获得成功。此外，一个成熟的职业人也应该重视集体利益，拥有强烈的集体荣誉感和团队意识。作为一个合格的职业人，他清楚整体大于部分之和，所以他能够团结他人，并善于与他人交流、合作；他也知道旁观者清，当局者迷，所以他乐于倾听他人的意见，从而更好地提高自己[2]。合格的职业人还能够将企业的利益看作自身的利益，努力为企业和自身的发展创造良好的条件和机会。

## 二、促进主体协作

高职院校实践教学质量管理涉及诸多主体，主体的协作既是实践教学管理体系运行的需要，也是管理体系运行的方式。从宏观方面看，主体涉及高职院校组织内的主体和高职院校组织外的主体，那么协作也就包括组织内部的主体协作和组织外部的主体协作。

为此，本研究借用组织平衡理论分析主体协作的促进机制。按照组织平衡理论的观点，组织平衡可以从组织内部平衡、组织与环境的平衡、组织动

① 赵梓丞，曹迎.大学生职业生涯规划指导存在的问题与对策[J].高等工程教育研究,2019(6):114-117.
② 宋广军.基于大学服务社会视角的职业规划教育研究[J].黑龙江高教研究,2018,36(9):71-76.

态平衡三方面进行考察。巴纳德将组织平衡理论定义为："组织向个人提供和分配的诱因超过或等于个人的贡献时，组织就保持平衡，也才能生存和发展"将公式表述为："贡献≤诱因→组织存续和发展"[①]。作为现代管理的代表理论，将组织作为整体，将其分解为"共同目的、协作愿望和信息交流"三个方面。对应在高职院校实践教学质量管理的组织平衡机制中，共同目的是高职院校培养具有实践能力的技术人才。协作愿望指高职院校与企业合作的愿望，学校与企业共同构成实践教学质量管理的承担方，就有共同商讨达成协作共识的义务。因此，协作愿望也是高职院校实践教学质量管理组织平衡机制运行的一部分。信息交流是整个运行机制中巩固发展的依据。高职院校实践教学质量管理的参与者分为：学校管理人员、学校教师、企业管理层、企业负责教师、学生，在参与者之间形成自下而上的信息反馈渠道，并在每一层面设置反馈负责人，将这一层面的人群在参与实践教学中产生的问题汇总后及时反馈。

组织平衡机制包含了组织内部平衡和外部平衡两个方面，高职院校的实践教学管理内部平衡是协调整个实践教学的根本，校内参与的管理人员和管理部门将实践教学实施过程中每个环节的责任归属明确后，对每个部门和个人的职责进行再分配，平衡责任与贡献的关系，以保持内部实践教学质量管理的活力和积极性，并使内部平衡机制能良性运行。外部平衡是高职院校的实践教学管理的进行条件。将内部平衡作为学校实践教学发展的源泉和动力，那外部平衡就是与内部矛盾相辅相成的条件所在，外部平衡并不能单独地存在于组织平衡机制之外，但通过内部的平衡可以突出外部平衡的重要性。高职院校实践教学质量管理的外部平衡是指学校与企业之间的平衡关系，企业所提供的实践环境为学校实行实践教学提供可能，但企业运行与学校组织教学之间存在一定的矛盾，学校与企业之间提供的平衡环境将作为学校实践教学的辅助环节，为学生提供良好的环境提高学习效率，进一步保证

---

[①] 巴纳德. 经理人员的职能 [M]. 北京：中国社会科学出版社，1997:39.

学校的实践教学质量管理。在完成组织平衡之后，还需要通过两类主体的联动和分工来明确实现主体协作。

企业与学校联动。实践教学作为教学的一部分，需要加强其教育水平。学校在没有条件自己建立教学工厂的前提下会采取与企业联合的培养模式，借助企业较为成熟的生产线为学生提供立体的教学现场，同时学生可以由生产线工人教授生产技术，并展现在生产过程中的突发情况，以完善学生在实践过程中的应急处理能力。这是现代职业教育促进产教深度融合，培养技术技能型人才的重要途径[①]。与企业相结合的实践教学在管理运行机制上需要企业与学校的联动。企业参与到实践教学中就承担了一部分教学管理的责任：在以企业为背景的实践教学场所，教师不参与其中的管理任务，但学生还不具备自我管理的能力，因此，企业对学生具有一定的管理责任，同时也具有实践教学过程的管理责任。但联动的真实意义在于企业管理的运行机制并不单独存在于企业，而是与学校共同组成实践教学质量管理运行机制。为保障学校的实践教学质量，企业应配合学校的培养方案制定相应的质量管理方案，并选出由企业管理人员和学校相关负责人组成的完整的管理组合。企业具有考核学生学习成果、管理学生在教学过程中的纪律的责任。在实践教学结束后，学校依据企业提供的考核标准对学生的学习成果进行及时的考核，对不合格的学生提出实践学习再教育，并提供专业的一线企业员工针对其薄弱环节进行再教育。学校具有统筹质量管理运行机制的任务，在企业参与的情况下不直接管理学生，但对学生提出符合企业培养要求的目标，并考察企业提供的一线员工教师的综合素质。同时在及时考查学生学习成果后对过程进行相应的反思并会同企业共同完成改进计划，以到达高职院校实践教学质量管理机制有效运行的目的。

分工明确不重复。运行机制中最为重要的是保证学校在进行质量管理

---

① 宋志敏.“项目驱动化”的政校企合作联动机制探究——以开封大学实践探索为例 [J].中国高校科技,2016(11):59-62.

中每个要素部分所承担的责任明确，以提高高职院校质量管理运行机制的效率。明确的分工可以保障学校在实施实践教学过程中能够有序开展、规范化管理，提高实践教学相关教师的工作责任心和工作积极性，同时加强参与整个质量管理运行机制各要素之间的联系，培养协作精神，以提高学校培养实践人才的效果。但分工需要遵从一定的原则，为达到不重复的效果，学校以学生发展计划为出发点，以高职院校培养相应人才为基础，围绕学校实践教学开展的全过程，依据每个要素的特点，分配实践教学所需要承担的任务，并明确每个要素承担任务的主要内容和方式。运行机制的要素中包括学校和企业两个层面，所涉及的相关角色包括学校管理部门、学校教师、学生、企业管理部门、企业参与教师（多属一线工人）。在涉及的要素层面分类中，学校承担的主要是提出培养要求、制定培养计划并管理学生，企业需要提供学生的实践环境、配合学校选派具有经验的一线工人提供全面指导、提供学生的实践岗位。从角色所承担的责任来看，学校管理部门和企业管理部门对学校的学生和企业承担教学的一线员工分别进行管理，并且由学校管理部门和企业管理部门实现交叉管理，以学校的教学要求对企业选派的一线员工进行筛选，以企业的正常发展要求对学校提出学生管理要求。学生在整个过程中承担体验和评价的任务。学校教师和企业参与教师分别承担学生在学校学习的教育管理工作和学生在企业学习的指导教学任务。要素与要素之间没有重复的地方，由此可见，高职院校实践教学质量管理运行机制必须做到分工明确不重复以提高效率。

## 三、实现持续改进

　　高职院校实践教学质量管理过程需要明确的价值目标引领，也需要整合多方面力量来完成，需要精心策划和妥善实施。但这个过程也不是一个简单的落实计划和执行安排的过程，因为实践教学的过程是一个学校和企事业单位协同组织，并以学生为主体所进行的教育与学习过程。这个过程是多维主体互动的，学习过程是在行动中体现的，学习效果是生成性的。因此，需要在质量管理过程中持续关注各个环节，并根据教学进程适时改变和完善，即需要实现持续改进。从这个意义上说，高职院校人才培养质量取决于培养过程的质量，而培养过程的质量取决于质量管理的质量。实践教学质量管理应该是一个动态的过程，即在这个过程中应该体现持续改进的理论要求[①]。

从目标上看，高职院校实践教学质量管理运行过程中的持续改进就是对质量目标达标情况的持续优化，即密切关注学生发展要求和社会对实践教学质量的要求，改进实践教学的目标与内容；根据实践教学过程的进展和学生在实践教学中的实际收获，改进实践教学的监控与评价的方法与程序；根据各相关主体对实践教学的管理情况和实践教学评价与管理的过程情况，完善实践教学的反馈与评价方式；根据实践教学过程中相关要素的互动状况，反观质量维持与提升的方式与方法，改进实践教学的质量保障与维护。

在持续改进的实施策略上，全面质量管理理论的戴明环（PDCA 循环）理论[②]可以提供很好的方法启示。依据该理论，实践教学质量管理可以形成一个闭合循环，为持续改进机制的建立提供理论支撑。PDCA 循环认为质量管理工作必须顺序地经过四个阶段，即计划（plan）阶段，明确所要解决的问题或所要实现的目标，并提出实现目标的措施或方法；执行（do）阶段，贯彻落实上述措施和方法；检查（check）阶段，对照计划方案，检查贯彻落实的情况和效果，及时发现问题和总结经验；处理（action）阶段，对成功的经验加以肯定，变成标准，分析失败的原因，吸取教训[③]（见图 3-1 和图 3-2）。

① 周应中 . 质量文化培育与生成：高职学校高水平建设的核心路径 [J]. 中国高教研究 ,2020(3):98-101.

② 万融 . 商品学概论 [M]. 北京：中国人民大学出版社，2013：132.

③ 李艳荣 . 基于戴明环理论的培训管理体系建构 [J]. 广西教育学院学报 ,2014(3):210-214，225.

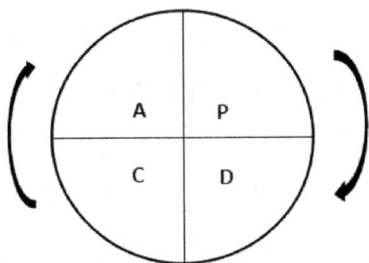

图 3-1　PDCA 循环阶段　　　　　　　图 3-2　PDCA 上升过程

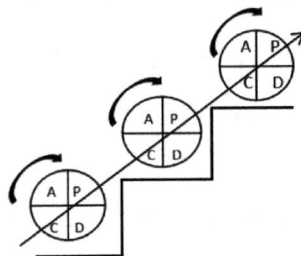

　　PDCA 循环在高职院校实践教学质量管理中的运用，具体来说，需要在实践教学目标与内容、实践教学监控与评价、实践教学反馈与改进以及实践教学保障与维护的每一个环节中都体现这四个阶段。实践教学目标与内容、实践教学监控与评价、实践教学反馈与改进、实践教学保障与维护这四个子项目分别是四个小循环，每个小循环都有自己的 PDCA 管理循环，所有的循环圈都在转动，并且相互协调和促进，每个循环圈都是螺旋式上升，每转动一圈即上升一步，就实现了一个新目标，不停转动就会不断提高，如此反复不断地循环，整个项目就会不断地向前推进，项目的建设质量和管理水平也就会步步提高。在每个循环当中，A 阶段是关键，它起着总结上阶段工作和布置下阶段工作的桥梁纽带作用。

　　根据以上对 PDCA 循环的分析，可以看出，实践教学质量管理就是一个持续改进的过程，这种持续改进既要体现在每个小循环内部，也要体现在整个项目的推进中。因此，高职院校要根据学校自身的实践教学质量管理体系的不同，选择不同的持续改进模式，建立不同的持续改进机制。高职院校实践教学质量管理体系的持续改进机制主要从整个项目和实践教学目标与内容、实践教学监控与评价、实践教学反馈与改进、实践教学保障与维护这四个子项目来建立。

四个子项目的持续改进机制要在整个项目的持续改进机制的前提下建立，同时，子项目的持续改进也会促进整个项目的持续改进。首先，四个子项目的持续改进秉持着整个项目的目标；其次，整个项目的两条主线也是对四个子项目持续改进的评价标准；最后，整个项目的多方面改进是贯穿于四个子项目的持续改进中的。在对培养目标、学习要求、教学活动的持续改进过程中，不断明确每一次循环要解决的问题，针对问题应该落实怎样的措施和方法，切实检查落实情况和效果，发现新问题和总结经验。通过这样不断地改进，实践教学目标与内容、实践教学监控与评价、实践教学反馈与改进、实践教学保障与维护这四个子项目也在进行着自身的小循环。不论是培养目标的改进，还是学习要求的改进，抑或教学活动的改进，都会牵动四个子项目的持续改进。

对持续改进的评价须关注两个方面：持续改进是否有利于高职院校实践教学质量管理四个组成部分的完善；是否有利于高职院校实践教学质量管理的整体质量提升。第一个方面是指持续改进要围绕每个组成部分的核心功能，比如从教学目标与内容方面，须关注持续改进是否密切关注学生发展要求和社会对实践教学质量的要求，而不是关注其他细枝末节的要求；第二个方面主要提示需要以系统思维来关注高职院校实践教学质量管理的过程调节，比如，应该避免为追求在某一个环节改进得"尽善尽美"而影响了其他环节的目标达成。

## 四、加强成果展示

实践教学成果展示也是实践教学质量管理中的重要一环。高职院校实践教学成果展示应该是一个渐进的过程，是需要和 PDCA 循环阶段结合起来实行的，即每经过一个 PDCA 循环，就应做一次该循环阶段的成果展示。实践教学成果展示并不是为了凸显实践教学成果有多好，而是旨在通过成果展示来获取改进意见，明确下一次的 PDCA 循环需要做什么。高职院校实践教学成果展示具有十分重要的意义：首先，实践教学成果展示有利于促进成果导向，让教学质量可物化、可量化、可具象化，对于教学改革、保障人才培养质量至关重要。成果导向理念是当前一些发达国家教育改革的主流理念，是将传统教学中以"教师教学"为主体、以"教学内容"为导向改变为以"学生学习"为主体、"学生预期能力获得"为导向[①]，将教学的重点聚焦于"学生产出"，以此来组织教育活动的各个环节，注重学生创新、实践等能力的培养，突出能力本位教育；其次，实践教学成果的展示有利于调动高职院校教师进行教育教学改革的积极性，通过实践教学成果展示，教师会从他人的积极评价里获取成就感和自信心，也会从他人的改进建议中明白自身教学的不足以及完善实践教学成果的思路，以此不断提高自身的综合素质，不断完善实践教学的成果，不断提升实践教学成果的价值性；最后，实践教学成果的展示可以提升高职院校教育教学改革质量并不断向深度和广度拓展，从而体现出教学成果从实践中来、到实践中去的根本要义，实现成果培育和推动教学改革的根本目的。

实践教学成果展示的主要内容包括高职院校实践教学过程中的劳动成果、认识性成果和操作性成果等。劳动成果是实践教学质量的直观呈现，其产出者主要是高职院校的学生，即通过实践教学，学生具备了什么样的专业知识、专业能力、专业情意以及专业心理品质。认识性成果是在实践教学过程中形成的认识和再认识，其产出者主要是高职院校和合作企业的实践教学指导教师，包括在实践教学中认识到的高职院校实践教学质量管理体系的总体特征应该是什么、在实践教学质量管理中应该处理好哪些关系（包括学生与学生、学生与教师、学校与企业、学生与实践教学质量管理制度、教师与实践教学质量管理制度、学生与学校环境等）、教师应该怎样适应实践教学

---

① WANG T J, ZHAOY, HOU J R, et al. Construction Practice of Theory of Machines and Mechanism Based on OBE model[J]. Journal of Machine Design, 2018, 35(S2): 460−463 (in Chinese).

的管理方式、教师应该具备怎样的专业素养等等。操作性成果是在实践教学过程中获得的经验和教训，对于实践教学的完善水平和程度起到决定性作用，主要包括在实践教学中形成了什么样的学生培养路径、形成了什么样的教学优化策略、形成了什么样的教师素养提升策略。劳动成果、认识性成果及操作性成果的展示是对高职院校实践教学质量管理的总结，通过一次次的展示，了解当前已经做了什么、未做什么，还需要做什么，以便能够及时调整，使实践教学目标与内容、实践教学监控与评价、实践教学反馈与评价以及实践教学保障与维护朝着目标方向前进，使成果主体的经验得到固化。

高职院校实践教学成果展示也应当遵循一定的方式方法，以便使成果清晰化。首先，实践成果的展示要突出"三特性"。一是突出逻辑性，对于教学成果的总结要有一条清晰的逻辑主线：要解决的教学问题是什么—为什么要解决这一教学问题—解决这一教学问题的方式方法有哪些—解决取得的成效如何；二是突出创新性，要精心选取学校的优势领域和特色经验，有针对性地结合当前高职教育教学改革进展，找准定位，凝练特色与创新点，总结成为具有特色与创新性的教育教学改革模式或范式，这是教学成果的核心价值体现；三是突出可推广性，实践教学成果推广应包括校内推广、区域推广、行业推广、全国推广等层次。教学成果的推广与评价是相辅相成的，只有做好成果的推广应用，才能获得好的评价，提炼成果价值[①]。其次，实践教学成果可以采取多样化的展示方式，传统的展示方式有主题报告、展板、宣传栏等，这些传统的展示方式有一定的意义所在，但都避免不了受众范围窄、影响力量小、缺乏趣味性等局限性。在当今"互联网＋教育"发展理念下，我们不妨在实践教学成果的展示中也添加一些新时代元素，例如，可以建立"实践教学成果展示网站"，在这样的网站中，不仅可以上传实践教学成果的具体内容，而且要提供一个评价量表，这个量表的作用在于让每个进行观看的人都可以参与到实践教学成果的评价中来，发表自己的意见。需要说明的

---

① 高鸿．关于职业教育教学成果奖培育的若干思考 [J]．中国职业技术教育,2019(25):5-9.

是，这个精品成果展示网站是对外开放的，也就是除了高职院校本校的师生和合作企业外，该领域的其他专家、教师、学生和企业等也可以参与进来，既可以学习他人的优秀经验，也可以通过参与评价来促进他人成果的进一步完善，这样更有利于促进实践教学成果评价的客观性、成果推广的广泛性以及成果展示的价值性。

综上所述，高职院校实践教学质量管理体系的内在结构是对实践教学目标与内容、监控与评价、反馈与改进、保障与维护四个方面的具体要求，高职院校实践教学质量管理的运行机制是前述四个方面的运行要求，包括明确行动价值、促进主体协作、实现持续改进和加强成果展示四个方面。

# 第四章

# 高职院校实践教学质量管理
# 问题调查及归因分析

　　教育研究的本质是对生活的考察，而不是对生活的技术性分解，因此，要想实现教育研究的学术旨趣，必须对教育研究中的问题意识进行认真的反思和审定[①]。为了更好地建构合理的高职院校实践教学质量管理体系，本章在前述"理想状态"的研究基础之上，以东、中、西部三所典型的高职院校[②]为重点就高职院校实践教学质量管理现状展开深入的调研，对其存在的问题及其致因进行了探究。

## 第一节　调查设计和实施

　　为全面了解高职院校实践教学质量管理现状，本研究采用多种研究方法进行深入系统的调查分析和梳理。主要包括调查对象的选择、问卷调查设计及实施、访谈调查设计及实施三个核心环节。

---

① 吴原. 问题意识与教育研究 [J]. 教育发展研究 ,2014,34(3):61−65.
② 后文中将以 D、Z、X 分别代表调研中走访的我国东部、中部、西部的三所高职院校.

## 一、调查对象的选择

调查对象的代表性是决定调查结果科学合理的前提和关键。本研究通过调查区域、调查院校以及调查主体三个维度有针对性地遴选系列样本，以确保调查结果的真实性、可靠性和代表性。

### （一）调查区域的选择

基于我国区域之间发展水平的差异，东部、中部和西部地区高职院校办学定位、人才培养模式、校企合作现状以及师资水平等难免有所不同。所以，本研究在遴选调研区域方面首先考虑到全面调查，分别从这三个区域各选一所高职院校作为样本院校进行案例分析，每所院校的访谈人数基本相同，问卷发放人数比例也与该标准基本吻合。

### （二）调查院校的选择

为全面了解高职院校实践教学实施及其质量管理情况，本研究在中国特色高水平高职学校和专业建设计划（以下简称"双高计划"）建设单位名单中随机遴选了三所学校作为重点分析院校。东、中、西部地区各一所，即D学校、Z学校和X学校。该三所学校均为"双高计划"建设单位，说明该三所学校在人才培养、专业课程建设、产教融合、校企合作等方面具有一定的优势。推行并注重实践教学的时间相对较长，也制定了相应的实践教学质量管理政策与方案，特别是实践教学质量管理所潜在的问题基本暴露出来。所以，选择该三所学校作为案例分析学校，可以找到足够数量和多个类型的数据资料，进而为本研究提供有力支撑。

### （三）调查主体的选择

本研究采用访谈和问卷相结合的研究方法进行全面调查。在调查主体选择方面充分考虑了被调查人员的职务、岗位以及区域分布。首先，每所学校访谈3位校级领导，充分了解学校对实践教学及其质量管理的总体概况、发展布局、取得的成效以及面临的挑战。其次，每所学校访谈中层领导4～5

位、专任教师 12 ～ 13 位，具体了解实践教学及其质量管理的运行实施情况、现存问题及其破解路径，以深入挖掘问题产生的原因，也为对策建构提供事实支撑。同时，为全面了解全国诸多高职院校实践教学质量管理情况，本研究采用问卷法，对东、中、西部地区大样本专任教师进行调查。

## 二、问卷调查设计及实施

### （一）调查对象与调查目的

本研究以我国高职院校实践教学相关工作人员为调查对象，面向全国多所高职院校收集数据并进行数理统计分析，旨在从宏观层面把握我国高职院校实践教学质量管理现状和存在的主要问题。

### （二）调查问卷的编制

问卷由两部分共计 15 个项目组成，包括受访者的基本背景信息以及受访者所在院校的实践教学质量的现状调查。问卷的第一部分即基本信息，包括受访者的性别、教龄、学历、所属学院、工作岗位、职称和所在学校的建校时间；问卷的第二部分主要涉及高职院校实践教学质量的现状。

### （三）调查问卷的发放与回收

本次调查问卷的发放是通过网络平台完成的，共收回问卷 889 份。从问卷涉及的地理位置来看，涵盖我国 28 个省级行政单位。其中，以广东省为最多，占比为 21.28%，浙江、安徽、江苏、山东、广西、辽宁、江西等省份紧随其后（见表 4-1）。在剔除无效问卷之后，有效问卷共计 831 份，有效问卷回收率为 93.48%，大于 70% 的基本标准，可以作为后期统计分析的依据。

表 4-1　调查问卷地理位置分析

| 广东 | 浙江 | 安徽 | 江苏 | 山东 | 广西 | 辽宁 |
|---|---|---|---|---|---|---|
| 21.28% | 16.22% | 12.05% | 11.04% | 9.01% | 4.95% | 2.70% |
| 江西 | 北京 | 陕西 | 湖南 | 湖北 | 四川 | 其他 |
| 2.25% | 2.14% | 2.03% | 1.69% | 1.58% | 1.58% | 11.48% |

### （四）调查问卷的信度、效度检验

信度（也称为可靠性）指采用同样的方法对同一对象重复测量时所得结果的一致性程度。信度指标可以分为三类：稳定系数（跨时间的一致性）、等值系数（跨形式的一致性）和内在一致性系数（跨项目的一致性）。[1] 通常采用的方法包括 $\alpha$ 信度系数法、重测信度法、复本信度法、折半信度法，其中 $\alpha$ 信度系数法最为常用。考虑到本问卷包含里克特量表，较适合 $\alpha$ 信度系数法，故采取此方法。通常，信度系数 $\alpha$ 在 0.8 以上表示信度优秀，0.7～0.8表示可以接受的信度，0.6～0.7 表示信度一般，0.6 以下则说明问卷设计可能存在问题。

信度系数 $\alpha$ 的计算公式为：

$$\alpha = \frac{k}{k-1} \times \left( 1 - \frac{\sum s_i^{\,2}}{s_T^{\,2}} \right)$$

其中，$k$ 为项数，$s_i^{\,2}$ 为第 $i$ 题得分的题内方差，$s_T^{\,2}$ 为全部题项总得分的方差。

效度指尺度量表达到测量指标准确程度的分析，是一个测验的准确性、有用性程度。效度分析的方法很多，经常使用的是项目分析法、独立效标测度效度分析法和因素分析法。在本文分析中，利用 KMO 检验和 Bartlett 球形检验来检验问卷各题目之间的相关程度，即问卷的效度检验。KMO 越接近 1，表明相关性越强；KMO 越接近 0，表明相关性越弱。Bartlett 球形检验的显著性概率越低，则说明问卷越有效。

---

① 　马龙龙. 中国农民利用期货市场影响因素研究：理论、实证与政策 [J]. 管理世界，2010（5）：1–16.

如表 4-2 所示，在信度检验中，Cronbach's Alpha 值为 0.876，基于标准化项的 Cronbach's Alpha 值为 0.827，说明问卷具有较高的内部一致性，可靠性较强。在效度检验中，KMO 值为 0.783，同时 Bartlett 球形检验的卡方统计值为 19898.513，显著性概率为 0.000，说明问卷各题之间有相关性，问卷具有较好的效度。由此，该问卷的调查结果具有良好的信度与效度，适合进一步深入分析。

表 4-2　信度和效度检验结果

| 检验类型 | 检验项目 | 值 |
|---|---|---|
| 信度检验 | Cronbach's Alpha | 0.876 |
| | 基于标准化项的 Cronbach's Alpha | 0.827 |
| | 项数 | 45 |
| 效度检验 | KMO值 | 0.783 |
| | Bartlett球形检验 | 卡方值：19898.513<br>自由度：990<br>显著性：0.000 |

### （五）调查对象的基本情况分析

#### 1. 性别

如表 4-3 所示，受访者中男性占 49.82%，女性占 50.18%，男女比例大体相当。可见，在我国高职院校师资队伍中，性别结构比较均衡。

表 4-3　性别统计

| 性别 | 男 | 女 |
|---|---|---|
| 数量（人） | 414 | 417 |
| 比例（%） | 49.82 | 50.18 |

2. 教龄

如表 4-4 所示，教龄为 11 ～ 15 年的受访者所占比例最高，达 25.87%；教龄为 21 ～ 25 年的受访者占比最小，为 9.99%。在全部的调查对象中，72.44% 的受访者的教龄在 10 年以上。可见，多数调查对象具有较为丰富的工作经验。

表 4-4　教龄统计

| 教龄 | 5年及以下 | 6～10年 | 11～15年 | 16～20年 | 21～25年 | 26年及以上 |
|---|---|---|---|---|---|---|
| 数量（人） | 104 | 125 | 215 | 154 | 83 | 150 |
| 比例（%） | 12.52 | 15.04 | 25.87 | 18.53 | 9.99 | 18.05 |

3. 学历

如表 4-5 所示，学历为本科的调查对象占比最高，达 56.08%；学历为专科及以下的调查对象最少，占 2.77%；学历为研究生的调查对象共占 41.16%。整体来看，我国高职院校师资队伍的学历水平尚可，但在学历提升方面还有较大发展空间。

表 4-5　学历统计

| 学历 | 中专 | 大专 | 本科 | 硕士研究生 | 博士研究生 |
|---|---|---|---|---|---|
| 数量（人） | 2 | 21 | 466 | 263 | 79 |
| 比例（%） | 0.24 | 2.53 | 56.08 | 31.65 | 9.51 |

4. 所在学院

如表 4-6 所示，来自工科类学院的调查对象占比最大，为 46.45%；其次是经管类，占比为 26.11%。由此可以推断，我国高职院校以培养工科类和经管类的实用人才为主。

表 4-6　学院统计

| 学院 | 工科类 | 经管类 | 医护类 | 文化艺术类 | 农业类 | 其他 |
|---|---|---|---|---|---|---|
| 数量（人） | 386 | 217 | 51 | 47 | 29 | 101 |
| 比例（%） | 46.45 | 26.11 | 6.14 | 5.66 | 3.49 | 12.15 |

5. 工作岗位

如表 4-7 所示，来自专业技术岗的调查对象占比最大，达 74.85%；其次为管理岗，占 35.14%。另有极少部分来自工勤服务岗和其他岗位。因部分调查对象兼任多个岗位，故上述各项指标的累计频率超过 100%。

表 4-7　工作岗位统计表

| 工作岗位 | 管理岗 | 专业技术岗 | 工勤服务岗 | 其他 |
|---|---|---|---|---|
| 数量（人） | 292 | 622 | 11 | 19 |
| 比例（%） | 35.14 | 74.85 | 1.32 | 2.29 |

6. 职称

如表 4-8 所示，拥有中级职称和副高级职称的调查对象占比较高，分别为 36.46% 和 36.22%；而拥有正高级职称的占比为 14.56%，略高于拥有初级职称的 12.76%：职称分布结构较为合理。

表4-8　职称统计

| 职称 | 初级 | 中级 | 副高 | 正高 |
|---|---|---|---|---|
| 数量（人） | 106 | 303 | 301 | 121 |
| 比例（%） | 12.76 | 36.46 | 36.22 | 14.56 |

### 7. 所在学校建校时间

如表4-9所示，建校时间在60年及以上的占比最高，达27.56%；建校时间在40年以内的约占半壁江山。可见，我国高职院校普遍较为年轻，其在实践教学质量管理方面的优势经验积累还未形成稳定态势。

表4-9　建校时间统计

| 建校时间 | 20年及以下 | 21～30年 | 31～40年 | 41～50年 | 51～60年 | 60年及以上 |
|---|---|---|---|---|---|---|
| 数量（人） | 140 | 114 | 150 | 87 | 111 | 229 |
| 比例（%） | 16.85 | 13.72 | 18.05 | 10.47 | 13.36 | 27.56 |

## 三、访谈调查设计及实施

### （一）调查目的

为了弥补问卷调查法的不足，更深入地了解我国高职院校实践教学质量管理存在的问题及其成因，本研究在问卷调查的基础上对部分调查对象实施了深度访谈。

### （二）访谈对象基本情况

本研究采用半结构式访谈，选取三所具有代表性的高职院校中的53名负责人、专任教师实施深度访谈。根据访谈法的伦理性原则，对研究对象的基本信息进行了匿名处理，主要采用"学校编码—访谈者编码"的方式对访谈对象及其来源进行编码。本研究中所有访谈对象的基本信息如表4-10所示。

表 4-10　访谈对象信息

| 教师情况 | | 人数（人） | 占比（%） |
|---|---|---|---|
| 职务/专任教师 | 校级领导 | 3 | 5.6 |
| | 中层领导 | 13 | 24.5 |
| | 专任教师 | 37 | 69.9 |
| 职称 | 正高级 | 21 | 39.6 |
| | 副高级 | 23 | 43.4 |
| | 中级 | 9 | 17 |
| 学校区位 | 东部 | 18 | 34 |
| | 中部 | 18 | 34 |
| | 西部 | 17 | 32 |
| 教龄 | 25年及以上 | 6 | 11.3 |
| | 11～24年 | 39 | 73.6 |
| | 10年及以下 | 8 | 15.1 |
| 学历 | 研究生 | 46 | 86.8 |
| | 本科 | 7 | 13.2 |

## （三）访谈资料的收集与整理

经被访谈人同意，基于编制的访谈提纲，以访谈录音和记录的形式获取了第一手访谈资料，经过文字转换，最终访谈文稿达八万六千多字。使用NVivo12 软件对本研究的访谈资料进行编码分析，三级编码分析表如表4-11所示。

表 4-11　访谈资料的三级编码分析

| 核心编码（三级编码） | 轴心编码（二级编码） | 开放编码（一级编码） | 参考点 |
|---|---|---|---|
| 实践教学质量管理的现状分析 | 多元认知 | 实践教学质量管理理论依据认知 | 2 |
| | | 实践教学质量管理主要功能认知 | 2 |
| | | 实践教学质量管理主要内容认知 | 2 |
| | 多维保障 | 实践教学规章制度 | 3 |
| | | 实践教学条件 | 3 |
| | 多层监督 | 实践教学质量管理内部监督机制 | 2 |
| | | 实践教学质量管理内外联合监督 | 2 |
| | 多重评价 | 实践教学质量管理考核评价的标准 | 3 |
| | | 实践教学质量管理考核评价的阶段构成 | 3 |
| 实践教学质量管理的问题分析 | 目标与内容 | 实践教学目标脱离人才培养目标 | 5 |
| | | 实践教学目标未上升到综合能力 | 6 |
| | 监控与评价 | 实践教学监控与评价的主体参与不足 | 5 |
| | | 实践教学监控与评价的内容标准不明 | 4 |
| | 反馈与改进 | 实践教学反馈机制不健全 | 6 |
| | | 实践教学问题改进不到位 | 7 |
| | 保障与维护 | 教务部门独立进行、系部各自为政 | 5 |
| | | 缺少利益相关者的参与 | 6 |
| 实践教学质量管理的问题归因分析 | 目标设置障碍 | 实践教学本体偏移导致实践教学质量管理定位不明 | 9 |
| | 非合作博弈 | 非合作博弈致使实践教学质量管理的协调不畅 | 12 |
| | 交易成本 | 交易成本造成实践教学质量管理体系机制缺失 | 10 |
| 实践教学质量管理的建议对策 | 文化理念方面 | 建立科学的高职院校实践教学文化 | 9 |
| | 管理体系方面 | 完善高职院校实践教学质量管理体系 | 9 |
| | 运行机制方面 | 完善高职院校实践教学质量管理运行机制 | 8 |

## 第二节　高职院校实践教学质量管理的成效与现实问题

高职院校实践教学质量管理是一个庞大、复杂的系统，按照第二章阐述的高职院校实践教学质量管理的内在结构，本章以问卷调查和访谈的形式，从多元认知、多维保障、多层监督、多重评价四个方面阐释实践教学质量管理取得的成效，依据实践教学质量的目标与内容、监控与评价、反馈与改进、保障与维护四个维度归纳分析实践教学质量管理现存的主要问题。

### 一、高职院校实践教学质量管理的成效

通过调查统计分析得出，高职院校实践教学质量管理在多元认知、多维保障、多层监督、多重评价四个方面均取得了一定成效。主要表现在以下几个方面。

#### （一）高职院校实践教学质量管理的认知实现多元化

实践教学质量管理以认知为前提，以落实和体现认知为形式。质量是人为的建构，是文化的结晶[①]，要提高实践教学的质量，必须加强实践教学质量管理。本研究调查了高职院校内部相关主体对实践教学质量管理的认知情况，侧重调查其对实践教学质量管理理论依据的认知、对实践教学质量管理的功能和内容的认知。

##### 1.实践教学质量管理理论依据认知多元

对"高职院校实践教学质量管理理论依据的重要性"进行调查，结果显示，85.56%的受访者表示赞同，而无意见及不赞同者只占14.44%。该题均分达到1.80，说明受访者认同实践教学质量管理需要理论基础做指导（见图4-1）。

---

① 王建华. 高等教育质量管理：文化的视角 [J]. 教育研究 ,2010,31(2):57-62.

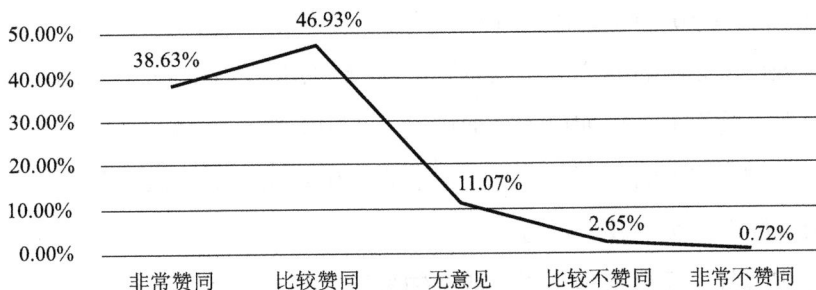

图 4-1　实践教学质量管理理论依据的重要性

在访谈中发现，高职院校实践教学质量管理理论的多元认知还表现在如下几个方面：

第一，理论种类多元。样本学校的管理者除了认可行为科学理论中的精细化管理理论、泰勒原理中的精细化管理理论、全面质量管理中的精细化管理理论以及国际质量标准，还认可很多其他较为小众的管理理论。各个高职院校根据自己对质量管理理论的不同认知，在加工后运用于实践教学质量管理中，且逐渐呈现出人性化、多元化、专业化趋势。

第二，理解深度多元。实践教学管理者因各自的理论基础和理论积淀不一样，他们对相关理论的理解情况也不一样，这些管理者大多具有特定的专业背景和教育学知识背景，管理学知识的积累主要通过职后自我学习、校本研修、校外培训获得。学校领导层对理论的种类和理论内涵有较好的理解，实践教学管理者对理论名称和大意有所了解，实践教学老师的理论理解整体较弱。

第三，运用水平多元。基于前面两个特点，在理论运用上的多元化特点很明显，部分管理者能较好地运用理论基础，其中全面质量管理理论运用得较多，校级层面的管理者和教务部门的领导者基本上能让"全员、全程、全方位"的理念体现在工作思路的制定和执行中[①]。在运用不当方面，大致出现

--------

① 张晓京,张丽嘉.基于全面质量管理的教学质量体系建设与实践[J].中国大学教学,2008(6):68-70.

"不运用、浅运用、乱运用"等情况，"不运用"和"浅运用"即凭经验进行管理，对理论的运用往往"形左实右"或"蜻蜓点水"；"乱运用"即因对理论理解片面而运用不准，比如以为全面质量管理中的"全员"重点在"全部学生主动"，而忽略管理者的"全员性"，把宏观和中观层面的实践教学质量管理等同于微观层面的实践教学行为。

2. 实践教学质量管理主要功能认知多元

教育功能是教育的内在属性，教育功能认知是主体对功能的理解和选择，而且，随着社会发展与人们认识能力的提升，对教育功能的认识会越来越深入和全面，自然也就会派生出一些"新"的功能。[①] 从我们在 D、Z、X 三所学校了解到的实践教学落实情况来看，高职院校正通过赋予实践教学新的功能和意义来构建更加符合社会发展需要的保障体系，主要体现在五个方面。（1）认识到实践教学环节对激发学生能动性、增强学生学习兴趣的意义，让实践教学逐步克服学生们在理论课程学习过程中形成的过于抽象性的认知弊端。例如，Z 学校烹饪专业定期开展主题烹饪比赛，由行业专家、专业教师、学生评审团组成评审委员会，这些比赛极大提升了该专业在地域内的影响力，同时也给了学生一定的督促。（2）让实践教学成为检验理论知识的重要工具，将生动性、形象性贯穿教学始终，保障理论与实践的相互匹配。例如，X 学校护理专业，让模拟实训与对口医院实习相同步，将理论基础与实际操作置于同等重要地位。（3）强化技能操作，让反复练习成为实践教学质量的有力保障。例如，D 学校汽车维修专业要求每一位学生从大二开始每周参与不少于 6～8 个学时的实践操作课，为大三、大四进入签约企业实习打下基础。（4）逐步培养学生的职业认同、职业意识、职业态度、职业道德，将实践教学环节中的学生置于模拟或真实的社会岗位中，提前进入职业角色的状态。例如，X 学校航空航天专业对空乘人员的教学，从基础仪态到言语礼仪各方面都非常注重对细节的把握，让学生在学校就树立起职业人

---

① 胡振京. 教育功能观的社会学分析 [J]. 国家教育行政学院学报,2011(8):20-23，53.

的思想意识。（5）在做中学，带领学生在企业中观摩学习，与岗位"零距离"对接，为实践教学的最终成效奠定思想观念上的坚定基础。D、Z、X 三所学校几乎每学期都会带领学生参观对口企业，或者聘请经验丰富的业内专家到校内讲解职业的发展情况和国内最新技术的前沿发展。

3. 实践教学质量管理主要内容认知多元

高等院校的教学质量管理体系是由为了有效开展教学质量管理，促使教学质量形成、改进和提高的一组相互关联和相互作用的要素所构成的有机系统①。实践教学质量管理主要内容是实践教学质量管理过程的重要着力点。2006 年，教育部在《关于全面提高高等职业教育教学质量的若干意见》中明确提出"突出实践能力培养"的重要理念。各个学校和专业对实践能力有较为普适性的认识，但在具体的实践教学过程中每个学校会根据自己的理解和实际条件进行灵活安排。D 学校校长在调研中说："我们高职院校在搭建实践教学质量管理体系时，要遵守'四项原则'：其一，以职业能力培养为本位，要求学校必须以满足职业能力需要为质量目标，以未来的职业岗位要求为质量标准，围绕职业所需的基础知识和基本技能的培养，建立与实施实践教学质量管理体系；其二，以就业创业为导向，要求学校在建立与实施实践教学质量管理体系时必须体现以市场的需求和学生的就业创业要求为依据，设置实践教学课程，提供就业创业指导和服务；其三，以过程控制为重点，实践教学质量管理的核心在于加强过程控制，要求学校在建立与实施实践教学质量管理体系时，应有利于实现对影响教育教学质量的各个环节和因素进行实实在在的控制，既要从学生管理、师资引进和资源配置方面进行控制，又要从教学计划、课程设计、教学实施、教学检查与评估、实践效果跟踪与反馈等方面进行控制；其四，以内外结合监督为保障，把建立内外部监控机制作为高职院校实践教学质量体系能否连续有效运行的重要保障措施。"[S1–T1]

---

① 唐华生，唐炜.教学质量管理体系构建：从理念、原则到内容——以新建本科院校为视角 [J]. 四川师范大学学报（社会科学版),2008(3):62–65.

从走访调研的情况看，不少学校都有类似上述"四项原则"的认识。此外，在量化调查过程中了解到，被调查者对学校实践教学管理的重点内容的理解参差不齐。对于"当前本校实行的实践教学质量管理的模式"的调查结果显示，56.44%的被调查者表示所在学校的教学质量管理兼顾课程实践性教学和集中实践性教学。只有集中实践性教学的占比为23.95%，略高于只有课程实践性教学的18.65%（见图4-2）。

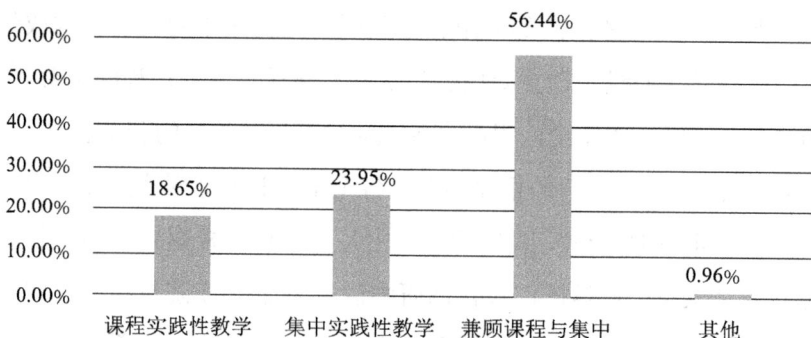

图4-2　实践教学质量管理的模式

本研究还对不同类型样本对多元认知的态度进行差异分析。以多元认知为研究变量，以样本的不同背景为变量进行方差分析，发现不同背景产生不同的差异效果。性别、教龄、专业技术岗、工勤服务岗、职称等样本背景的不同会在多元认知方面存在显著的差异，其他样本背景则没有明显的差异表现。尤其值得一提的是，由于工作岗位这一问题是多选题，不能直接做单因素方差分析，这里将它们作为0—1变量分别进行单因素方差分析（见表4-12）。

表4-12　不同类型样本对多元认知的态度差异结果

| 变量 | F统计量 | P值 | 差异显著结果 |
| --- | --- | --- | --- |
| 性别 | 4.350 | 0.037 | 显著差异 |
| 教龄 | 2.326 | 0.041 | 显著差异 |
| 学历 | 1.951 | 0.100 | 不显著 |

| 变量 | F统计量 | P值 | 差异显著结果 |
|---|---|---|---|
| 学院 | 1.741 | 0.123 | 不显著 |
| 工作岗位（管理岗） | 0.475 | 0.491 | 不显著 |
| 工作岗位（专业技术岗） | 5.170 | 0.023 | 显著差异 |
| 工作岗位（工勤服务岗） | 5.520 | 0.019 | 显著差异 |
| 工作岗位（其他岗） | 2.775 | 0.096 | 不显著 |
| 职称 | 6.435 | 0.000 | 显著差异 |
| 所在学校建校时间 | 1.136 | 0.339 | 不显著 |

### （二）高职院校实践教学质量管理的保障实现多维化

质量保障在促进学校变革、提升学校品质、回馈社会关切、服务学生发展方面发挥着越来越重要的作用[①]。本研究调查了高职院校实践教学质量保障的现状，样本学校在规章制度和教学条件等多个维度开展的工作具有代表性。

#### 1. 高职院校实践教学质量管理规章制度不断健全

规章制度是组织实践教学，保障实践教学顺利进行的基础。在我国早期的高职院校建设过程中，缺乏规范管理导致实践教学成为纸上谈兵，例如，实践课与理论学习混为一谈，或者以课程论文代替实践课程[②]。目前，实践教学的重要性越来越引起社会重视，特别是那些技术性、专业性非常强的专业，更需要学校为其制定专门的规章制度。

样本高职院校通过健全规章制度提供质量保证的尝试主要包括如下几方

---

[①] 姚荣. 高等教育质量保障规制体制的理想类型、变革趋势与启示 [J]. 高校教育管理,2020,14(2):71-84.

[②] 桑雷. 分散治理到协同治理：高职教育多元主体的失位与归正 [J]. 现代教育管理,2017(9):86-90.

面：（1）制定专业技能规范，要求教学单位必须依照人才培养规格的技能要求及学科发展，对实践教学提出系统的技能训练要求；（2）建立健全的实践教学规章制度，让实践教学有制度规范、理论依据和系统保障；（3）对实践教学过程中各环节的内容、目的、时间安排、教学方式、考核办法做出明确规定，让教育者和教育对象明确自己在教学环节中所处的阶段，以便更好地完成全部实践教学；（4）不断修订和完善教学计划。事实上，实践教学是一段非常灵活的教学过程，虽然制度、计划能够在一定程度上为其提供规范性的支持，但在具体实施过程中，依然会根据实际情况做出调整和更新，促使学校的实践教学更为科学、更具有可执行性。

从现实的角度来看，高职院校实践教学质量管理的组织保障离不开教学方案和规章制度的支撑，这是保障实践教学质量的软条件之一，能够促进实践教学质量管理朝规范化、制度化、科学化方向迈进，从量的积累实现质的飞跃①。

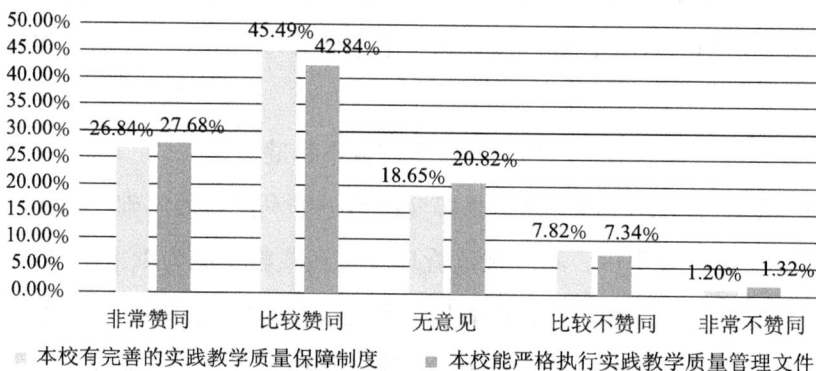

图 4-3　实践教学质量保障制度及文件执行情况

从量化分析的情况来看，72.33% 的受访者对"本校有完善的实践教学质量保障制度"表示赞同；70.52% 的受访者对"本校能严格执行实践教学质量管理文件"表示赞同。以上情况说明高职院校实践教学制度较为完善（见图 4-3）。

---

① 陈列.学校知识管理：高职院校内涵建设的必要手段 [J]. 教育探索,2010(11):60-62.

## 2.高职院校实践教学质量管理教学条件不断优化

（1）加强实训基地的建设

目前，高职院校专业实践教学基地建设以校内模拟实训基地和校外企业合作实训基地相结合的形态为主[①]。例如：X学校除了校内建设有专业实验室、综合性实验室之外，还有一百多个校外实训基地，可同时容纳两千多名学生进行各种专业实习实训。X学校老师表示："校内实训基地主要以模拟的形式为主，比如，学校航空航天专业会根据航空航天行业的不同岗位需求，对校内实训基地进行板块规划，并大致划分为空乘空保实训中心、安检实训中心、航空服务实训中心、航空机电设备维修中心、航空物流实训中心以及公共服务等项目。而校外实训基地的打造则一般依托合作企业建立，待条件日趋成熟后，还会进行订单式培养，比如，汽车维修专业、航空航天制造专业与对口公司签订培养合约，既为高职院校优秀学生缓解了就业压力，同时也为企业节约了大量的人力招聘成本和内部培训时间。"[S3-T2]可见，高职院校加强实训基地建设，以强化实践教学设施建设为重点，其意义就在于通过营造职业环境，让参与实践教学的学生从各个方面尽快融入社会角色，并进入到自身专业的岗位氛围中去[②]。

本研究还调查了受访者对校内外实践教学基地建设的满意度情况。75.33%的受访者表示满意，满意程度较高。65.10%的受访者对本校校外实践教学基地建设情况表示满意，但结合前面的调查发现，高职院校的校外实践教学基地建设不如校内（见图4-4）。

---

[①]　潘海生,王世斌,龙德毅.中国高职教育校企合作现状及影响因素分析[J].高等工程教育研究,2013(3):143-148.

[②]　陈玉华.校企合作建设学习生产型校外实训基地[J].中国高等教育,2010(7):50-52.

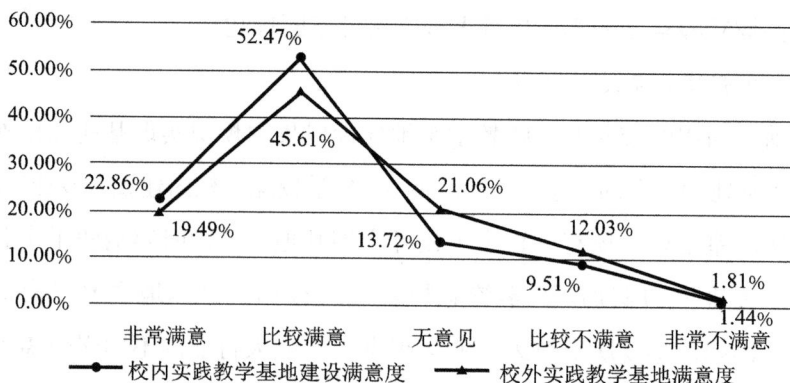

图 4-4　校内外实践教学基地建设满意度

（2）开展实践教学教材建设

一直以来高职院校均未重视实践教学的教材建设，高职院校普遍认为，专业本身就具有非常强的实际操作性，而所谓的实训、实验直到今天都被社会大众认为是熟能生巧的过程，教材对于实践教学而言反而是对创新思想的约束。不过，越来越多的高职院校开始认识到教材的重要性[1]。例如，D学校教务部部长表示，"学校在重视实训课程的基础上，根据其专业实践教学的内容和体系，结合实训目标的要求，针对实训项目，鼓励本专业教师根据社会需求和学生特点自主开发实训教材"。[S1-T2] 这与我们国家近些年所倡导的开发校本教材有相似的地方，其重点都是根据专业的实践教学特点，由学校、学院或专业教师自主研发教材。事实上，这样的做法除了能够让学校、教师总结教学经验之外，还能够让学生拥有一套与实践教学最为接近的规范化、实操性强的实践指导手册，以保证每个实践环节基本能够按照教材的指引顺利开展。当然，随着实践内容和设施的更新，这些教材还必须进行不断的修订才能够跟上时代对实践教学日渐提高的要求[2]。

---

[1]　汪东平.知识管理在高职院校教学基本建设中的应用[J].教育理论与实践,2012,32(9):35-37.

[2]　丁金昌.实践导向的高职教育课程改革与创新[J].高等工程教育研究,2015(1):119-124.

调查结果显示，高职院校实践教学教材体系建设情况不佳，只有53.19%的受访者对本校实践教学资源库建设情况表示满意，且有22.26%的受访者表示不满意，说明高职院校实践教学资源库建设有待加强；有52.23%的受访者对本校实践教学教材体系建设情况表示满意，比例较低，另有22.39%的受访者表示不满意（见图4-5）。

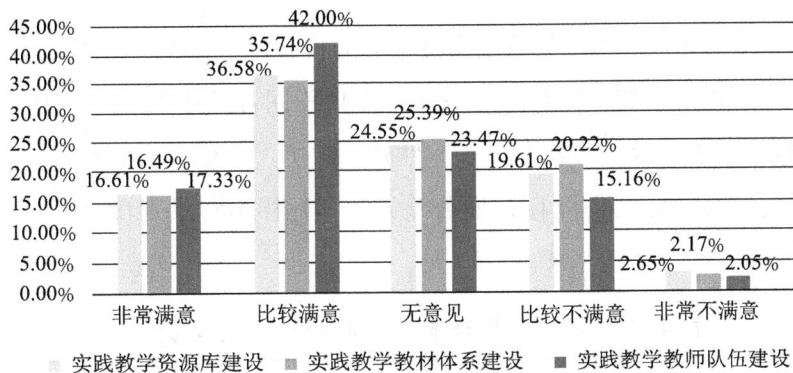

图4-5　实践教学资源库教材以及教师队伍建设情况

（3）强化实践教学的师资队伍建设

建设一支素质优良、结构合理、专兼结合的"双师型"实践教师队伍，是当前众多高职院校实现实践教学质量管理保障的必要条件之一，因为实践教学体系能否最终建构，师资队伍的重要性贯穿实践教学的全过程[1]。D校校长表示："为了建设好高素质教师队伍，学校不仅积极吸纳社会上高学历、高职称人员进入学校实践教学团队，还深入挖掘校内有潜力人员，鼓励在职教师、工作人员及企业一线员工继续深造，支持学校青年教师不断提升学历，并创造条件鼓励教师申报高级专业技术职称。对具有高职教学经验的青年骨干教师进行专业领域的横向拓展培训和纵向深入钻研培训；同时还聘请社会上一些实践经验丰富、熟悉工程技术的人员作为学校固定的兼职教师，形成

---

[1]　马宽斌.着力强化高水平高职学校"双师型"教师队伍建设[J].大学教育科学,2020(1):122-124，127.

专、兼职相结合的'双师型'教师队伍。"[S1–T1] 调研结果显示，高职院校在实践教学的师资队伍建设方面注重打造"双师型"队伍，其特点是专兼结合、知行合一、"文武"兼备。与此同时，高职院校也正在逐步提高专业课教师中具有企业工作经历的教师比例，以建设一支具有丰富实践经验的师资队伍[①]。对本校实践教学教师队伍建设情况，59.33% 的受访者表示满意，相对于其他题目的回答，整体满意程度最高（见图 4–5）。

不同类型样本对多维保障的态度差异分析是以多维保障为研究变量，以样本的不同背景为变量进行方差分析，发现不同背景产生不同的差异效果，结果如表 4–13 所示。从表中可知，性别、教龄、其他岗、职称等样本背景的不同对多维保障的态度存在显著差异，其他样本背景则没有明显的差异表现。

表 4–13　不同类型样本对多维保障的态度差异结果

| 变量 | F统计量 | P值 | 差异显著结果 |
| --- | --- | --- | --- |
| 性别 | 4.452 | 0.035 | 显著差异 |
| 教龄 | 5.177 | 0.000 | 显著差异 |
| 学历 | 0.991 | 0.411 | 不显著 |
| 学院 | 1.529 | 0.178 | 不显著 |
| 工作岗位（管理岗） | 0.130 | 0.718 | 不显著 |
| 工作岗位（专业技术岗） | 3.028 | 0.082 | 不显著 |
| 工作岗位（工勤服务岗） | 1.989 | 0.159 | 不显著 |
| 工作岗位（其他岗） | 7.012 | 0.008 | 显著差异 |
| 职称 | 11.282 | 0.000 | 显著差异 |
| 所在学校建校时间 | 1.379 | 0.230 | 不显著 |

---

[①]　陈小燕.基于校企合作的"双师型"师资队伍建设新思路[J].中国大学教学,2010(1):72–74.

### （三）高职院校实践教学质量管理的监督实现多层化

高等院校的办学水平和教育质量与内外监督的力度有较大关系，现代社会中高等教育质量的重要监督机制包括政府、社会和学校三个层面。在政府监督之外，高职院校实践教学质量监督主要包括内部监督和内外结合的监督。

1. 实践教学质量管理的内部监督机制

（1）完善教学规章制度

例如，Z学校在实践教学质量监督体系建设的实践过程中，从学校实情出发，制定并完善了《关于进一步加强实践性教学环节的指导性意见》《关于实践教学工作管理的规定》《顶岗实习管理办法》《校外实践教学基地建设管理办法》《校企合作实施管理办法》《职业技能培训管理办法》等文件，覆盖了实践教学计划制订、场地管理、师资培养、教学运行、教学效果跟踪、用人单位回访等各个方面，让学校实践教学质量管理的监督工作有章可循、有法可依。

（2）建立权责分明的实践教学质量监督组织管理系统

培养高级技术技能型人才是高职院校实践教学的主要目标，因此，学校对实践教学的实施和监督就必须得到全面落实。部分高职院校将学校教务处、实训中心、学生处、人事处、就业办公室等部门与参与实践教学的系部、教研室相结合，协调配合各专业的实践教学质量管理，形成相互制约、互为补充的三维实践教学监督组织系统。以D学校为例，该校在挖掘和深化学校内部各利益主体质量监督职能的基础上，建立专门进行实践教学质量管理监督的机构，并与教务处、督导处、学生处、二级学院相互配合，形成"学校—院系—教研室"三级结构清晰、职责明确的监督管理机构，将管理者、教师、学生整合起来，共同构成一个多主体的校内监督主体系统，从学校内部切实做到全员、全方位、全角度的实践教学质量监督（见图4-6）。

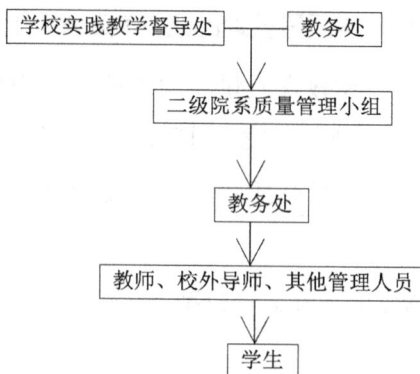

图 4-6　D 学校实践教学质量监督组织管理系统

（3）建立实践教学质量管理监督队伍

从专、兼职相结合的角度出发，设立专职人员，兼顾专业的多样性和队伍的合理性，是当今高职院校在提升监管队伍质量板块上的普遍做法[1]。目前，很多高职院校本着自愿申请的原则，聘请适合担任实践教学督导职位的经验丰富的退休教授加入到督导队伍中来，或者是聘请学科或行业领域的专家，对他们所熟悉的专业领域实施有效的教学监督和指导[2]。例如，Z 学校在建立实践教学质量管理监督队伍时采取的"三合一"模式，即学校在选聘监督队伍时会考虑配置三个层面的人员——高职院校退休的专业带头人、多年从事企业一线工作的技术型人才、在职的教育管理专家。Z 学校认为，"这样的配置更符合学校实践教学质量管理监督队伍的标准，即权威性、专业性和全面性，从而推动高职院校督导内容和方式的改进，并提高实践教学质量管理的合理性、有效性"。[S3–T3] 调查还发现，也可通过学生群体组建监督管理队伍，学校通过专门的选聘程序对自愿报名参与监督管理的学生进行选拔，通过专项培训让学生参与到自主管理中来，让他们获取实践教学过程中的第一手资料，作为其他主体开展监督工作的参考。由学生组建监督管理队

---

[1]　王丽英 . 试析高职院校教学督导的机制构建 [J]. 黑龙江高教研究 ,2013,31(12):106−108.
[2]　朱辉 , 贺超才 , 廖才高 . 高职院校教学督导制度的创新探索——构建全方位的督导模式 [J]. 湖南社会科学 ,2015(6):194−198.

伍已经成为高职院校实践教学质量管理监督不可或缺的组成部分[①]。

（4）明确校内实践教学质量管理的监督内容

高职院校对实践教学的规划主要分为三个阶段：准备阶段、实践阶段、考核评价阶段。这三个阶段所对应的监督内容有硬件和软件两个板块，是校内监管的主要内容。硬件主要指实践教学过程中必不可少的实习（实训）设施设备、实践教学基地布置、实践后期所需的与企业建立的合作桥梁等。软件主要包括与实践教学密切联系的政策、制度、人员配备、每个环节的体系设计等内容。应当指出，无论是软件还是硬件，均会随着教育改革的趋势、社会需求的变化、科技经济的发展发生变化，故校内实践教学质量管理的监督内容是动态演化的。

2. 实践教学质量管理的内外结合监督

（1）与企业共同组建实践教学质量监督机构

随着当今社会对高职院校在校企合作、工学结合人才培养模式改革等方面有更深层次的需求，企业越来越成为高职院校人才培养工作的合作者、合伙人，并主要通过实践教学环节进入到人才培养过程中[②]。因此，校企合作要达成双方共赢，"学员＋基地"的简单模式很难达到目标，企业也同样要承担起实践教学质量管理的监督任务，并作为主要监督机构之一，与高职院校共同组织专业实践教学，协调企业资源，对参与实践教学、企业顶岗等实习的学员负起监督职责，与高职院校一起实现校内外监督机制的协同发展。

（2）加强校外实习实训基地的外部监督平台搭建

实习实训基地是高职院校完成实践教学质量管理过程中容易形成监督盲区的领域，因为学校组织督导小组无法对实习实训基地进行全面监督，而基地原有的监督管理人员还肩负有其他工作职责，如提供与维护设施设备，合

---

① 陈寿根，顾国庆.建立利益相关者共同治理的高职院校内部治理结构[J].国家教育行政学院学报,2016(3):35-39.
② 颜楚华，王章华，邓青云.政府主导 学校主体 企业主动——构建校企合作保障机制的思考[J].中国高教研究,2011(4):80-82.

理分配实习实训资源等[①]。因此，校外实践教学基地更应成为教学质量监督的重点部分。如今，几乎每一所高职院校都会与众多相关单位建立良好的合作关系，为了让实践教学管理质量得到及时监督，学校与基地会不断完善日常所需的管理工作，以相对稳定为前提，搭建校外实习实训基地的外部监督平台。

（3）采用双导师制对实践教学质量进行全面、全程负责

正如 X 学校航空航天科老师所说："毫无疑问，高职院校要想将实践教学质量提升起来，仅仅依靠校内导师是远远不够的，既有校内导师做好基础性的指导工作，又有参与企业、岗位一线工作的校外导师给予细节指导，已经被证明是能够更好促进高职学生在实践教学过程中进行理实结合的很好途径。同时有双导师对实践教学进行不同阶段的反馈，也为质量管理的外部监控提供了有力保障。"[S3-T1] 现在"双导师"模式已成为保证高职院校实践教学质量的重要方式之一，在保证学生有充足的理论知识的基础上，在校外导师的指导下将知识运用在实际岗位工作中，在很大程度上提升了实践教学的活力，让学生更有参与感[②]。

从量化调查的情况看，受访者对学校实践教学监督情况整体上比较满意。62.81% 的受访者对"本校有完善的实践教学质量监督机制"表示赞同，另有 13.96% 的受访者对该点表示不赞同。64.14% 的受访者对"本校能规范运行实践教学质量监督机制"表示赞同，另有 13.11% 的受访者对该点表示不赞同（见图 4-7）。

---

① 陈利荣.完善教学督导机制 推进高职教育内涵发展 [J].教育发展研究,2006(22):78-80.
② 单文周,李忠.现代学徒制试点中双导师制：内涵、瓶颈及路径 [J].社会科学家,2019(8):143-148.

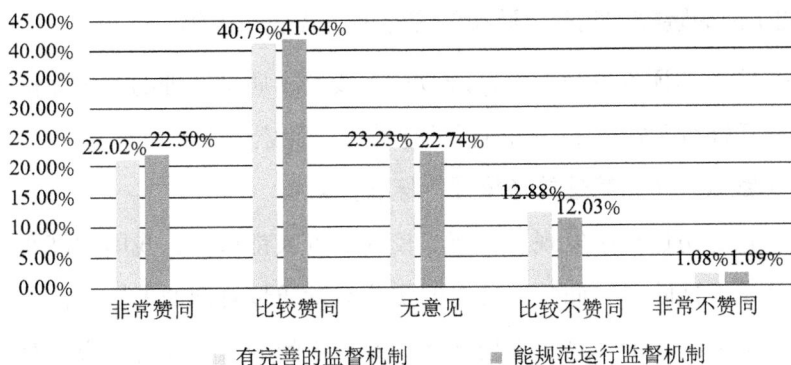

图 4-7　实践教学质量监督机制及规范运行情况

以多层监督为研究变量，以样本的不同背景为变量进行方差分析，发现不同背景产生不同的差异效果。从表 4-14 中可知，教龄、工勤服务岗、其他岗、职称等样本背景的不同会对多层监督方面的态度存在显著的差异，其他样本背景则没有明显的差异表现。

表 4-14　不同类型样本对多层监督的态度差异结果

| 变量 | F统计量 | P值 | 差异显著结果 |
|---|---|---|---|
| 性别 | 1.331 | 0.249 | 不显著 |
| 教龄 | 3.639 | 0.003 | 显著差异 |
| 学历 | 1.390 | 0.236 | 不显著 |
| 学院 | 1.660 | 0.142 | 不显著 |
| 工作岗位（管理岗） | 2.337 | 0.127 | 不显著 |
| 工作岗位（专业技术岗） | 1.980 | 0.160 | 不显著 |
| 工作岗位（工勤服务岗） | 4.482 | 0.035 | 显著差异 |
| 工作岗位（其他岗） | 4.749 | 0.030 | 显著差异 |
| 职称 | 7.325 | 0.000 | 显著差异 |
| 所在学校建校时间 | 1.457 | 0.202 | 不显著 |

### （四）高职院校实践教学质量管理的评价实现多重化

在实践教学评价方面的尝试既包括实践教学质量管理的考核评价标准探索，也包括针对实践教学不同阶段的评价方法探索。

1. 实践教学质量管理的考核评价标准探索

我们在走访过程中发现，几所学校的负责人都认为，我国的高职教育事实上还处于发展阶段，而学校现有的实践教学质量管理的考核评价内容设计依然没有形成统一的体系，学校之间、专业之间的考核评价内容有时候相去甚远。另外，大多数高职院校设立的考核评价指标的探讨还处于定性层面，实际可操作性也还在摸索中，而且不同的高职院校设立的考核评价的内容也有所不同[1]。所以我们目前对建立统一的、规范的高职院校实践教学质量管理体系尚在探索中。

（1）对考核评价指标构成的探索

通常高职院校会将评价指标分为两个主要部分：一是项目评价指标，二是因素评价指标[2]。项目指标是指高职院校需要对实践教学的哪些环节进行考核评价，调研发现，高职院校的项目评价主要涵盖实践教学基本条件、实践教学规章制度、实践教学准备、实践教学现场以及实践教学结果等五项，是从诸如设备、场所、经费等硬件方面对实践教学质量管理开展的考核评价，旨在为第二项因素部分的考察提供基础性参考。因素评价指标指高职院校在项目评价指标的基础上进一步细分评价内容和标准，包括实践基地建设、实验（实训）设备数量、合作企业（单位）等，主要从软件方面评价实践教学质量管理运行的条件和基础。

（2）对考核评价指标体系的探索

考核评价工作最核心的内容是建立考核评价指标体系，以此引导和激

① 洪列平. 高职教学评价：问题及应对策略 [J]. 教育发展研究,2012,32(5):79–82.
② 荣长海,高文杰,冯勇,赵丽敏.关于高职院校教育质量及其评估指标体系的研究 [J]. 天津师范大学学报(社会科学版),2016(3):40–47，75.

励学生提高专业能力，引导高职院校的教学向实践模式和探究模式转变。当今高职院校探索建立实践教学质量管理考核评价指标体系主要基于三方面要求：考核评价的全周期性、多层次性和动态性①。因为实践教学的依据是专业设置和社会需求，故而教学的设计、实施以及考核评价都涉及实践教学的全部周期——准备阶段、组织阶段、实施阶段、总结阶段，几个阶段环环相扣，并依照社会对人才培养的需求变化、岗位对人才供给的需求变化不断地进行评估、制约和促进。这些来自学校、学院、社会、学生、家长的反馈数据反映了整个实践教学质量考核评价体系的多层次性。总体来讲，当今的信息现代化为高职院校提供了充分的便利，让学校能够及时掌握实践教学的动态信息，充分了解实践基地、实习单位给出的中肯建议，为高职院校在后期执行效果的监督评价环节提供了很大帮助②。

2. 实践教学质量管理的考核评价阶段构成

在校实践教学阶段以学校考核评价为主，主体是高职院校。因为在校阶段是理论与实践相互联结的阶段，实践教学以专业学习为主、实践学习为辅，学习成绩是评价的主要手段。学校根据课程大纲选择考核方式和内容，对学生的学习效果进行评价。例如，Z学校教务处处长表示："学校对参与实践教学较少的大一学生仍然采用以理论知识考试为主的考评方式，在大二阶段因为逐步增加了校内模拟实训课程，因此会将理论和实训以不同百分比的方式进行综合考评。但是，在这一过程中，政府、行政部门并不会完全与之脱离，它们会起到我们之前曾提到过的辅助性作用，用间接方式通过人才培养工作水平评估，对高职院校从办学思想、师资队伍、实践教学条件、实践教学改革、实践教学管理等方面进行考核评价，以促进高职院校内部抓好质量管理的体系建设，从而保证实践教学质量管理考核评估的有效性。"[S2-T2]

---

① 黄素萍.高职院校实践教学质量评价指标体系的建立与应用[J].兰州工业高等专科学校学报,2010,17(5):41-43.

② 李馨.信息化教学中学生全程评价体系的研究[J].电化教育研究,2008(3):85-88.

　　顶岗实习实践或者企事业单位岗位实习阶段以实践基地考核评价为主。实践环节与在校学习阶段最大的不同就在于实践课与理论课占整个实践教学环节的比重有很大区别，不同的高职院校对实践教学所需的时间设定在百分之七十到百分之百不等，主要教学方式以校内模拟实训和校外企业单位实习居多。近年来，随着国家对高职院校实践教学质量的要求不断提高，校企合作模式对改进和提升实践教学整体质量极为有效，学生能够在真实工作环境中将所学的理论知识和模拟训练进行运用，有利于其专业化、职业化发展[①]。因此，实践基地对实践阶段的考核评价显得尤为重要，这也是实践教学质量管理是否能够落到实处的一个关键。调查结果显示，各相关主体对实践教学考核评价满意度如下：62.69% 的受访者对"本校有完善的实践教学质量评价体系"表示赞同，另有 15.04% 的受访者对该点表示不赞同。63.18% 的受访者对"本校能规范地对实践教学质量进行考核评价"表示赞同，另有 14.44% 的受访者对该点表示不赞同。从这两题来看，目前各相关主体对学校实践教学的评价较为满意（见图 4-8）。

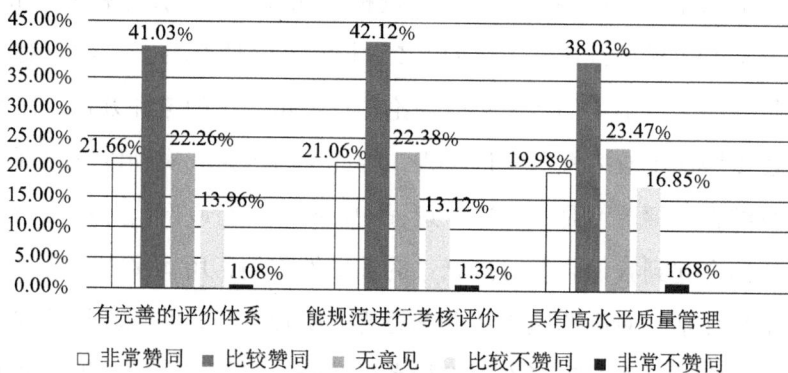

图 4-8　实践教学质量考核评价与管理现状

①　孔斌，马锦才. 校企合作、工学结合模式下的教学改革探讨 [J]. 宁夏大学学报（人文社会科学版),2010,32(3):181–183.

从综合情况看，58.01% 的受访者对"我觉得本校具有高水平的实践教学质量管理"表示赞同，比例低于前两题，另有 18.53% 的受访者对该点表示不赞同。这说明高职院校虽有较完善的实践教学质量评价体系并能加以落实，但整体水平仍有待提高。以考核评价为研究变量，以样本的不同背景为变量进行方差分析，发现不同背景产生不同的差异效果。教龄、工勤服务岗、其他岗、职称等样本背景的不同会对考评评价的态度存在显著的差异，其他样本背景则没有明显的差异表现（见表 4-15）。

表 4-15 不同类型样本对考核评价的态度差异结果

| 变量 | F统计量 | P值 | 差异显著结果 |
| --- | --- | --- | --- |
| 性别 | 3.163 | 0.076 | 不显著 |
| 教龄 | 3.009 | 0.011 | 显著差异 |
| 学历 | 1.376 | 0.240 | 不显著 |
| 学院 | 1.557 | 0.170 | 不显著 |
| 工作岗位（管理岗） | 1.564 | 0.211 | 不显著 |
| 工作岗位（专业技术岗） | 1.256 | 0.263 | 不显著 |
| 工作岗位（工勤服务岗） | 5.635 | 0.018 | 显著差异 |
| 工作岗位（其他岗） | 6.275 | 0.012 | 显著差异 |
| 职称 | 8.289 | 0.000 | 显著差异 |
| 所在学校建校时间 | 1.133 | 0.341 | 不显著 |

## 二、高职院校实践教学质量管理现存问题

尽管我国高职院校实践教学质量管理取得了一定成效，但依然存在一些问题。本小节主要围绕实践教学的目标与内容、监控与评价、反馈与改进、保障与维护这四个层面对现存问题进行梳理和分析。

### （一）实践教学目标与内容层面的问题

#### 1. 实践教学目标脱离人才培养目标

新中国成立以来，我国高职教育人才培养目标分别经过了"技术型""实用型""应用型""高技能型""技术技能型"的发展[①]。近年来，随着我国从制造业大国向制造业强国转型，涵盖了追求卓越的创造精神、精益求精的品质精神、用户至上的服务精神在内的"工匠精神"成为劳动力需求的重要内容之一，相应的，高职院校的人才培养目标修正为培养技艺精湛、爱岗敬业的"大国工匠"，即培养能够进行知识变通且具备精湛专业素养的人才、具备产品意识且能够实施技艺创新的人才、兼具技能与技术深度的应用人才[②]。

实践教学是高职教育人才培养的重要组成部分，故实践教学的目标必须以高职教育人才培养目标为根本指引。精准的人才培养目标是高职院校人才供给匹配于经济社会人才需求的核心要素，它显示了高职院校供给的人力资本的规格和质量，并通过自身的动态调整以精准链接社会的人力资本需求。实践教学是促进高职教育实现人才培养目标的一个重要抓手，而实践教学的目标则是人才培养目标在实践教学环节的具象化。因此，制定实践教学目标要求实践教学相关主体首先明晰专业的人才培养目标，并充分认识实践教学的特性，而后在此基础上根据岗位的技能需求内涵，制定匹配的人才培养目标。随着经济社会的不断进步，人才需求会动态调整，其速度和频率不断提高，从而要求高职教育人才培养目标进行动态调整，进而要求实践教学目标也相应调整。但是，在人才培养实践中，实践教学目标常脱离人才培养目标，这样不仅使实践教学效果大打折扣，而且影响了人才培养目标的达成。实践教学目标脱离人才培养目标的主要表现如下。

---

[①] 朱厚望，龚添妙.高职教育人才培养目标的历史演变与再定位 [J].中国职业技术教育,2020(7):66-70.

[②] 宾恩林.工匠精神导向的高职人才培养目标定位 [J].职业技术教育,2018,39(1):22-26.

（1）实践教学目标不契合实际需求

这几所高职院校实践教学的目标设定大多根据既有实践教学习惯进行，充分体现了实践教学目标的延续性特征，但却因对高职人才社会需求的调研不足而影响了实践教学的精准性。可见，仅仅依赖于实践教学习惯和传统设置实践教学目标的做法蕴含着脱离实际社会人才需求的基因。实际上，高职院校的很多教师已经意识到这一点，Z学院某老师指出，"我们的实践教学目标不契合实际需求，主要体现在两个方面：一是实践教学目标设置得太高、太大，以至于现有实践教学条件无法满足目标的实现；二是我们设立的实践教学目标不能满足当今社会、市场的需要，导致实践教学目标与用人单位和社会实际需求脱节"。[S2-T4] 高职院校中实践教学目标设定偏离实际、不合实际的问题，不仅给实践教学造成很大影响，也会影响到实践教学管理的过程及结果处理。

（2）实践教学目标欠缺科学性

高职院校只有拥有科学的实践教学目标，才能在具体实施前为实践教学的教师和教育管理者提供正确的方向指引。随着社会的发展，市场的需求、学生的需要等都在不断发生着变化，高职院校的实践教学目标体系也需要与时俱进，在第一时间掌握最新讯息，不断调整和完善目标体系，使之更加科学、合理。但是，调研发现，几所高职院校在制定实践教学目标的过程中普遍存在专业人员参与较少、学校与院系沟通不够、职业教育专家论证和人才市场需求调研不足等问题。缺乏科学性的实践教学目标在短时间内可能可以满足局部需求，但长期来看却经不起时间考验，从而削弱了实践教学目标的指引作用。

（3）实践教学目标缺乏针对性

高职院校实践教学目标应紧紧围绕就业岗位要求、学生发展需要及学校实际情况，着力培养学生的职业能力和职业素质，建构多方面素质结构，通过创新实践教学内容突出高素质技能型人才培养特色[①]。但是，调研中几所高职院校的人才培养目标普遍缺乏针对性，未能体现出学生、学校、地区等主体的实际需求，不但不利于达成实践教学目标，也没能体现出学校的人才培养特色。进一步讲，高职人才的专业实践能力是学校的一张名片，能充分体现高职院校的校本人才培养特点、专业特色，故实践教学目标的设定必须突出校本特色和社会需求，从而更好地彰显高职院校的特色和优势。从这个角度看，强化实践教学目标的针对性，一方面有利于高职人才的社会融入，另一方面有利于高职院校教育功能的形成与释放。

2. 实践教学内容难以培养学生的综合能力

从本质上看，实践教学内容与实践教学目标是一个问题的两个方面，实践教学目标是对人才实践能力的定位，实践教学内容是对人才实践能力的具体要求。不同之处在于，实践教学目标往往是原则性、条理性和结构性的，实践教学内容往往是具体化、生活性和丰富性的。按照第二章对实践教学内容要求的分析，本研究认为，实践教学内容除了应满足紧扣目标、与社会需求契合、与办学实力匹配等基本要求之外，应重点体现内容与生活和真实工作情境的联系，体现对高职生专业知识、专业能力、专业情意、专业心理品质等素质要求的整合，即培养学生的综合能力。调研发现，样本学校的实践教学内容很难培养学生的综合能力，主要原因如下。

（1）实践教学内容庞杂

其一，实践教学内容庞杂。高职教育实践教学内容虽然具有相对独立性，但是教学内容的构建必须紧紧围绕学校人才培养目标和专业发展目标，以技术应用能力和综合职业能力为中心进行组织，对实践教学内容进行系统选择和全方位考量[②]。然而，调研发现这几所高职院校实践教学内容过于庞杂，缺乏系统

① 杨洪，冉启阳. 就业导向的高职教育实践教学目标体系的构建与思考 [J]. 成人教育,2010,30(4):55-56.
② 邓泽民. 我国职业教育教学内容及其组织的演变 [J]. 山西大学学报（哲学社会科学版）,2012,35(4):120-124.

性、科学性、灵活性，也未能将学生的能力培养和实践项目选择有机结合。其二，实践教学所用教材的内容庞杂。调研发现，几所高职院校的实践教学教材内容庞杂，且偏理论化，"职业教育"特色凸显不充分。一是因为教材呈现形式复杂；二是因为高职院校普遍认为实践教学内容要全面，即为了体现内容要求的全面性，而削减了内容的针对性。

（2）实践教学内容单一

庞杂与单一看似矛盾，但是在调查中却发现，这一对看似矛盾的现象居然"合体"呈现在实践教学内容中。高职院校应明确实践教学所划分的能力层级，而非简单笼统的规划，但高职院校普遍存在的问题是实践教学内容单一，过于关注传授专业知识和职业技能，较为忽视职业道德、职业生涯规划等综合能力的养成。在调研中，D学院某老师提到："学校实践教学课程标准设置比较单一，更加注重以知识、技能为核心的课程设置，缺失以综合素养为核心的相关课程设置。"[S1-T4] 单一的实践教学内容会导致其所培养的人才不能适应未来多变的环境，故实践教学也需培养学生的综合能力。

（3）实践教学内容偏浅

在企业实践中，企业应该承担起管理学生的任务，并在学生的实践教学中起到演示、现场教学和指导的作用。然而，很多企业由于规划不到位，经常忽视实习生的作用，甚至有些企业拒绝不成熟的学生实习，即便接受学生实习也只给他们安排机械、重复的简单工作，让这些高职生从事一些不需要专业知识和专业技能的枯燥、烦琐的工作。可见，学生在实践教学中所学的内容比较浅薄、枯燥，很难接触到行业的核心技术、先进理念，难以在实践教学中获得良好的职业体验，培养合作精神和创新能力。在访谈中，一位老师谈到了有些学生在实习中的不满，"有些学生不愿意参加学校组织的企业实习，他们认为出去实习就是在工地上搬砖，能学到什么啊，还不如自己去找"。[S2-T3] 可见，高职院校的校企合作有待进一步加强，学校应该多与企业沟通，深化学生实践教学的内容，促进他们更快、更好地发展。

### （二）实践教学监控与评价层面

1. 实践教学监控和评价的主体参与不足

实践教学监控和评价是高职院校实践教学工作有效实施的重要保证，是持续改进高职院校教学质量管理体系的核心构成要素。实践教学的监控和评价是一个复杂的过程，需要高职院校充分调动校内外每一个利益相关者的积极性和主动性，增强成员间的凝聚力与战斗力。一般而言，实践教学监控和评价的主体包括教师、学生、企业、政府等。学校层面的监控主体主要有院督导室、教务处、学生处等，各系部的监控主体包括系部教学督导小组、学生等，外控体系的监控主体主要有社会用人单位、各专业教学指导委员会、毕业生、实习单位等[①]。调研发现，样本学校都会根据自身的实际情况以及专业实践的需求成立专门的监督机构，但实际上在监控和评价方面还存在一些缺陷，其中，值得注意的是，学生和企业在监控和评价中的参与度明显不高。

（1）从校内主体来看，学生参与较少

学生在教学中处于主体地位，在实践教学监控与评价中有着重要的作用，但是，在实际运行中学生却很少参与其中。一方面，部分高职院校忽略了学生作为实践教学主体的重要性，学生因此丧失了教学评价的决定权、校务管理参与权、学生事务管理决定权。比如，高职院校在大多数时候都会对参与实践教学的学生进行分组，指定组长参与监督工作，但往往因为督导老师与学生双方缺乏对实践细节的及时有效沟通，导致监督工作无法切实深化实践教学改革或提升实践教学质量管理效果[②]。另一方面，学生在实践教学监控和评价中被边缘化，也直接导致学生参与教学质量管理的积极性不足。访谈中，D校的老师表示："虽然学校在正式开展实践教学之前都会进行动员，

---

① 肖坤,陈粟宋.工学结合背景下教学质量保障体系的构建[J].职业技术教育,2010,31(14):75-77.
② 陈利荣.完善教学督导机制 推进高职教育内涵发展[J].教育发展研究,2006(22):78-80.

为学生们讲解实践的重要性，让大家了解实践过程中的注意事项，以便更好地开展学习工作，在实践过程中也会要求学生进行期中学习汇报，在实践结束之后也会有经验分享交流会等。但这都不属于监督机制中的引导，而更像是一种行为上的约束，也就是说，学校并没有形成一种很好的氛围去引导学生正确认识实践，调动学生参与监控和评价的主动性、积极性。"[S1-T3] 实践教学过程虽然是教师指导的学习过程，但从参与时间的长度和频率来看，学生参与最充分。那么，学生参与实践教学的监控与评价能发挥非常重要的作用，能确保实践教学质量监控与评价的全程性和完整性，能确保实践教学质量监控与评价的生动性和情境性。但从目前情况来看，学生在参与监控与评价时存在两个非常明显的缺陷：一是参与权未受到重视，二是参与形式未得到保障。具体说来，学校虽然提到学生在这一过程中要及时做到经验交流与分享，但仅仅是在"动员会"上的一种宣传和呼吁，这是"原则性的"，不是"要求性的"，对学生应该如何参与，"动员会"并没有说清楚；学生连参与权都未受到重视，参与方式自然就不是重点关注的内容。在态度和方式的双重缺位下，学生作为实践教学监控与评价的校内主体地位无法体现。

（2）从校外主体来看，企业参与不够

为保障学校的实践教学质量，企业应配合学校的培养方案制定相应的质量管理方案，并选出企业管理人员和学校相关负责人组成完整的管理组合。作为职业教育发展的新趋势，校企合作、产教融合，对于开展实践教学、保障实践教学质量提升是非常重要的。但是，长期以来，高职教育质量监控评价往往都是在教育行政部门主导下进行的，企业很少主动参与其中[1]。实践单位一般仅仅只是接收学校派来的实践学生，简单地为学生介绍大概的工作流程，更多地让学生自己摸索。例如，高职院校的师范类学生在进入对应学校参加教育实践时，很难获得上讲台讲课的机会，一是因为实践学校无法确定

---

① 刘志峰.高职教育实施第三方评价的主要问题与改进策略[J].职业技术教育,2012,33(19):49-54.

前来实践的学生是否有能力胜任日常教学工作，二是因为实践学校担心实践任务会打乱学生原本的学习秩序。此外，企业作为用人方会筛选实践学生的学历背景，偏重名牌学校的现象直到现在也依然存在。同时，企业领导往往都忙于工作，在进行实习学生评价时，很多企业都给实习生相同的评价，对学生实践过程的监控不够。在校企合作中，企业更多的是希望学校为在职员工提供在岗培训或继续教育，因此，就对高职院校提出了更高要求，而这一过程中需要学校和企业双方都在同一方向上努力，任何一方稍显落后就会影响整个实践教学质量管理的效果。未来，我国经济还将不断发展，专业技术技能型人才的巨大缺口依然存在，高职院校应积极与企业开展合作，积极邀请企业加入到实践教学监控和评价中，并提供更多合作路径。

2. 实践教学监控和评价的内容标准不明

高职院校只有构建具有高职教育特色、科学合理的实践教学质量监控评价体系促使监控和评价科学化、系统化，才能提高实践教学的有效性及可操作性 [1]。内容标准是建构实践教学质量监控评价体系的基础，这是对实践教学状况进行有效评价的依据。调研发现，几所高职院校的实践教学监控和评价尚存在内容标准不明的问题，严重影响了监控和评价效果。实践教学监控和评价的内容标准不明主要表现在如下几个方面。

（1）监控岗位职责标准不明

大部分高职院校现行监控和评价制度的重点是课堂教学和教师管理，但对教学管理人员、学生评价以及用人单位评价均未做出明确规定。高职院校实践教学相关人员对自身岗位职责认识不清，且认为是否执行规范的岗位职责标准对实践教学质量提升是无差异的，尚未能充分认识到高职院校教学质量保障工作是一个关乎所有主体职责的综合性立体概念。可见，目前实践教

---

① 赵虹.高职教育实践教学质量监控与评价体系的构建[J].荆门职业技术学院学报,2008(10):15-18.

学的岗位职责体系还是一个缺乏全员参与理念的概念[①]。实践教学的监控并不是一项简单的工程，这项工作如果做好了，将对促进职业教育改革、维持实践教学正常有序开展、提高高职院校整体办学质量发挥重要作用。因此，高职院校在未来的发展过程中，需要事先进行多方考察，结合学校实际情况建立更为科学合理的监控岗位职责标准。高职院校可通过各项文件，让学校实践教学的监督岗位职责清晰化、具体化，并将实践教学所包含的项目和主要内容中的各项文件准确分配到各部门，由各部门完成并进行最后汇总。同时，高职院校要明确各部门教师在各教学环节中的职责，避免实践教学环节出现无人管理或多人管理的混乱局面。高职院校应根据自身管理体系特点，建立相配套的实践教学文件管理制度，只有建立科学的管理制度，才能使实践教学管理有章可循，也才能使各方形成强大的合力。

（2）实践教学评价标准不明

高职院校的学生具有较强可塑性，但是其自我约束性较差。在追求素质教育的今天，基于目的评价的终结性评价已经不能适应高职教育的发展，甚至还会阻碍教学质量的提升，高职院校需要重新制定考核方式，制定出明确的实践教学评价标准[②]。虽然高职院校现有实践教学评价制度涉及评价原则、评价目标等多个方面，但却缺乏评价标准的专门规定，实践教学评价标准模糊。实践教学评价标准缺失导致学校的实践教学缺乏明确目标，容易陷入既无外在压力又无内在动力的双重困境。从全国范围来看，各个高等职业院校实践教学评价标准的缺失以及标准各自为政，导致全国参差不齐、质量不一的办学格局[③]。为此，高职院校亟待针对实践教学实际需求确立实践教学评价标准，建立起由企业指导教师、学校指导教师、学生等多元评价主体参与的

---

① 陈方嫒．高职院校教学质量内部保障体系完善研究[D].成都：四川师范大学,2019.
② 续永刚，闫志波，赵晓平．高职实践教学环节评价标准和考核方式的研究[J].教育与职业,2009(2):163-164.
③ 杨公安，白旭东，韦鹏．职业教育质量评价标准逻辑模型与体系建构[J].中国职业技术教育,2019(20):78-85.

评价方式。在调研中，Z 学校赵校长认为，"虽然高职院校开展的是实践教学工作，但实际上的考核评价在很长一段时间内还是沿用的理论教学的考核评价方式，诸如出勤率、实习报告、平时成绩折算等方式"。[S2-T1] 调研中，部分院校因建校时间短、管理经验不足等原因未能及时建立规范的实践教学考核评价标准。本研究认为，多方位、多层次、多方式的多元考核评价制度，是新环境下高职院校亟待建立的实践教学评价体系，其中最重要的是建立科学合理的评价标准。

参与主体缺失和内容体系不完整将严重影响监控与评价的有效实施。参与主体缺失和内容体系模糊既有区别又有联系：区别在于前者是组织架构问题，后者是组织内部执行方向问题；联系在于二者都是由于对监控与评价的重要性认识不足所致。前者是由于长期以来实践教学相关主体各自为政、缺乏内在衔接机制所致，后者是由于相关主体对于实践教学过程缺乏结构性思考所致。这两个问题综合作用最终导致监控与评价取向错位、功能丧失，甚至会导致实践教学质量管理体系塌陷。实践教学监控与评价是目标与内容能否落实的关键，又是反馈与改进的基础。

### （三）实践教学反馈与改进层面的问题

#### 1. 实践教学反馈机制不健全

实践教学反馈是实践教学质量保障机制的关键环节之一，建立及时有效的实践教学反馈机制能够确保实践教学活动中的问题能够实时突显出来并及时得到解决。实践教学的反馈与改进机制是指对收集到的信息进行分类汇总，准确定位问题，深层剖析原因，探索科学高效的应对措施[1]。实践教学反馈的基本原理即比较系统输出信息与期望结果之间的偏差，通过消除偏差来获得预期的系统功能，使教学质量保障体系成为一个封闭的良性循环系统。然而，在现实中，高职院校实践教学反馈机制并不健全，具体如下：

---

[1] 周文清. 增值评价：高职院校实践教学质量评价的新选择 [J]. 湖南师范大学教育科学学报, 2016,15(3):126-128.

（1）实践教学反馈方式不健全

实践教学反馈要畅通有效才能准确及时传递信息，反之则会影响实践教学信息的传达。实践教学反馈信息流有两条：一是把实践教学过程中学生的参与情况、操作情况、收获情况、需要进一步改进与发展的情况等及时传递给指导教师和相关管理部门。二是把学校、实践教学基地两地指导教师的信息及时传递给学生，以确保学生在实践教学过程中能及时调整实践教学状态，从而实践教学指导参与方能及时据此调整实践教学指导方式。当实践教学信息反馈不畅时，既定实践教学目标可能无法达成。在实践教学中，学生的相关信息主要通过学生代表和带队老师收集，收集渠道主要为学生的工作记录表、实践日志，实践指导教师的工作日志和学生情况记录表等。理论上，上述信息收集渠道是相对完整和可靠的。但在实践中，学生和教师均对完成记录不太关心，为了完成记录而完成记录，记录主要实现了痕迹管理的职能，但未能真实反映出教师和学生等相关主体的问题，更未能根据信息记录进行师生间的沟通与交流，因而未能将反馈结果应用于实践教学改进，反馈流于形式。此外，实践教学的反馈方式还包括意见箱、过程考核等，但均存在不同程度的形式化弊端，调研中有老师指出，"虽然会经常通过电话访问或者与实践教学组织部门、对口合作的企事业单位进行面对面交流，但是还是不能够保证从中获取的反馈信息是没有缺漏或变质的"。[S2-T4] 而这些问题正是由于实践教学反馈机制的不完善造成的。由于实践教学反馈不畅，实践教学一线情况的检查、监督长期缺乏约束，导致实践教学管理人员、考核评价队伍在思想上非常松懈，从而使实践教学管理流于形式，且陷入反馈形式不健全—反馈形式化的恶性循环。

（2）实践教学反馈不及时

及时反馈的目的是及时了解情况、及时纠正不足、及时总结经验、及时更新管理和及时促进成长。在现代管理中，除特殊情况会采用延迟反馈，大部分时候都要求反馈具有及时性，尤其是实践教学这种在行动中和过程中能够实施的教学活动，更要求通过及时反馈以获得教学周期内的重要实时信息。目前，高职院校实践教学信息的收集与反馈周期偏长，导致评价结果不能及时在下一个教学周期中得到科学有效地运用，严重影响了后续教学活动的改进，故当前的实践教学反馈机制尚未能担负起为教学改革提供科学决策依据和发展方向的重任[1]。调研发现，除了学生实践日记、学校组织的期中和期末检查之外，高职院校实践教学质量管理的信息反馈也会通过文件、会议、报告、通信，甚至口耳相传等方式实施，这些方式的共同特点是耗时长、工作量大、效率较低，导致反馈信息的大量沉积。在调研中了解到，因实践教学反馈不及时带来的问题主要存在于三个方面：一是实践教学指导教师和相关部门因缺乏对实践教学相关信息的收集整理与反馈，导致教师无法准确掌握学生的学习状况，因而未能对学生进行切实有效的质量跟踪；二是因学生未能得到自己在实践教学中的问题的及时反馈而无法准确把握技能训练方向；三是在上述问题的基础上，学生在实践教学中发生的错误和不足容易固化为"个体性经验"，难以形成科学正确的系统化和结构化的岗位技能体验。

（3）实践教学反馈不系统

系统反馈的根本目的在于实现信息的全面掌握、改进的全程实现、发展的全域进行[2]。基于系统反馈，实践教学指导教师能够把握学生在实践教学过程中专业理念与职业道德、职业技能和专业能力诸方面的情况；也能对学生在实践教学从起点、过程到结果的整体情况进行全程把握；还能实现学生在思想品质、知识运用与情境适应等方面综合能力的提升。但是，调研发现真正的系统反馈很难实现，具体表现在两个方面。第一，"点"的不系统，即对个体学生的实践教学状况反馈不系统。比如，对每个学生而言，实践教学的

① 潘春胜.构建工学结合背景下的高职院校教学质量监控体系[J].中国高教研究,2010(7):92-93.
② 陈强,龚少军.试论高职院校发展性教师评价机制的构建[J].江苏高教,2012(5):152-153.

目标和内容是基于完整职业人的理念布局的，这就意味着在反馈过程中指导人员和老师需要全面系统地在职业人的理念下追踪实践教学中学生的技术技能情况，同时根据工作场所的职业需求特征训练职业意识和职业品质。但在实际中，教师更多关注了职业人的职业技术技能等操作层面的教学训练，却忽视了对其进行思想意识和思维品质的培养。第二，"面"的不系统，即对所有学生的情况反馈不系统。由于参与实践教学的学生相对较多，所以一般实施层级管理，指导人员通过组织和代表以点带面地实施反馈。以点带面的不足在于点可能不能全面准确地反映面的问题，致使在实践教学质量管理中很难获得全面深刻的反馈，导致学生和教师根据片面的点信息调整实践教学行动定位，教学结果最终可能偏离实践教学预定目标。

2. 实践教学改进机制不完善

实践教学的反馈与改进为实践教学质量管理的一个重要环节，由"反馈"与"改进"两个部分组成，从内在结构来看，二者既有联系又有区别。二者的联系表现为：反馈是改进的前提，改进是反馈的目的；二者的区别表现为：反馈的主要形式在于信息传递，改进的主要形式在于行动优化。良好的实践教学改进机制是完善的实践教学质量管理的重要组成部分，在此基础上可以实现实践教学管理环节优化、管理质量优化、学生学习状况与目的优化和实践教学结构与结果优化。本研究对实践教学改进的现状进行了深入调研，现存的具体问题如下。

（1）对实践教学反馈问题的态度不认真

很多高职院校普遍存在重应付评估、轻整改建设的现象，其实践教学管理呈现明显的阶段性，导致管理工作浮于表面，很难深入解决现实问题。高职院校的各个学院将实践教学评价视为一项任务，靠"临时抱佛脚""搞突击""打硬仗"完成痕迹管理需要的各项材料，完全忽略实践教学过程的管理，形式上呈现结果性评价的特点，但实际上连结果性评价的要求都达不到。有学者指出，不少经管类专业的教学以学制划分阶段，是典型的"任务型"教学,即在规定时间内完成规定教学任务①。这样的态度既不利于真正区分学生各个时期质变的情况,也无法探知学生学习水平的实际情况,没有在实践教学中考虑到学生自身发展特点和水平,还会导致阶段性教学目标始终与实际培养目标不匹配。此外,由于对高职院校实践教学质量保障过程认识不全面、不到位,有些学校只注重中期实施,而忽视前期和后期的分析、改进等环节②。结果是高职院校内部教学过程实施扎扎实实,前期和后期则敷衍了事,上面出政策,下面找对策,质量保障工作效率较低,高职院校实践教学质量提升困难。

(2)对实践教学反馈问题的改进不够重视

对实践教学问题的重视应该体现在对问题的广度和深度、问题的质量和数量的多重重视③,在此基础上形成的实践教学质量改进方略才有可行性和可操作性。高职院校对实践教学反馈问题的改进普遍重视不够:其一,显性重视不足,主要表现在对已有问题缺乏改进动力,认为所有实践教学的问题均可以在重新回归学校的学习过程中自然予以消除,因此忽略改进现有问题改进的必要性,这主要源于思想观念上的不重视,且更多是对实践教学与理论学习关系的理解偏差;其二,隐性重视不足,主要表现在对现有问题和潜在问题缺少发现,基于思维和操作惯性把问题合理化,缺少问题意识。除了学校对实践教学问题不够重视,有些学生也会轻视实践教学中的问题。例如 X 学校,其生源质量远不如 D 学校这种综合型高职院校或 Z 学校这种传统专业型高职院校,所以从整体的校园学习氛围来看,学生普遍不重视实践教学,在缺乏管理引导的前提下,针对实践教学的改进努力都会付诸东流。

---

① 谭丹.创新创业背景下高职经管类专业立体化实践教学体系的构建 [J].教育与职业,2020(3):104-107.

② 陈玉君.高职院校教学质量监控与保障问题的思考 [J].中国成人教育,2010(7):41-42.

③ 宋保胜,宋曼.实训教学质量评价体系诉求及构建研究——以财务管理专业为例 [J].中国高等教育评估,2018,29(1):55-62.

（3）实践教学反馈问题的改进制度不健全

很多高职院校在评估的后期整改工作中缺乏动力机制和约束机制，反馈问题很难在实践教学及管理中得到有效解决，更多整改精力放在整改方案撰写，重视整改的文字方案设计而轻视整改方案落地，导致所反馈的实践教学问题未能得到有效改进。例如，某些高职院校因实习岗位无法满足学生需求而实施学生自主实习，学校在实习过程中全程缺位。但缺乏严谨程序和严格管理的自主实习往往因学生的自律性差和缺乏监督而流于形式，更重要的是，学生根据现有的知识和经验很难获得在实习过程中自身存在的问题和错误的相关信息，使得实习的效果大打折扣，最终通过递交实习证明结束实习过程，实习环节对工作的总结、经验的积累作用不大。对高职院校而言，实践教学相关管理制度必须与生源结构和生源质量相匹配，充分考虑学生的特点实施实践教学。但目前高职院校的实践教学管理制度在落实中普遍显得粗糙，未能充分考虑学生主体的特点，人才培养目标、实践教学模式及管理制度尚未实现相互适应[1]。总的来说，改进是根本，改进的过程同时也是高职院校教学质量持续提高的过程。高职院校应该积极推进提高教学质量的工作，根据学校、学生的实际情况，合理定位教育理念、细化人才培养目标，查找并改进学校教学质量保障工作的不足，不断完善实践教学质量管理体系。

### （四）实践教学保障与维护层面

#### 1. 校内系部各组织协调不畅

在绝大多数情况下，高职院校实践教学的保障和维护工作是由教务管理部门或学校办公室牵头实施，评价主体涉及学校各系部、教务部门、科研部门、学生工作部门等[2]。教务部门负责实践教学质量管理的人员主要是实践教学经验丰富、责任心强的教师，他们负责检查学校实践教学各环节的任务和

---

[1]　郝建锋，吕文静. 对我国高职人才培养质量评价问题的探讨 [J]. 职教论坛,2010(32):73-75.

[2]　王国光，庞学光. 从质量要素到质量体系——试论高职院校校本质量评价对象的转向 [J]. 江苏高教,2017(7):85-89.

制度是否有效落实。在学院层面上，会有从事教学多年的老师对全学院的实践教学质量进行把关，确保实践教学任务按计划完成，并能达到预期效果。此外，部分高职院校的教务部门也会与学生处、人事处、教研室、就业办公室等部门合作，协调配合各专业的实践教学质量管理，从而形成相互制约又互为补充的实践教学组织系统。例如，D校就在挖掘和深化学校内部各利益主体质量监督职能的基础上，建立专门监督管理实践教学质量的机构，并与教务处、督导处、学生处、二级院系、教研室相互配合，形成"学校—院系—教研室"三级结构清晰、职责明确的监督管理机构，有利于学校实践教学保障和维护工作的开展。

调研中发现，这几所高职院校存在教务部门独立运转、系部各自为政的情况，缺乏对实践教学不同阶段的协同管理和及时沟通。例如，在校外实习的过程中，学生与指导老师都脱离学校、缺乏管束，而教务部门日常工作烦琐，对于校外实习监控多采用电话或走访形式，并不能很好地监控到实践教学的真实状态。同时，虽然学校聘请的教学督导在专业能力和水平上的确能够承担指导学生实习实践的任务，但因其主要工作职责是科研创新、教学等，能够用于督导实践教学的时间并不多，因而影响了教学督导的效果。此外，在进行实践教学保障和维护工作时，教务部门作为牵头单位在管理中很难调动其他部门，对其他部门的监控和管制作用更无从谈起。校外实践基地相关人员的主要任务是在真实的工作环境中培养学生对专业的深层次认识和对职业的进一步理解，因而缺乏对实践教学其他方面的监督和管理。所以，很多高职院校的实践教学质量管理团队更像一个松散的联盟，在缺乏有效协作和沟通机制的情况下往往各自为政，导致实践教学质量管理工作被人为切割，降低了实践教学质量管理的效果。

全面质量管理理论提倡管理的全员参与。这对于高职院校的实践教学质量管理来讲，倡导的是相关主体协同实施质量保障与维护。而对于相关主体的理解却一直存在分歧。正如访谈中有的老师所言，"作为实践教学指导教师，我们不是全能的，实践教学的质量维护需要很多部门介入，但是现在我们仿佛成了'无限责任公司'，学生交到我们手上，我们就要负责到底"。[S3-T3] 可见，这里的"相关主体"在现实中往往成了由实践教学指导教师组成的少数主体，并由此产生了一系列问题。第一，实践教学质量保障与维护力量单薄。高职院校实践教学涉及多个场域，从人力、物力和财力，到信息、时间和空间都需要多方面介入，系部和指导教师不能构成立体多元的保障与维护主体。第二，存在固化错误的实践教学质量保障文化。如调研所言，实践教学教师实际上是一个"无限责任公司"，相关主体均认为实践教学质量的保障和维护与自己无关，最终处于实践教学过程中的实践教师则无处遁形。要提升实践教学质量必须改变错误的实践教学质量保障文化，将相关主体的积极性调动起来，营造多主体有效参与其中的立体实践教学质量管理文化氛围。第三，实践教学质量保障与维护不力。实践教学质量保障与维护的主体单一必然导致行动单向，继而又导致保障力量弱化，并从根本上影响实践教学质量。

2. 缺少利益相关者的参与

利益相关者的参与是现代职业教育内部治理的内在要求 [①]。职业教育人才市场的供给方是高职院校，但人才消费方主要是企事业单位。企事业单位是高职教育的重要利益相关者，它们参与高职院校实践教学质量管理，有利于把握人才培养规格与质量，有利于为实践技能的培养定向，有利于高职院校根据社会变化和人才培养的内在规律适时调整培养方式。实践教学是在高职院校作为发动主体的前提下，由高职院校与企事业单位共同完成的教学环节。那么作为质量管理的环节之一，质量保障与维护的完成不能只由高职院校来完成，而更应该激发企事业单位的参与。

在高职院校实践教学质量管理中利益相关者存在参与困境，主要表现在

---

① 陈寿根，顾国庆．建立利益相关者共同治理的高职院校内部治理结构 [J]．国家教育行政学院学报，2016(3):35-39.

如下几方面。第一，未能参与质量保障与维护的顶层设计。质量保障与维护作为一种行动表现，是在正确的行动设计之下进行的，目前高职院校实践教学质量保障设计包括对保障与维护的资源协调、保障与维护的人员配备等方面，而这些方面大都由高职院校自身完成，作为利益相关者的企事业单位不具备参与此过程的基本前提，因为高职院校在进行设计的时候把系列行为整合为教学规划行为，忽略了这一过程的多主体性参与和协作性。第二，未能参与质量保障与维护过程。高职院校实践教学质量管理中的保障与维护过程包括相关资源的供给、质量改革过程中必要的制度保障、质量文化建设过程中的时空要素协调等。作为利益相关者的企事业单位很少参与这一过程，一是因为传统的实践教学不太注重质量改革和质量文化建设，二是因为企事业单位往往会以一种需求的视角去看待实践教学的过程及其产生的实践效能。第三，未能全程参与实践教学质量保障与维护评价。质量保障与维护的效果如何，直接评价方是高职院校相关部门，但因在此过程中高职院校及其相关部门不是全程参与，所以其评价往往不全面，但企事业单位往往只参与评价实践教学的质量本身，而不是实践教学质量保障与维护的质量，所以就导致此评价行为失于空泛。学生作评价客体，但在此过程中对评价体系自身的完整性往往缺少感知，从而强化了利益相关者对自身评价缺位的无感状态。第四，质量保障与维护局部参与的错位。利益相关者参与质量保障与维护和参与实践教学活动是两回事，后者是作为教育要素和教育要素的提供方参与实践教学活动的过程，比如，提供必要的实践教学资源和场地，提供必要的实践教学指导教师，但是事实上这并不是参与实践教学质量保障与维护。一些企事业单位把二者混淆，原因是它们忽略了二者的本质区别，质量保障与维护是在进行质量建设过程中的参与，而事实上，当前最多的参与是实践教学本身，对其质量的达成、提升和改革的关注很少，这与前三个问题之间存在内在关联。

　　利益相关者的参与困境在很大程度上是利益诉求的取向差异导致的[①]。高职院校对于实践教学的质量有责任自觉，自然对于提升质量和优化质量管理具有责任感和使命感。但由于自身的质量建设取向导致"关门办教育"和"关门进行质量保障与维护"。虽然本研究讨论的实践教学的过程是在企事业单位完成的，但对于高职院校来说，它们认为这种教学活动往往只是校内教学活动的延展，甚至认为是求助于企事业单位而进行的一种教学活动。既然是"求助于"，那么企事业单位也不成为其实践教学的利益相关者。而作为理论上的利益相关者的企事业单位，它们以生产和营利为自身的利益追求，在它们眼里，参与实践教学的学生在经过短暂的岗位磨合之后，尽快成长为当下和未来的人力资源，是实践教学的应有之义。既然如此，企事业单位在协助完成这一目标的过程中"尽责尽力"就"善莫大焉"了，至于为了优化实践教学而进行的质量保障与维护过程，不在它们的"职责"范围之内，更不在当下和长远的企事业发展"利益"之中。

　　实践教学保障与维护中的诸多问题，不论是校内相关主体协调不畅还是校外利益相关者的参与困境，都深远地影响了高职院校质量管理的实施，而且容易导致实践教学目标与内容建设、监控与评价建设、反馈与改进建设三个质量建设环节落空。

　　从整体上看，目前样本高校在实践教学质量管理方面已经取得了诸如形成多元认知、多维保障、多层监督和多重评价等成绩，但从实践教学目标与内容到保障与维护这四个方面仍存在不少问题，需要借用理论工具进行深入剖析，为最终解决问题、改进实践教学提供基础。

---

① 全守杰,谷陈梦.从缺位到共治：基于利益相关者的高职院校人才培养模式建构 [J].现代教育管理,2020(4):96-102.

## 第三节　高职院校实践教学质量管理现存问题的归因

高职院校实践教学质量管理问题产生的内在原因主要包括三个方面：目标设定障碍导致实践教学质量管理定位不明、非合作博弈致使实践教学质量管理协调不畅、交易成本造成实践教学质量管理机制缺失。

## 一、目标设定障碍导致实践教学质量管理定位不明

### （一）目标设定理论模式

目标设定理论指出，目标有两个最基本的属性：明确度和难度。明确度是指目标设定得越明确越具有激励作用，即越了解行为目的和结果就越能减少行为盲目性，也就越能提高行为的自我控制能力和水平。难度是指目标完成的难易程度，一般认为，绩效与目标难度水平之间存在着线性关系，表现为人们可以根据不同的任务难度来调整自己的努力程度，适当难度的目标可以激发人的动力和激情。

关于目标设定与绩效之间的关系，该理论给出了高绩效循环模型图，如图 4-9 所示。

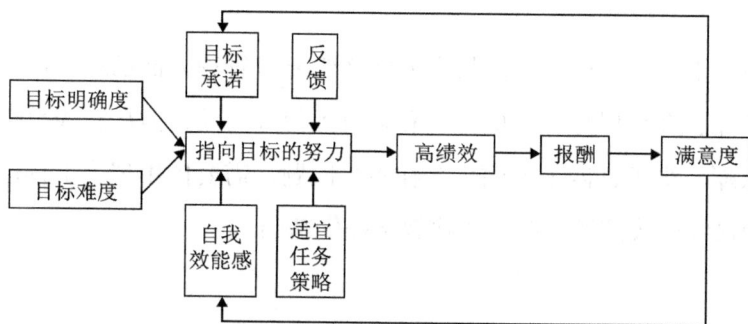

图 4-9　目标设定高绩效循环模型图

如图 4-9 所示，目标设定高绩效循环模式首先要求目标明确度和难度适当，然后要求对该目标具有高度承诺、恰当的反馈、较高的自我效能感以及

适宜的任务策略，这样才能激发指向目标的努力，释放工作激情和动力，最终产生较高的工作绩效。假如较高的工作绩效能够带来具有吸引力的奖赏或收益，则会产生满意感。较高的满意度反过来进一步增强自我效能感，兑现目标承诺，进而激发新一轮高绩效工作状态[①]。否则，若目标设定不明确或难度较大，都难以调动责任主体工作的积极性和主动性，最终影响目标的达成，这便是所谓的目标设定障碍。

### （二）实践教学质量管理中的目标设定障碍及其影响

按照目标设定理论，实践教学质量管理过程也是追求实践教学高绩效的过程，明确的目标和适当难度是提升实践教学质量的两大核心要素。首先，参与实践教学质量管理方案、标准制定或参与实践教学质量监督、考核及管理的相关主体应该明确实践教学质量管理的核心目标，据此制定科学合理的实践教学质量管理方案和标准，才能在实践教学质量监督和管理过程中把握合适的尺度[②]。另外，职业院校实践教学各个环节、各个组织和部门的所有利益相关者应在明确实践教学内涵、特征及标准的基础上明确实践教学质量管理的核心目标，明确达到核心目标该做哪些准备和执行什么实施计划。其次，确保达成目标的难度适当。在难度适当的核心目标下制定实践教学质量管理方案和标准，能让执行主体认识到达成目标的可能性和可行性，从而激发利益相关主体达成目标的内在动力。

但从实践教学质量管理方案、标准的制定以及实施过程看，很多主体未能科学地认识和了解实践教学质量管理目标。按照目标设定理论，该主体不仅难以制定实现预期目标的实践教学质量管理方案和标准，更缺乏在实施过程中不断完善该方案和标准的动力，导致高职院校实践教学质量管理体系普遍存在与普通高等教育类似的问题，如课程设置和教学模式理论化、学术

---

① 魏四新，郭立宏．我国地方政府绩效目标设置的研究——基于目标设置理论视角 [J]．中国软科学，2011(2)：8-15．
② 陈华胜．构建实践教学体系：以目标、逻辑、模式为视角 [J]．黑龙江高教研究，2018(3)：145-147．

化，失去了职业教育的实践特色。同时，缺乏对实践教学质量管理目标的科学认识增加了制定完善的实践教学质量管理方案和标准的难度，若能否制定完善的管理方案和标准与自身绩效没有必然联系则更易挫伤工作的内在动力。可见，当前高职院校实践教学质量管理目标设定障碍必然影响完善的实践教学质量管理体系的制定。

在实践教学质量管理过程中，受不完善的实践教学质量管理方案、标准的影响，质量监督和考核的主体对实践教学质量管理目标也缺乏科学的认识和定位，从而造成按照普通教育的人才培养模式和标准进行质量监督和管理[①]。即便发现实践教学质量管理过程存在相应问题，相关责任主体也因缺乏目标设定的激励而未能给予及时纠正和完善，造成实践教学课程设置、教学模式、评价标准等按照普通教育范式进行，并未凸显职业教育强化实践操作的特性。

综上，高职院校实践教学质量管理存在目标设定障碍造成相关责任主体在实践教学质量管理方案、标准的制定和执行过程中缺乏自我效能感，不仅难以制定达到预期目标的任务策略，也难以提供合理化建议，最终影响实践教学质量管理体系的进一步完善和发展。

## 二、非合作博弈致使实践教学质量管理协调不畅

### （一）非合作博弈及类型

博弈论是应用数学的一个分支，既是现代数学的一个新分支，也是运筹学的一个重要学科。1944 年，冯·诺依曼和摩根斯坦合著的《博弈论与经济行为》将二人博弈推广到多人博弈结构并将博弈论系统地应用于经济领域，从而奠定了这一学科的基础和理论体系[②]。该理论指出，博弈的核心要素主要包括局中人、策略、得失、次序以及均衡五个方面。局中人是指在一场竞赛或

---

① 李湘健，陈晓猛.关于实践教学质量保障体系的研究 [J]. 江苏高教 ,2008(6):84-85.
② 尚宇红.博弈论前史研究 [D]. 西安：西北大学 ,2003.

博弈中，每一个有决策权的参与者；策略是指局中人在博弈过程中所采取的行动方案；得失是指博弈的结果；次序是指博弈决策实施的先后顺序；均衡是指通过博弈最终达到的相对稳定的结果。

根据博弈的结果，可以将非合作博弈分为负和博弈和零和博弈。负和博弈是指双方冲突和斗争两败俱伤，即博弈结果的总和为负数。它既包括一种两败俱伤的情况，博弈双方均有损失；也包括"胜者"取得的利益小于"败者"承受的损失的博弈。零和博弈是指一方收益必然意味着另一方损失，博弈各方的收益和损失相加总和永远为"零"，双方不存在合作的可能。

### （二）实践教学质量管理中的非合作博弈及其影响

高职院校实践教学作为由校企合作企业和职业院校教务处、实训中心、二级学院、后勤处、学生处等多个组织部门协同完成的一项工作，必然涉及各个主体在其中的投入与产出问题，也涉及各个主体投入的动机、意向及策略问题，进而涉及彼此合作复杂性及多重博弈问题。按照经济人假设，人是自利的且总在追求自身效用最大化，那么在实践教学过程中，各主体定然会依据自身效用最大化决定参与或投入的程度[①]。受信息不对称影响，参与实践教学的所有主体很难对自身和其他主体的信息做出完全正确的研判，在此基础上做出的决策往往造成相互间衔接不畅，这种非主观意识的非合作博弈在一定程度上制约了实践教学各主体间的协调配合，实践教学质量管理问题频出，影响了实践教学的有效开展。

在高职院校实践教学质量管理过程中，非主观意识的非合作博弈的影响相对较弱，主观意识的非合作博弈才是造成问题的关键。即实践教学质量管理过程中的企业和职业院校内部的教务处、实训中心、二级学院、后勤处、学生处等多个主体追求自身效用最大化进行主观博弈，并非追求提升实践教学质量，存在"合成谬误"。在该博弈过程中，企业和职业院校的教务处、

---

① 刘元芳,栗红,任增元."经济人"假设与大学治理的思考[J].现代大学教育,2012(2):40-44.

实训中心、二级学院、后勤处、学生处等多个主体为局中人；为实践教学提供的支撑、保障以及计划方案等是策略；企业、职业院校内部相关主体在实践教学中获得的最终收益或损失是得失；各主体投入实践教学逻辑顺序为次序；在实践教学过程中各主体达成的合作共识性结果为均衡。

在实践教学质量管理过程中，局中人为追求自身效用最大化不会想方设法提供力所能及的支持，也不会积极主动根据实践教学实际需求及时调整既定行动方案以与其他局中人的行动方案协调配合[①]，这就是实践教学质量管理中的非合作博弈行为。比如，企业因怕影响正常生产秩序而不会轻易让学生接触最新的设备和工艺，也不会轻易选派技术骨干系统指导学生实践；学校因怕影响教学正常秩序也不会轻易让企业参与学校教学；为节约学校教学成本和管理成本，教务处、实训中心也不会轻易购置最先进的实践教学设备和工艺；实践教学指导教师缺乏主动提高自身实践教学技能和水平的动力。总之，在实践教学过程中，局中人围绕各自的投入和所得开展多重博弈，其结果是支撑实践教学所必需的实施设备、场地、课程、师资等难以满足实际需求，实践教学出现理论化、学术化倾向。该非合作博弈的结果是，企业难以招聘到实践操作技能突出的人才，高职院校难以提高人才培养质量，实践教学指导教师难以提高教学水平和技能，高职院校内部相关主体难以提高资源配置效率。可见，实践教学相关主体之间的非合作博弈，不论是负和博弈还是零和博弈都会对实践教学质量管理产生负面影响。

## 三、交易成本造成实践教学质量管理机制缺失

### （一）交易成本的内涵及特征

交易成本（transaction costs）又称交易费用，是由诺贝尔经济学奖得主科斯（Coase R H, 1937）提出的。他在《企业的性质》一文中指出，交易成本是

---

① 丁继安.构建以实践教学体系为核心的高等职业教育 [J].高等教育研究,2004(4):48-52.

在一定的社会关系中人们自愿交往、彼此合作达成交易所支付的成本，也即人—人关系成本，它与一般的生产成本(人—自然界关系成本)是对应概念。从本质上说，有人类交往互换活动，就会有交易成本，它是人类社会生活中一个不可分割的组成部分[①]。依据成本产生的路径可将交易成本分为搜寻成本、信息成本、议价成本、决策成本、监督成本和违约成本。搜寻成本主要指搜集商品信息与交易对象信息的成本，信息成本指取得交易对象信息、和交易对象进行信息交换所需的成本，议价成本指针对契约、价格、品质讨价还价的成本，决策成本指进行相关决策与签订契约所需的内部成本，监督成本指监督交易对象是否依照契约内容进行交易而产生的成本，违约成本指交易主体违约时所需付出的代价。人的有限理性、投机主义、不确定性、信息不对称性以及交易气氛等因素增加了交易成本，如图 4-10 所示。

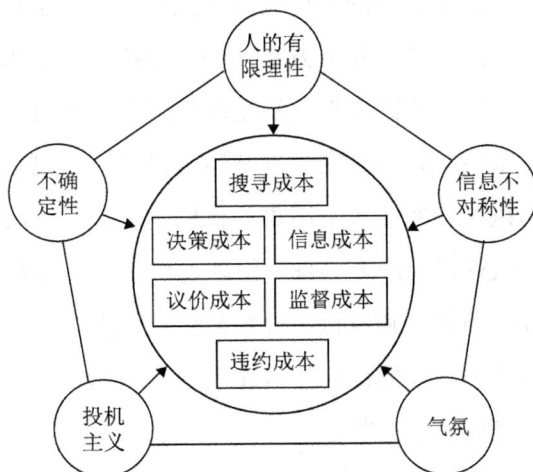

图 4-10　实践教学质量管理交易成本模型图

---

[①] 郑彬. 产业集群环境下校企合作教育的优势与发展路径——基于交易成本理论视角[J]. 高教探索,2019(11):78-83.

## （二）交易成本对实践教学质量管理的影响

实践教学质量管理相关方案标准的制定、监督、实施和反馈的过程其实就是相关利益者资源互换、彼此协作、达成共识的过程。为搜集相关信息、制定相应方案和标准均需要付出相应成本，如时间、经费、资源以及精力等。所以，实践教学质量管理方案标准的制定、监督、实施过程也存在一定的交易成本，它是影响实践教学质量管理的内生变量[①]。

如图 4-10 所示，在高职院校实践教学质量管理相关方案标准等规章制度的制定和执行过程中，人的有限理性、不确定性、信息不对称性、投机主义和气氛等因素都对实践教学质量管理产生影响和制约。人的有限理性是指参与实践教学质量管理方案标准制定和实施、监督和管理的行为人的知识、能力以及对事态发展的研判并非绝对正确或合理，而是在一定范围内的有限科学或合理，为科学合理的文件制定和执行增加一定难度。信息不对称性是指参与实践教学质量管理相关方案的制定或执行的主体所掌握的信息与真实信息之间存在差异。不确定性是指受环境因素中不可预期性和各种变化的影响，在实践教学质量管理方案标准的制定过程中难以将未来的不确定性纳入，从而为后期执行和实施带来困难。投机主义是指实践教学质量管理方案标准的制定者或执行者为追求自身效用最大化而采用的欺诈手法或"偷懒"手段，从而影响方案的制定和执行。气氛是指实践教学质量管理方案标准等文件制定和执行过程中所处的信任、合作氛围，显然，互不信任或立场对立无疑会增加文件制定和执行的难度。

按照交易成本理论，交易成本分为搜寻成本、信息成本、议价成本、决策成本、监督成本以及违约成本六大类[②]。受人的有限理性、不确定性、信息不对称性、投机主义和气氛等因素的影响，在实践教学质量管理文件的制定和执行过程中上述交易成本均存在。（1）实践教学质量管理的搜寻成本，指

---

① 陈星. 应用型高校产教融合动力研究 [D]. 重庆：西南大学,2017.

② 程培堽. 企业参与校企合作分析：交易成本范式 [J]. 职业技术教育,2014,35(34):27-32.

在实践教学质量管理文件的制定过程中，因信息资料搜集的难度较大而提高的搜寻信息的成本；（2）实践教学质量管理的信息成本，指在实践教学质量管理文件的制定过程中，为获得企业、职业院校内部主体参与实践教学的动机而付出的成本；（3）实践教学质量管理的议价成本，指在实践教学质量管理文件的制定过程中校企之间、校内各部门之间协商和讨价还价的成本；（4）实践教学质量管理的决策成本，指相关主体围绕责权利进行博弈后达成共识而发生的成本；（5）实践教学质量管理的监督成本，指对企业、高职院校内部各个体贯彻落实实践教学质量管理方案标准而产生的成本；（6）实践教学质量管理的违约成本，指相关责任主体违反实践教学质量管理制度而产生的成本。上述六种交易成本均会对实践教学质量管理方案标准的制定和执行产生负向影响，导致实践教学质量管理机制缺失，影响实践教学人才培养目标的达成。

# 第五章

# 完善高职院校实践教学质量管理的思路与建议

如第二章所言，全面质量管理具有系统性。全面质量管理的概念与传统质量管理的概念之间的最大区别在于，前者不再单纯强调产品能够在多大程度上实现生产目标与产品规格的一致性，相反，是从更"全面"的意义上对质量加以界定。全面质量管理的核心观念是不断进行质量改进，及时根据变化和顾客需要调整目标和策略，从而实现更高的质量标准和更高的顾客满意率。那么，高职院校实践教学全面质量管理则是以高职院校实践教学质量管理为中心，以调动校企全体成员和资源积极参与为基础，以培养实践操作能力突出的人才为目的，以确保所有利益相关者享有预期权益的一种管理路径。针对高职院校实践教学质量管理过程中的目标与内容问题、监控与评价问题、反馈与改进问题、保障与维护问题，以全面质量管理为理论基础建构全过程、全方位、全员参与的新时代实践教学质量管理体系是破解上述问题并切实提高实践教学质量的关键所在。如通过明晰高职院校实践教学质量管理目标定位、建构实践教学质量管理主体间合作博弈运行机制、建立完善的实践教学质量管理制度保障体系这三位一体举措建立"三全"质量管理新模式，最大限度盘活实践教学全体资源，推动实践教学质量管理良性运行进而实现高职院校更高质量的发展目标。

# 第一节　明晰高职院校实践教学质量管理目标定位

目标设定理论指出，目标本身就具有激励作用，能把人的需要转变为动机，使人们的行为朝着一定的方向努力，并将自己的行为结果与既定的目标相对照，及时进行调整和修正直至目标的实现[①]。同时，该理论指出，实践教学质量管理过程也是追求实践教学高绩效的过程，明确的目标和适当的难度是影响和制约实践教学质量的两大核心要素。所以，既让各行为主体明确实践教学质量管理目标，又确保实践教学质量管理目标难度适当，是建构新时代高职院校实践教学质量管理体系的内在诉求。

## 一、明确实践教学质量管理目标定位

当前实践教学质量管理问题的症结之一在于实践教学质量管理目标的缺失，即高职院校并未制定科学合理的实践教学质量管理目标，或者即便制定了科学合理的实践教学质量管理目标但并未进行全方位的宣传和推广，致使参与实践教学质量及其质量管理的相关主体难以把握实践教学质量管理的方向。所以，建构新时代实践教学全面质量管理体系的前提是制定科学合理的实践教学质量管理目标。

### （一）明确高职院校实践教学全面质量管理目标定位

全面质量管理强调，质量管理必须始于识别顾客的质量要求，终于顾客对他手中的产品感到满意，强调组织应当理解顾客当前和未来的需求，满足顾客要求，并争取超越顾客期望。"以顾客为关注焦点"是保证教育目标、内容和教育方法符合顾客要求的前提，是学校教育发挥培养人、为社会经济服务功能的基础。这就要求高职院校应将理解和满足学生、家长和社会等顾客

---

① 　熊莉. 高职院校学生奖学金激励有效性的研究 [D]. 南昌：江西科技师范大学，2018.

群体的需求作为首要工作来考虑，在综合平衡其他相关方的需求和期望的基础上，组织所有的教育教学活动，真正做到以学生为主体，真正培养出符合社会需要的高素质人才[①]。

推动高职院校实践教学质量管理，必须厘清该管理过程中的产品和顾客究竟是什么。教育产品即教育服务，这基本上是学者们的共识。因为学生是在教育之先就已经存在的，我们并不是通过教育创造出一个学生来，只是对学生施加了影响而已，学生是产品的载体。所以，教育的产品不是学生而是服务[②]。这种服务主要是为学生学习、实践以及操作能力提升提供一定的课程、师资、场所、设施设备等。从关系看，学生与高职院校之间属于名副其实的委托代理关系。其中，学生是委托人，通过向学校支付相应学费的方式委托学校提供必要的教育服务；学校是代理人，收取学生学费即视为接受学生委托并提供必要的教育服务。在该委托代理关系中，学生是教育服务的需求方而学校是供给方，所以，学生是教育服务产品的顾客。在劳动力市场上，学校是育人单位，也是人才的供给主体；企业是用人单位，是人才的需求主体，拥有评价和衡量学校培养人才实践操作技能水平高低的话语权。从人才供需关系看，企业是学校的顾客，每年吸纳大批毕业生进入企业就业。推动高职院校实践教学质量管理，必须严格按照全面质量管理要求始于识别学生和企业的质量诉求，并且要终于学生和企业对教育服务感到满意。

1. 明确学生对实践教学的质量要求和教育服务满意度

学生报考高职院校的目的在于通过学校提供的系列学习机会和平台获得专业性知识和技能，掌握从事某种职业必备的技术技能，为高质量就业奠定坚实的基础。按照注重实践而非理论的职业教育模式进行实践教学，确保通过实践教学切实提高实践操作能力并具备核心专业竞争力，即学生对实践教

---

① 叶萍.基于 ISO9000 族标准的高职实践教学质量管理体系研究 [J].职教论坛，2014（18）：86.

② 余涌泉.论职业教育的产品——进一步界定教育服务的内涵 [J].中国培训，2019（9）：27.

学的质量要求。所以，参与实践教学及其质量管理的所有责任主体应该明确学生的质量要求，然后才能为满足该要求提供有针对性的支持和帮助，才能形成集中优势资源开展实践教学的合力。否则，参与实践教学及其质量管理的所有责任主体因为对学生质量要求了解存在偏差而难以形成明显合力，最终影响人才培养质量。

学生对教育服务的满意度不仅是反映教育质量高低的衡量尺，也是影响学校招生、社会声誉的重要因素。强化职业院校实践教学全面质量管理，应该加强对学生关于实践教学及其质量管理的满意度调查。针对满意度较低的结果，为学校进一步改进提供依据和方向；针对满意度较高的结果，为学校在总结经验的基础上提供更高质量教育服务提供参考。通过定期的满意度调查，不断提高高职院校实践教学及其质量管理的水平和质量。最终确保学生对高职院校实践教学具有较高满意度。

2. 明确企业对实践教学的质量要求和教育服务满意度

企业作为用人单位，其对职业院校实践教学的质量要求是培养具有一定实践操作技能且满足企业生产需要的高素质人才。高职院校只有明确企业的实践教学质量要求，才能有针对性地开设相应的课程、提供必要的设施设备和场地，才能积极主动地为实现人才培养目标强化校企合作、产教融合。因为单纯依靠职业院校难以让学生切实掌握最先进设施设备的使用方法、最新工艺和技术，加强校企合作和产教融合是培养高质量技术技能人才的理性选择。高职院校也只有在明确企业对实践教学质量要求的前提下，才能将育人标准与用人标准有效对接，才能培养满足企业需要的实用型人才而非理论型人才，才能为新一轮校企合作和产教融合提供基础和平台。

企业作为高职院校的顾客，是吸纳和接收学生就业的核心主体，对毕业生的实际操作能力和水平最具发言权。其对教育服务的满意度是反映高职院校实践教学质量高低的重要指标，也是影响和制约高职院校能否更高质量发展的关键。所以，高职院校在实践教学质量管理过程中，要定期对企业尤其是校企合作企业进行实践教学方面的满意度调查。通过不断完善实践教学及其质量管理模式助推高职院校实践教学，不断提高人才培养质量，最终确保企业对实践教学保持较高的满意度。

### （二）全员参与制定科学合理的实践教学质量管理目标

全面质量管理强调全员管理，即把质量控制工作落实到每一名员工，让每一名员工都关心产品质量。在高职院校实践教学质量管理过程中，全员管理是实践教学所有环节涉及的成员都应该对实践教学质量进行严格把控，都应该关心实践教学质量，而且要全员参与制定科学合理的实践教学质量管理目标。只有这样，才能确保全员了解质量管理目标并在工作中为实现该目标而给予有力支持和严格质量控制或把关，才能形成优势资源共建共享和明显合力，才能推动实践教学高质量运行和发展。

《国家职业教育改革实施方案》指出，新时代我国职业教育的总体要求和目标是着力培养高素质劳动者和技术技能人才。围绕该总体要求和目标，高职院校应该根据自身基础、特色和优势制定契合实际的实践教学质量管理目标；同时按照育人标准与用人标准有机衔接的方式，实现课程内容与职业标准对接、教学过程与生产过程对接。基于实践教学及其质量管理主体的多元性和过程的复杂性，科学合理且契合学校实际的管理目标必须由所有利益相关者参与制定和执行。所以，高职院校实践教学质量管理目标的制定不能仅仅依靠职业院校，必须邀请行业企业相关主体积极加入和深度参与，提高实践教学质量管理目标设定及其实施的用人标准。同时，高职院校应成立由教务处、实训中心、二级学院相关责任人以及实践专业指导教师、教授专家、学生以及家长组成的实践教学质量管理制定小组，联合行业企业相关主体共同研究制定既立足学校基础、凸显学校特色又满足企业发展需求的科学合理的实践教学质量管理目标。从而为高职院校更高质量的发展和高素质劳动者和技术技能人才培养提供明确的目标导向。

### （三）营造追求实践教学质量管理目标的文化氛围

所谓"文化"，是人们在一定时期和一定区域内所形成的生活方式、行为方式等；也即一种习惯的生活方式和精神价值乃至集体意识。由于宣传力度较低或不到位，当前高职院校并未形成追求实践教学质量管理的良好文化氛围。表现为上至高职院校中高层领导，中至专业教师，下至学生，均对实践教学质量管理目标定位缺乏清晰的认识，从而造成高职院校及其相关组织部门难以制定科学合理的实践教学质量管理方案、实施标准以及质量监督、考核管理体系，最终影响和制约实践教学质量管理活动的有效开展。

按照全面质量管理理论，高职院校实践教学全面质量管理的运行模式是为提高人才培养质量而实现的人、机器、信息的协调发展与共建共享。所以，应加大实践教学质量管理目标定位的宣传，在学校和合作企业中形成明晰实践教学质量管理内涵、了解实践教学质量管理标准、掌握实践教学质量管理目标的良好文化氛围；让每一个参与实践教学质量管理的行为人都明确自身的责任和义务，都通晓应该在哪些方面为实践教学质量管理提供最大限度的支持；最终将积极参与实践教学质量管理作为每一个行为主体的行动自觉而不是外在的约束或形式。该氛围的形成也为实践教学全面质量管理提供了良好的基础和空间，具有良好基础的全面质量管理又能助推良好氛围的形成；彼此之间围绕高质量的实践教学形成良性互动和循环。

## 二、提高实践教学质量管理目标的可操作性

按照目标设定理论，难度过大或过小的目标定位都难以激发主体的工作动力。所以，实践教学质量管理目标的设定要坚持适度原则。首先是要依据学校自身基础和特色制定符合学校实际的难度适中的实践教学质量管理目标定位；其次是要使该目标定位具有较强的可操作性，即让参与主体对实践教学质量管理的实施过程、实施标准、实施方式等要求了然于心。

### （一）明确实践教学质量管理目标实施细则

为明晰高职院校实践教学质量管理目标定位，需要进一步将实践教学质量管理目标细化成可操作的实施细则。实践教学质量管理目标，主要分为宏观和微观两个方面。宏观目标指的是教学的整体走向，微观目标则是对每一阶段需要完成的工作进行的计划安排。因此，学校对实践教学活动建立目标实施细则需要包括总体目标和阶段目标两个大类。首先，总体目标要根据国家政策文件对高职院校实践教学的要求和学校对专业发展的计划来制定，例如培养什么样的人，建立什么样的课程，需要达到什么样的教学效果。然后可以根据需要将阶段目标分层，例如用"三段式"目标分类法，将实践教学的整个过程分为准备期、实施期、效果期。准备期的目标则是制定教学计划、策划教学方案、设立教学质量管理条例、组织实践教学动员大会等。实施期目标则以不定期抽查教学记录、期中考核、阶段性总结为主要内容。后期目标将考核评价、构建跟踪反馈机制、设立1—3—5年实践教学成果展示框架等纳入到细则中去，如表5-1所示。

表5-1　实践教学目标实施细则

| 阶段 | 内容 | 目的 |
| --- | --- | --- |
| 准备期 | 1.确立教学目标；<br>2.制定教学计划；<br>3.策划教学方案；<br>4.设立教学质量管理条例；<br>5.准备实践教学质量管理文件；<br>6.分配教学及管理任务；<br>7.考察实践教学基地；<br>8.组织实践教学动员大会 | 1.确保实践教学工作顺利开展；<br>2.为实践教学整体过程设置基本流程 |
| 实施期 | 1.不定期抽查实践教学记录；<br>2.师生阶段性总结；<br>3.实践教学期中考核 | 1.通过教学记录和阶段性总结发现教学和管理问题，并及时予以纠正，以保证后续阶段的教学质量；<br>2.用考核的方式对实践教学的过程进行监督，并给予阶段性评价 |

| 阶段 | 内容 | 目的 |
|------|------|------|
| 效果期 | 1.实践教学期末考核评价；<br>2.构建教学跟踪反馈机制；<br>3.设立1—3—5年实践教学成果展示框架 | 1.将实践教学质量管理从校内延伸到校外；<br>2.运用实践教学成果对现有的教学质量管理进行修订和完善 |

### （二）编制实践教学质量管理实施手册

实践教学质量管理目标是一个层次分明、结构合理的目标群，而且这些目标要做到既能分解又具体。因此，实践教学质量管理目标往往通过系列文件分解到具体的工作项目中去。为提高实践教学质量管理目标的可操作性，不仅需要制定高职院校实践教学质量管理手册，而且需要制定实践教学程序文件和实践教学质量记录文件。

1.制定高职院校实践教学质量管理手册

质量管理手册是"阐明一个组织的质量方针并描述其质量体系的文件"，其主要内容包括：对质量方针的阐述；与质量有关的组织结构；影响质量的管理、执行、验证或评审工作的人员职责、权限和相互关系；质量体系要素的描述；手册本身的管理办法等[1]。高职院校向学校内部和外部提供的关于教学质量管理信息的相关文件，均可以成为实践教学质量管理手册的组成部分，从实际操作的角度来讲，主要根据学校选择的实践教学质量管理方案来进行编制。例如，D学校就将实践教学质量管理手册的构成要素分为前期、中期、后期三个部分。实践教学质量管理手册前期部分，以生源分析、按专业制定教学计划和大纲、明确教学管理职责等方面为主要内容。中期部分涉及的是整个实践教学的核心操作环节，包括质量体系的建立、调控及管理，教学过程的监督与控制，教学质量的考核与评价，教学设施设备的维护与管理，突发情况的预判与处理等内容。后期部分需要以考核评价、继续教育、跟踪调

---

① 叶萍.基于ISO9000族标准的高职实践教学质量管理体系研究[J].职教论坛，2014（18）：88.

查与收集反馈信息等内容为载体，对整个实践教学质量管理过程进行综合指导和约束。

2. 制定高职院校实践教学程序文件

程序文件，是指把为完成某项质量活动而规定的顺序、内容和方法写成书面材料并正式颁布而形成的文件；主要针对各个职能部门的活动，是质量手册的支持性文件，又受到工作文件的支持，起到承上启下的作用[1]。实践教学程序文件即学校对实践教学活动进行规定的途径，而一般情况下，实践教学的各项程序都会以书面文字的形式呈现出来，相当于是管理手册的具体版本和操作指南。与课堂教学有所不同的是，实践教学需要学校、老师、学生走出课本，走出学校，将理论运用于实践，甚至是直接面对社会中最新的工作或职位，因此，实践教学显得更为复杂，也更加需要程序文件对活动的展开做出规定。从另一个层面来说，程序文件会对管理手册中所涉及的环节给予详细指导，并对各职能部门的权责、工作流程予以明晰。与此同时，程序文件对于实践教学的开展起着规范化的作用，因此一般应该写明实践教学的目的、内容、参与者与对象、教学时间及地点以及如何进行教学，甚至对如何使用教学材料、设备等都会做出详细的规定，例如规定实践教学校内与校外实训管理办法，学生参与实践学习的考评办法等。

3. 制定高职院校实践教学质量记录文件

这既是一项贯穿整个实践教学过程的文件，也是一项对教学质量的总结性观察文件，简单来讲，它真实地记录已完成的实践教学活动或者实践教学已达到的成果，所有的材料都是对实践教学的客观陈述。这样做有利于高职院校掌握实践教学过程中各个部分的运行情况，并以此为参照对实践教学质量进行综合评定，以避免学校在管理时仅凭主观判断或刻板印象对实践教学的效果予以决断。因此，高职院校实践教学质量记录文件应当由学校统一

---

[1]　叶萍. 基于 ISO9000 族标准的高职实践教学质量管理体系研究 [J]. 职教论坛，2014（18）：88.

制定标准，根据学院的实际情况对参与实践教学的专业进行记录、标识和保存，以便于随时检查。通过调查研究，我们认为目前看来较为全面、系统的实践教学质量记录文件应当包含的内容主要有：学生实践课程考试和考查成绩登记表，实验、实习看（听）课评价记录，实习、毕业论文（设计）指导质量问卷调查，实验、实习教学质量检查记录，专业实习工作总结，实验、实习、毕业设计（论文）教学质量评价记录等。当然，在实际操作过程中，高职院校可以根据院校、专业特点对记录的内容进行增加或减少。

无论是手册还是文件，其最终落脚点都是要建立行之有效的实践教学目标，让高职院校实践教学质量管理有章可循，从制度到程序再到总结反馈都能有一条明确的管理线索。总之，明确的目标需要有完善的管理制度作为支撑，而管理制度的完善则有赖于一系列文件来细化，而实践教学质量管理目标的呈现，则正需要我们对这些制度和文件进行现代化的解读和细致化的完善。

## 第二节　建构实践教学质量管理主体间合作博弈运行机制

全面质量管理理论指出，全面质量管理是以质量管理为中心，以全员参与为基础，以使组织达到长期成功的一种管理模式。调动全员参与的积极性和主动性则是实现质量管理目标的前提和保障。所以，推动高职院校实践教学及其质量管理的有效运行必须打破非合作博弈困境，建立实现各主体优势资源共享的合作博弈运行模式。所谓合作博弈，亦称为正和博弈，是指博弈双方通过合作的方式使双方的利益都有所增加，或者至少是一方的利益增加，而另一方的利益不受损害，因而整个社会的利益有所增加①。从第四章的分析可以看出，非合作博弈是导致当前我国高职院校实践教学质量管理问题

---

① 王德彬，黄瑾，陈夏．我国民间借贷三方策略的探讨——合作博弈理论的视角 [J]．时代金融，2012（6）：180-181，183．

产生的重要原因。为此，厘清全面质量管理中的合作博弈逻辑、规避相关主体间的非合作博弈并建立彼此协调、联动共生的合作博弈运行机制是建构新时代高职院校实践教学质量管理体系的重要组成部分。

## 一、推动实践教学质量管理主体间合作博弈

从主体间的合作机制和运行方式看，合作博弈强调的是团体理性，追求的是效率、公平、公正。实现合作博弈需要满足两个基本条件：一是对联盟来说，整体收益大于其每个成员单独经营时的收益之和；二是对联盟内部而言，应存在具有帕累托改进性质的分配规则，即每个成员都能获得比不加入联盟时多一些的收益[1]。为确保团队合作的公平、公正，尤其是增加彼此收益，合作博弈隐含的前提是建立彼此遵守的责权利对等的游戏规则。

### （一）全面质量管理中的合作博弈逻辑

全面质量管理追求的是全过程和全企业的全面管理，它不仅要求对产品生产过程进行全面控制，而且要求企业所属各单位、各部门都要参与质量管理工作，共同对产品质量负责，在生产的每一个环节、每一个阶段都着力控制产品质量，确保本组织所有者、员工、供方、合作伙伴或社会等相关方受益。高职院校实践教学质量管理过程，也是追求各责任主体责权利对等的过程。只有相关责任主体之间积极合作才能为实践教学及其质量管理提供必要的支持和保障；全面质量管理遵循的是合作博弈逻辑体系。

#### 1. 全过程管理的合作博弈逻辑

全面质量管理要求对产品生产过程进行全面控制，包括生产的每一个环节、每一个阶段。高职院校实践教学质量管理过程，是确保高职院校提供高质量的实践教学这一产品服务的过程。该过程涉及多个环节、多个阶段。按照全面质量管理理念，应该对该过程进行全过程的质量管理，让每一个环

---

① 王德彬，黄瑾，陈夏. 我国民间借贷三方策略的探讨——合作博弈理论的视角 [J]. 时代金融，2012（6）：180-181，183.

节、每一个阶段围绕质量管理目标形成彼此协调、联动共生的合作博弈模式。一方面，确保每一个环节都为实现预期目标而提供必要的支持；另一方面，确保每一个环节都要依据其他环节的战略调整或完善而进行及时跟进，让整个环节链条形成彼此协调发展、相互促进、相辅相成的利益共同体。通过该合作博弈模式，最大限度提高实践教学服务的水平和质量，为高质量实践操作型人才培养奠定基础。

2.全部门管理的合作博弈逻辑

全企业管理是全面质量管理的显著特征。它强调质量管理工作不局限于质量管理部门，要求企业所属各单位、各部门都要参与质量管理工作，共同对产品质量负责。按照该原则，高职院校实践教学质量管理也应突出全企业管理理念，即全部门管理。高职院校实践教学不仅涉及院校合作企业，也涉及职业院校自身；不仅涉及职业院校实践教学质量管理部门（一般为教务处），也涉及二级学院、科研处、学生处、后勤处等部门。所以，参与实践教学质量管理的部门既包括教务处，也包括企业、二级学院、科研处、学生处、后勤处等部门，并且每一个部门都要为产品质量即实践教学服务质量负责。其一，全部门共同参与实践教学质量管理相关方案和文件的制定与执行，确保方案和文件的可行性与合理性；其二，全部门共同参与实践教学质量的检测、评估与考核，确保检测、评估与考核结果的科学性与合理性；其三，全部门共同参与各责任主体对实践教学的投入的监督与检查，确保每一个责任主体具有投入的外在压力。在该管理过程中，各部门只有围绕实践教学服务质量形成彼此协调、协同发展的合作博弈，才能有效推动实践教学质量管理活动的有效开展，也才能达到预期目的。

**（二）建立责权利对等的主体间合作框架协议**

受传统观念和旧体制的影响，高校官本位思想比较严重，质量管理的推行往往依靠强制的力量，实行层级管理体制。管理就是对员工的监督和控制，教职工缺乏工作主动性和积极性；高校内部管理部门臃肿，各自为政，缺乏有效的沟通和协调；质量管理理念和管理职责不明确，质量管理只依靠教务部门去推行，无法形成管理的合力和协作，管理力量单薄[1]。高等院校质量管理的最大困境是责权利不对等问题。在高职院校实践教学质量管理过程中，学校与企业责任主体之间的责权利不对等问题同样存在。这种责权利不对等问题最终导致在实践教学质量管理过程中出现校企之间、学校内部各部门及主体偷懒、搭便车等非合作博弈现象。所以，要推动高职院校实践教学质量管理有效运行就必须明确彼此之间的责权利，同时确保参与实践教学质量管理的收益大于投入，为彼此之间的合作博弈打造良好的平台，提供足够的空间。一方面对以营利为目的的企业而言，会为追求自身效用最大化而积极参与和投入实践教学质量管理；另一方面对高职院校而言，也会从提高人才培养质量角度出发而积极参与实践教学质量管理；第三方面对高职院校各部门及其相关主体而言，也会从学校发展带动自身发展的角度出发积极参与实践教学质量管理而不是偷懒或搭便车。在这种责权利对等框架协议的引导和支配下，行业、企业、高职院校及其相关部门和主体都会积极主动参与到实践教学质量管理中并为其提供相应的人力、物力或财力支持，进而推动各主体围绕实践教学质量管理目标形成彼此协调、联动共生的合作博弈氛围。

### （三）明确职责分配以激发合作博弈行为

职责，是指任职者为履行一定的组织职能或完成工作使命所负责的范围和承担的一系列工作任务，以及完成这些工作任务所需承担的相应责任。[2]合理的职责分配是激发任职者工作激情和动力、规范任职者行为的前提和保障。我们在调研中和 D、Z、X 学校负责人都探讨过一个问题，即如何对实践教学过程管理进行职责划分，有没有什么固定的依据或标准。他们认为，实践教学过程质量管理首先应当整理清楚所有环节、所有管理的职责分配，当今世界上先进而成熟的管理模式有很多，而无论使用什么形式的管理框架，

---

① 唐大光. 高校教育质量管理模式的创新 [J]. 教育评论，2014（9）：22.
② 冷寒. 重庆市江北区道路运输管理机构职能调整研究 [D]. 重庆：重庆大学，2016.

第一步要考虑到的必然是职能的交叉。因此，本研究认为，高职院校在进行职责分配时应当明确各项工作的归口管理和分工协调，设计过程管理的组织结构。但由于实践教学涉及的部门众多，部分高职院校不仅有校内教学，还会有校外实训，所以我们在设计过程管理的组织结构时，应当考虑如何确保结构中不同机构、部门的职责和权限分解得完全到位，以避免组织内部互相推诿责任的情况。

从管理学角度看，实践教学的过程质量管理可以采取企业中常用的"直线—职能"式的管理方法，以利于责任明确及命令统一。高职院校可以在已有的行政管理范畴之外，针对各学院不同的实践教学设置三大主要教学机构，即教学管理与发展部、质量监督与检查部、物资设备供应部，如图5-1所示。教学管理与发展部由资深学科专家、专业教师和校外实践基地负责人组成，主要负责实践教学过程的相关管理规章制度的设定，探讨实践教学工作的发展方向，设计、修改和完善实践教学课程。质量监督与检查部由任课教师、学院的行政分管人员及专业的质量监督与检查人员组成，主要负责对实践教学过程和结果的质量评估。物资设备供应部的组成人员相对而言可以不受专业的限制，但最好是由有相关专业知识的人员参与，以提高工作效率，这一部门主要负责实践教学设备和仪器的维护、保养、检修、采购和保管，并对使用情况做好记录，以备质量监督与检查部随时核查。

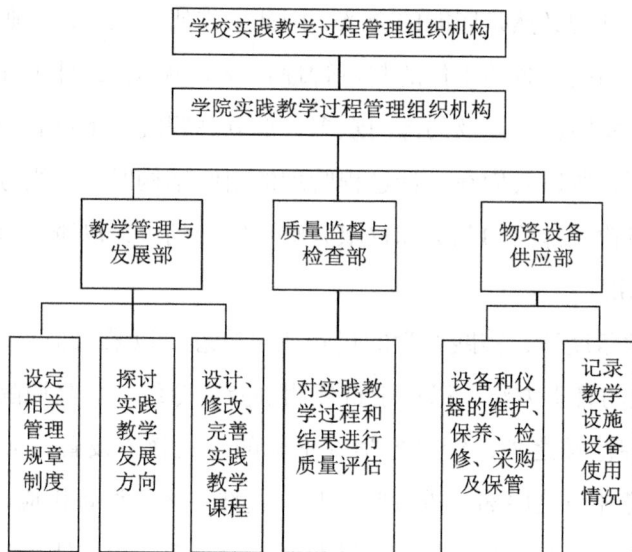

图 5-1　实践教学过程质量管理职责分配

当然，"直线—职能"式的过程管理模式并不是要将各个部门完全割裂开来，而是要在明确职责的前提下，用这样的方式保证实践教学各项工作能够有序地上传下达、互通有无，让各种信息在部门与环节之间得到及时的沟通和交流。这也为相关主体之间的合作博弈奠定了基础，提供了平台和依据。

## 二、实现实践教学相关主体资源联动共生

联动，原意是指若干个相关联的事物，一个运动或变化时，其他的也跟着运动或变化，即联合行动[①]。共生是指两种不同生物之间所形成的紧密互利关系。在共生关系中，一方为另一方提供有利于生存的帮助，同时也获得对方的帮助[②]。联动共生是指若干个相关联的事物之间形成的彼此影响、互利共

---

①　马杰，张俊平，邓子胜."分权制衡、协同联动"的高职院校内部治理改革与实践 [J].职业技术教育 ,2019,40(5):11-15.
②　李超锋.基于共生理论的校企命运共同体构建研究 [J].实验技术与管理 ,2020,37(1):235-237.

赢的关系模式。对于高职院校实践教学质量管理而言，足够的且配置合理的人力、物力和财力资源是确保实践教学顺利进行进而实现质量管理目标的必要保障。所以，调动实践教学质量管理相关责任主体参与的积极性和主动性并形成高效的资源联动机制以提高资源配置效率是建构新时代实践教学质量管理体系的关键。

### （一）实现人力和物力资源的合作博弈

全面质量管理尤为强调顾客对产品的满意度，并且将指导人、机器、信息协调发展来实现预期目标。在高职院校实践教学质量管理过程中，充分实现人力、物力、信息等资源的有机协调与合作博弈是提高实践教学质量的根本保障。在众多资源中，人力资源是高职院校的核心资源，是实践教学过程的主要力量。从授课到管理，主要涵盖了专业教师团队和管理人员团队两个部分。其中专业教师团队是关键，因为他们直接与学生接触，面对的也是实践教学中最新的设施设备，对教材和专业的理解都有更为丰富的经验。而管理人员团队既要承担决策者的身份，又要担当服务者的角色，在实践教学过程中起着至关重要的纽带作用。所以，高职院校在师资选拔方面就要做好充分的准备，根据专业要求聘请不同类型的老师，正如我们根据已有的经验聘请行业专家、教学经验丰富的教授、实践操作技能过硬的技术熟手来担任实践教学的教师。对教师团队应做出严格的要求，主要包括对新进教师学历及专业、工作技能和实践经验的要求，对新教师和在职教师进行定期培训的要求这两个方面。然后，学校应当根据教师在实践教学过程中的实际表现，对教师给予客观公正的评定，通过类似于企业工作考核的方式对教师能力与岗位符合程度的差距进行汇总，同时采取及时输送教师参与同期实践锻炼，不断学习新的实践教学及管理方法，以缩小这些差距，提高教师团队和管理团队的实际操作能力，以实现校内和校外教学的合作共赢。此外，学校制定相关规则制度，鼓励各种类型教师积极参与实践教学及其质量管理过程，鼓励教师按照专业特色、能力特色等类型组建各种实践教学和管理团队，通过彼此之间的通力合作共同打造实力型教学和管理团队。在该团队中，彼此之间相互提携、相互帮助、相互督促、相互监督，而不是相互排斥、相互拆台，最终通过人力资源的合作博弈共同支撑实践教学的高质量发展。

实践设施是高职院校实践教学过程质量管理的硬件保障，是物质方面的必需品，涵盖了容纳教学的场所设施、教学需要的仪器和设备、相关多媒体及移动通信和网络设备等。这一部分需要由我们之前在职责分配中设置的相关部门进行统筹，也就是由物资设备供应部门根据教学管理与发展部门拟定出来的需求计划，对设施设备进行购买和完善，同时也要根据实践教学对设备的使用要求进行日常维护和保养，及时检修，及时更新换代，并对设施设备的使用情况进行专门的记录，以保证实践教学整个过程的正常运转。与此同时，设施设备、仪器、场地作为实践教学的关键保障也应做到彼此协调、联动共生；单方面的设施设备、仪器或场地无论多么先进和高端，如果缺乏其他硬件的积极配合都难以发挥应有的效能。所以，按照全面质量管理要求，必须加强设施设备、仪器、场地等实践设施之间的协调与配合，通过优化资源配置为实践教学高质量发展提供物质保障。

### （二）打造合作博弈的氛围

教学工作环境资源对于教师、学生、学校而言都是非常重要的支持性条件，既包括硬件的完善也包括软件的充实。所谓硬件，是指实践教学过程所需的教学环境，例如航空航天、教师教育、汽修制造等专业必须在接近真实的环境里进行教学，越真实的工作流程和工作氛围，越能够让学生身临其境地感受专业中所蕴含的职业精神。而软件方面则主要指学校所营造的实践教学文化，让学生感受到学校对实践教学的重视，对专业塑造的重视，从而引导学生形成对所学专业的自豪感，促进学生在实践教学的过程中主动参与、自主钻研，打破传统的授受关系，创造良好的师生互动氛围（见图5-2）。

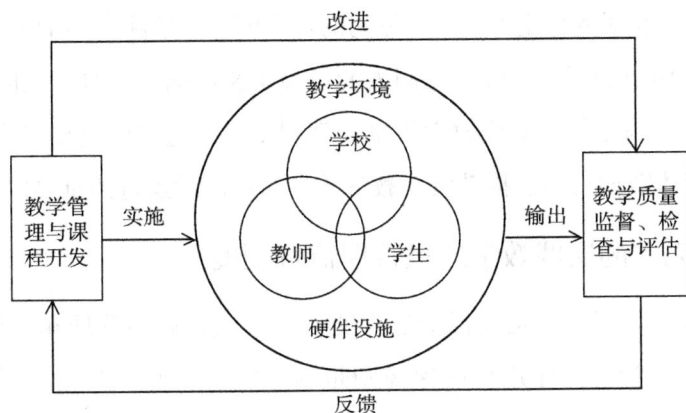

图 5-2　实践教学实施过程

　　正如我们此前所说，实践教学是一个全员参与的过程，学生是重要主体，所以当我们在思考实践教学过程质量管理时，还是应该回归到"人"的角度，首先关注学生的需求，因为他们才是要将在实践中学到的知识运用到社会中去的主要力量，所以，保证管理工作的规范性、实践教学环境的真实性对于学生的成长和学校实践教学工作的改进都起着至关重要的作用。

## 第三节　建立完善的实践教学质量管理制度保障体系

　　全面质量管理是以产品质量为核心，建立起一套科学、严密、高效的质量体系，以提供满足用户需要的产品或服务的全部活动。按照该内涵，全面质量管理得以有效运行的前提是科学、严谨、高效的质量管理体系，即制度。新制度经济学认为，制度是在一定历史条件下满足人类社会生活需要的行为模式或社会规范体系。一定的制度框架作为行为人责权利的明确划分和强制规范，使每一个行为人的目的、手段及与之伴随的后果之间具有客观的因果关系，因此每个行为人的行为不仅具有最大程度的可预知性、可计算性，而且具有相对的稳定性，给主体间的合作创造了条件[①]。有效的制度不仅可以降低市场中的不确定性、抑制人的机会主义倾向，而且可以降低交易成本。所以，建构完善的实践教学质量管理制度是规避高职院校实践教学质量管理相关主体败德行为、推动实践教学质量管理高效运行的重要保障。

## 一、建立完善的实践教学质量管理监督制度

全面质量管理，就是进行全过程的管理、全企业的管理和全员的管理。确保全面质量管理有序进行的保障则是制定完善的监督制度，即建立每一个责任主体共同遵守的游戏规则。高职院校实践教学质量管理同样需要建立完善的监督制度以规范和约束相关责任主体行为，确保实践教学人才培养目标的达成。在高职院校实践教学质量管理过程中，主要通过实践教学质量管理手册、程序文件等方式和手段引导相关责任主体积极参与并提供必要的投入。基于经济人假设以及人的道德风险，在缺乏必要约束或激励的背景下难以有效规范相关责任主体参与实践教学质量管理的行为，以致实践教学质量管理问题层出不穷。按照新制度经济学理论，建构完善的监督制度，明确相关责任人的岗位职责及其奖惩措施，是调动各主体参与实践教学质量管理的有力保障。

### （一）建立权责制度明确各主体责权利

责就是应当担负的责任，是职务上所对应的应承担的义务，是分内应做的事情。权就是权力，是个人职责范围内的支配力量，是国家行政体制与行业业务运行中所赋予特定人（单位）的支配力量。利是利益，也就是得到的好处，利益有物质的也有精神的。责权利是相辅相成、相互制约、相互作用的。一般都说责权利要对等，才能调动积极性，也就是说负有什么样的责任，就应该具有相应的权利，同时应该取得相对称的利益[②]。高职院校实践教

---

① 卢现祥.新制度经济学[M].武汉：武汉大学出版社，2013：169.
② 张凌志.责权利的传统意识、现代视角及在管理工作中的应用[J].领导科学,2019(12):57-60.

学质量管理涉及校企双方多个部门、多个主体，难以通过行动自觉的方式完成彼此协作。特别是在没有规章制度明确规定的情况下，作为理性经济人的主体难免出现偷懒、搭便车等不作为现象。尤其是现行的管理手册、程序文件等均不具备约束力，无法有效规范各主体的行为。所以，推动高职院校实践教学质量管理高效运行，必须建构完善的质量管理制度，明确各主体之间的责权利；并通过清晰认定各个主体在实践教学质量管理过程中的权责，有效防止"反公地悲剧"现象的发生。

高职院校与企业应该建立切实有效的实践教学质量管理规章制度，明确并细化各个主体的责权利。如明确参与校企合作的企业在实践教学质量管理过程中每一个环节应该在哪些方面提供哪些支持和投入；明确高职院校相关部门在该过程中每一个环节在哪些方面提供哪些支持和投入；并且做到责权利的细化、量化，为后期的质量管理检测提供标准和依据。

从一定程度上说，该规章制度是相关主体参与实践教学质量管理的契约。通过该制度，企业、高职院校各个部门及其主体清晰认识到在实践教学质量管理过程中所应承担的责任和义务；同时也认识到其他相关主体承担的责任和义务。一方面为各个主体的投入提供方向和标准，确保有的放矢；另一方面让各个主体对彼此之间的权责有清晰的认识和了解，为彼此之间的监督提供依据和参照。

### （二）建立奖惩制度规范主体行为

制度规定人们能做什么，不能做什么，该怎样做，不该怎样做，也就等于告诉了人们关于行动的信息。借助制度提供的信息，人们可以确定自己的行动，只要自己的行动是符合规则的，一般来说，他的行动就能达到目的。[①]
正是因为当前高职院校实践教学质量管理尚未建立完善的监督制度以对相关主体施以严格奖励或惩罚，最终导致相关主体为追求自身效用最大化，并不

---

① 卢现祥. 新制度经济学 [M]. 武汉：武汉大学出版社，2013：170.

愿意全力以赴投入实践教学质量管理而是出现搭便车的机会主义倾向。即便有所谓的实践教学质量管理手册、程序文件，但因起不到威慑和规避效果而难以规范责任主体行为。

### 1.建立奖励制度激活责任主体内在动力

奖励即正向激励，是对人的行为进行正面强化，使人以一种愉快的心情继续其行为，并进一步调动其积极性。若要激发责任主体参与实践教学质量管理的积极性和主动性，必须建构完善的奖励制度，确保积极参与者能够获得不低于投入的收益。依据经济人追求效用最大化假设，该奖励制度将成为激活责任主体内在动力的核心因子。如明确规定企业按合作框架要求参与实践教学质量管理并取得一定成效，高职院校或地方政府可以根据成效价值大小为其提供不同级别的奖励或权利，确保企业有利可图。高职院校将按权责要求参与实践教学质量管理作为对校内相关部门和组织进行年度考核的重要指标，对取得一定成效者，按照成效价值给予不同等级的奖励；同时，对参与实践教学质量管理的责任主体根据参与程度、努力程度、取得的成效等进行不同等级的奖励，对成效显著者在职称评审、职级晋升、评优等方面给予优先照顾。

### 2.建立惩罚制度规避责任主体败德风险

惩罚制度即负向激励，是对人的行为进行负方向的强化，采用批评、责怪、处罚等强制性、威胁性的方式杜绝某类行为的发生。基于信息的不对称性和人的自利性，单纯的正向激励难以有效调动责任主体的积极性和主动性，必须建立严格的惩罚制度即负向激励，逆向约束败德行为。所以，提高高职院校实践教学质量管理的运行质量和效率迫切需要建构完善的惩罚制度或负向激励措施规避责任主体败德风险。如明确规定不按照合作框架要求积极参与实践教学质量管理的企业，应该受到一定程度的惩罚或约束；不按要求参与实践教学质量管理的校内各部门，年度考核视为不合格；不按要求参与实践教学质量管理的责任主体，在年度考核、评优、职级晋升、职称评审等方面将受到一定影响。通过该惩罚制度倒逼相关责任主体积极参与实践教学质量管理而不是发生败德行为。

## 二、建立完善的实践教学质量管理评价考核制度

针对实践教学质量管理评价考核机制的缺失，建构凸显实践操作技术技能人才培养的评价标准是推动高职院校实践教学质量管理高效运行的保障。不仅要明确实践教学质量管理评价标准，而且要建立完善的实践教学考核评价机制，确保各责任主体参与实践教学质量管理的力度和效度。

### （一）明确实践教学质量管理评价标准

评价标准是指人们在评价活动中应用于对象的价值尺度和界限。评价标准是评价活动方案的核心部分，是人们价值认识的反映，它表明人们重视什么、忽视什么，具有引导被评价者向何处努力的作用[①]。高职院校实践教学质量管理评价标准则是指对相关责任主体在实践教学质量管理过程中为培养高素质劳动者和技术技能人才而给予的人力、物力和财力等方面投入的指标或界限。该标准不仅是衡量相关责任主体投入力度、投入效度的重要指标，也是引导相关责任主体积极参与实践教学质量管理的价值追求。当前实践教学质量管理虽然制定了相关实施手册，但未细化为可以用于评价的标准，从而造成实践教学质量管理因评价标准的缺失而出现参与投入目标的偏差。如沿用理论教学的考核评价方式对高职院校的实践教学工作进行评价；侧重出勤率、实习报告、平时成绩折算等方式的评价而忽视对各责任主体参与的力度、效度以及学生实践操作技能的评价，最终影响实践教学质量管理目标的有效实现。所以，推动高职院校实践教学质量管理的高效运行必须建构凸显实践操作技术技能人才培养的评价标准。

---

① 吴静.高职人才培养质量社会评价的必要性及建议 [J].北京工业职业技术学院学报，2012（3）:67-69.

1. 建立致力于学生实践操作技能培养的评价标准

提高学生的实践操作技能是高职院校实践教学质量管理的出发点和归宿，集中各责任主体优势资源致力于参与实践教学质量管理最大限度提高人才培养质量是时代赋予的历史使命。所以，实践教学质量管理必须建构致力于学生实践操作技能培养的评价标准。一是积极引导各责任主体集中优势资源参与实践教学质量管理并形成明显合力；二是对实践教学质量管理了解偏差或投入偏差的责任主体进行及时纠正和预警，确保各种资源投入的有效性和针对性。

2. 建立衡量责任主体投入力度大小的评价标准

现行的实践教学质量管理只是引导企业、高职院校相关部门及其责任主体进行积极投入，没有明确投入的标准和尺度。这为具有机会主义倾向的责任主体提供了偷懒或搭便车的空间和可能，从而影响和制约高职院校实践教学质量管理目标的达成。所以，推动实践教学质量管理的有效开展，必须建构完善的且能衡量责任主体投入力度大小的评价标准，规范各责任主体投入的实际成效。该评价标准不仅可以让各责任主体明确自身的投入范围、投入力度，而且可以对各责任主体的投入力度、投入成效进行价值判断，以此作为奖惩的依据。

## （二）建立完善的实践教学考核评价机制

实践教学考评主要分为"教"和"学"两个系统。对"学"的考核评价主要是面向学生，而对"教"的考核评价则是面向教师、管理人员和实践基地。目前，高职院校对学生的考核评价主要有书面考核与实际操作两种方式，并对通过考评的学生颁发相应的合格证书、结业证书或者资格证书等。而"教"方面的考评则相对复杂很多。首先，高职学校应当根据实践教学目标实施细则在准备期设立的管理条例和任务分配，对教学、管理、实训及学生学情划分不同的考核标准。然后，学校对教师教学、管理团队、实践基地的考评应当建立起一套三方多维的评价体系，即先由三方进行自我评价，然后互相进行客观评价，再对所有考核评价给以综合评定。最后，再将考核评价结果作为判断本次实践教学质量管理是否有成效的依据。如图 5-3 所示。

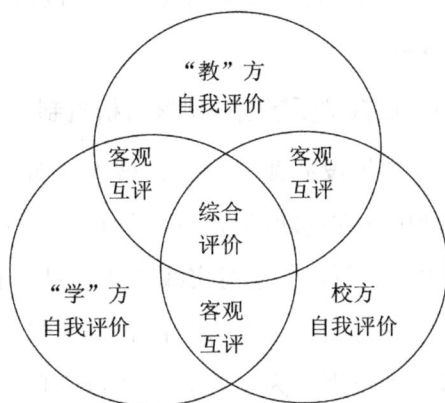

图 5-3　实践教学考评机制

从这三个方面出发，我们将"人为本"原则、全面系统原则、可持续性原则、实事求是原则和阶段性目标原则带入了高职院校实践教学质量管理的体系中，尽量做到全方位、多角度地服务实践教学活动，让"高素质劳动者和技术技能人才培养"理念贯穿始终，不仅要达到整个教学过程的质量提升，更重要的是促进所有人在参与实践教学的过程中实现成长。

## 三、建立完善的实践教学质量管理反馈和改进制度

反馈作为组织管理中常用的行为矫正和激励工具，对组织的持续健康发展具有重要价值[①]。高职院校实践教学质量管理反馈是指将实践教学质量管理最终结果及其实现过程中存在的问题返回到输入端，即返回至实践教学质量管理各责任主体，为调整投入提供决策和依据，进而影响实践教学质量管理整个系统的过程。所以，建构完善的反馈制度是加强责任主体之间信息交

---

① 林新奇，苏伟琳. 组织管理中的反馈：研究现状及管理启示 [J]. 管理现代化，2018，38（3）：123-125.

流、促进信息对称进而提高职业院校实践教学质量管理有效运行的保障。有效反馈的前提是科学测量与分析，同时需要对反馈问题进行及时改进。由此所决定，完善的实践教学质量管理反馈制度是一个包括科学测量与分析、反馈和改进在内的制度体系。

### （一）建立完善的实践教学质量管理测量分析机制

任何一个管理过程如果没有测量分析，就无法对质量管理给予客观地评价，也就无法对管理中存在的问题进行修正和完善，这也是我们为什么要进行质量管理的原因之一。所以，应对实践教学过程各个责任主体的参与现状、投入力度及其效度进行全程、全方位的科学测量并建立完善的测量机制，系统搜集有效信息和数据，为实践教学质量管理信息反馈和改进提供依据。

高职院校实践教学的直接利益相关者是学生和用人单位。因此，学生所提供的关于实践教学服务和过程的满意程度及其改进建议，用人单位对学校的合作方式和内容，还有接受过实践教学的学生的满意程度及其改进建议，都是完善实践教学质量管理的重要依据。高职院校应采取定期监督检查、问卷调查、访谈及开办讲座的形式，了解学生及用人单位对实践教学环节的看法，及时收集学校实践教学课程设置、教师授课情况、实践教学条件的信息，并做好相关记录。同时还可制定实践教学质量评定手册、数据分析章程等，对评定的内容、原则、流程、方法进行规定，让测量分析工作更加规范化。

同时，高职院校要对已毕业的学生进行跟踪调查，适时统计用人单位对毕业学生技能和素质的满意度。只有当学生们将实践教学中习得的知识真正运用到社会工作中，才能够体现实践教学质量管理工作是否落实到位、是否达到预期目标。这就要求学校在进行职责划分时，要将信息的收集、分析和反馈这项工作划分给相应的职能部门，以此来完善实践教学质量管理的全部环节。

### （二）建立完善的实践教学质量管理反馈机制

当前高职院校实践教学质量管理因反馈不畅、反馈不及时以及反馈不系统等原因，难以将实践教学质量管理过程中的相关信息进行及时有效的反馈，造成实践教学质量管理各责任主体之间因信息不对称而无法及时调整投入，最终导致实践教学质量管理难以形成明显合力。所以，在充分测量分析的基础上建构完善的信息反馈机制是降低交易成本、制定有效的规章制度，进而推动实践教学质量管理有效运行的核心抓手。

区块链是分布式数据存储、点对点传输、共识机制、加密算法等计算机技术的新型应用模式；具有去中心化、开放性、自治性和信息不可篡改等特性。高职院校实践教学质量管理可以借助区块链典型特征建构完善的反馈机制，通过信息共建共享达到互通有无、信息对称的效能。首先，校企联合建设实践教学质量管理区块链系统。其次，行业企业、高职院校相关组织以及专业教师、学生等个人均为区块链信息系统的维护者，均有权利和义务将各自参与实践教学质量管理全过程、全方位的相关信息、数据、对策和建议输入该系统；系统中的数据块由整个系统中具有维护功能的节点即主体来共同维护。再次，实践教学质量管理的任何利益相关者均可通过公开的接口查询区块链任何一个节点的信息数据，确保整个系统信息高度透明。最后，该系统直接将实践教学质量管理结果反馈给各责任主体和所有利益相关者，引导各主体不断调整和优化实践教学质量管理投入和实施方案，以实现资源配置高效率。在该系统中，任意节点的权利和义务都是均等的，系统中的数据块由整个系统中具有维护功能的节点来共同维护。所以，可以有效解决实践教学反馈不畅、不及时、不系统等反馈机制不健全的问题。

### （三）建立完善的实践教学质量管理改进机制

改进即改变旧有情况，使其有所进步、提高。实践教学质量管理改进则是破解实践教学质量管理既有问题，建立新的运行机制或体系；其目的在于提高实践教学质量管理的效率和质量。当前高职院校因实践教学问题的改进制度缺失，导致反馈的有效信息并未被接受或采纳，最终影响实践教学质量管理的有效运行。所以，建构新时代高职院校实践教学质量管理体系，必须建立完善的改进机制。

1. 高职院校在实践教学质量管理中的改进机制

首先，高职院校根据反馈信息进行自我改进，通过内部审核的方式对现有的实践教学进行自我评价、自我完善。其次，对教学团队、管理团队进行改进，加强组织内部的服务意识和协调能力，例如鼓励教师参与自主学习，端正教师既是教育者也是学习者的态度，不断更新自己的知识、提升自己的教学能力，改进教学方法。对于管理团队的建设也是如此，我们之所以要学习这么多先进的质量管理理论，正是因为要为管理团队输送新的知识，与此同时，因为学校教育的特殊性，管理团队还应当积极学习教育学、心理学相关知识，以便于与教学团队互通有无，从而实现真正的全面质量管理。

2. 企业在实践教学质量管理中的改进机制

企业作为实践教学质量管理的核心主体，在实践教学质量管理目标达成方面起着举足轻重的作用。所以，企业也应该科学整理、分析反馈信息并及时调整与完善投入决策和方案，推动高职院校实践教学质量管理有效运行。第一，企业应依据实践教学质量管理目标对自身的参与方式、参与力度进行定位思考与改进，保持投入方向与质量管理目标高度一致。第二，企业应根据用人标准要求不断改进实践教学人才培养方式和培养标准，确保育人标准与用人标准完美结合。第三，企业应及时将新工艺、新设备、新技术运用于实践教学过程中，提高人才培养的针对性和实用性。第四，企业应积极吸纳职业院校及其主体的合理化建议，不断改进校企合作方式、深化合作力度、提高合作强度。第五，企业应建立预警机制，定期对实践教学及其质量管理的过程、成效进行检查分析，及时发现问题并进行改进。

# 结论与展望

当前，推动我国职业教育更高质量发展，培养具有核心竞争力的高素质劳动者和技术技能型人才是实现我国由人力资源大国向人力资源强国转型、制造大国向制造强国升级的关键。实践教学作为职业教育人才培养的重要模式和核心环节，其质量管理水平将直接决定和影响人才培养质量。加强对职业院校实践教学质量管理的研究，不仅十分必要而且极为紧迫。本书以职业教育高质量内涵式发展为时代背景，以实践教学质量管理为切入点，深入系统地研究了职业院校实践教学质量管理实践中存在的主要问题并对其原因进行了深入剖析，然后依据系统构建的高职院校实践教学管理体系及其运行机制，提出了改进和完善高职院校实践教学质量管理的思路和建议，以期为职业院校更高质量发展提供科学的管理体制和机制保障。

一、高职院校实践教学质量管理是从确定目标与内容、开展监控与评价、进行反馈与改进、实施实践保障与维护四个方面进行整合，具有多重价值；全面质量管理理论可为高职院校实践教学质量管理提供思想方法上的指导。

基于高职教育的类型特点，广义上的高职教育质量管理应包括外部管理和内部管理两个层次，外部管理涉及高职院校与政府、市场、社会之间的主体关系；内部管理则是多主体之间的相关利益在高职教育中的调整与分配，并相应地统筹带动高职教育内部要求的改革。具体来说，就是围绕高职人才培养质量这个核心目标，涉及专业建设及教学、科研、社会服务、师资多元能力等要素的系统管理，从而形成一个多类别、多层次、多方式的管理体系①。本研究以内外部管理相结合的思维方式展开分析，将高职院校实践教学质量管理的内涵划分为四个部分来解读：其一，确定目标与内容；其二，监控与评价；第三，反馈与改进；第四，实践保障与维护。

高职院校实践教学既可以为培养学生的创新精神和实践能力提供境遇性途径，又能整合社会资源进而推动学校教育科研发展，并且有利于为高职院校实现特色化发展构筑突破点。高职院校实践教学质量管理所反映的是人们在一定社会历史条件下的教育价值选择，关乎高等职业教育改革与发展大局，应秉持其根本的价值理性与终极关怀；不能仅仅限于工具理性层面，还应该包括质量文化与质量价值等高职院校实践教学质量管理的内在诉求。基于价值理性与终极关怀的高职教育，要有关于人、文化、社会责任伦理的多维视界。

实践哲学、管理哲学为高职院校实践教学质量管理研究提供了哲学依据与理论前提。质量管理理论也经历了由产品质量检验阶段、统计质量管理阶段及全面质量管理阶段的历史演变。之所以将全面质量管理理论作为本研究的理论基础，是因为其作为当下的一种先进质量管理办法，具有一定的系统性。全面质量管理体系至少包含三个系统，即社会性系统，涉及与正规或非正规组织特点相关的因素；技术性系统，涉及管理过程中所采用的工具和有效手段等因素；管理性系统，涉及组织结构、组织使命与目标、组织运行活动等。全面质量管理概念与传统质量管理概念之间的最大区别在于，前者不再单纯强调产品能够在多大程度上实现生产目标与产品规格的一致性，相反，是从更"全面"的意义上对质量加以界定。全面质量管理的核心观念是不断进行质量改进，及时根据变化和顾客需要调整目标和策略，从而实现更高的质量标准和更高的顾客满意率。全面质量管理关注每一个过程是如何改

---

① 杨理连. 高职教育质量管理：内涵审视、体系构建及其评价 [J]. 中国高教研究,2015（6）: 99-102.

进的，并且及时提出完善的目标、标准和评价方法 ①。

**二、高职院校实践教学质量管理的内在结构由对实践教学质量管理的目标与内容、监控与评价、反馈与改进、保障与维护四个方面的具体要求构成，高职院校实践教学质量管理的运行机制是前述四个方面的运行形式，包括明确行动价值、促进主体协作、实现持续改进和加强成果展示四个方面。**

从质量管理体系上看，需要明确包括目标与内容、监控与评价、反馈与改进、保障与维护这四个组成部分的质量管理依据。本研究认为从高职教育的使命和高职实践教学的功能定位来看，有质量的高职院校实践教学目标应该体现出紧扣专业人才目标、发展学生综合职业能力的特点；实践教学内容应该体现出与社会需求契合、与办学实力相匹配、与中职实践教学需求相区分、与职业生活和真实的岗位工作情境相联系，并体现出专业知识、专业能力、专业情意、专业心理品质发展需求的整合。有质量的高职院校实践教学的监控与评价应该是多方式评价与多主体评价。具体说来，应该是以形成性评价为主，终结性评价为辅，以监控和评价来促进高职生的实践能力的发展；在评价主体方面，应该体现出指导老师评价、同伴评价和自我评价相结合。反馈与改进作为高职院校实践教学质量管理的重要一环，也应该体现出较高的质量要求。具体说来，应该做到及时反馈、全面反馈和持续进行。保障与维护作为实践教学的最后一环，其质量要求应该体现在内部与外部两个方面，内部质量保障应该体现出教务、系部及其他部门的协同参与，外部质量保障应该体现社会和企事业单位的有效参与。

从高职院校实践教学质量管理体系的运行机制来看，包括明确行动价值、促进主体协作、实现持续改进和加强成果展示四个组成部分。具体说来，机制的运行应在准确理解现代社会对职业人才需求的基础上实现对职业意识、职业能力和职业行为方面的有效促进，此为机制运行的行动价值；在此基础上，促进高职院校实践教学有关的主体的联动，包括校内的相关主体

---

① 孔晓东. 全面质量管理理论与高校教学质量保障 [J]. 教育评论，2009（1）：27-29.

的联动以及院校与企业等主体的联动；机制运行还应该实现持续改进，即在质量管理的各个环节和整体上体现出计划、执行、检查和处理四个环节及其循环；加强成果展示之所以作为运行机制的重要一环，是因为以此为要求可以实现实践教学成果结构化、制度化和物化。

三、现实的高职院校实践教学质量管理体现出多元认知、多维保障、多层监督和多重评价等特点。目标与内容、监控与评价、反馈与改进、保障与维护等方面都存在明显的问题，导致问题的原因是多方面的。

基于问卷和访谈调查，本研究发现，高职院校实践教学质量管理基本现状相对复杂，但较为显著的特点为多元认知、多维保障、多层监督和多重评价。具体说来，相关主体对实践教学质量管理理论依据、主要功能、主要内容呈现多元认知的特点，在规章制度和优化教学条件方面呈现出多维保障的特点，从实践教学质量管理的内部监督机制和内外联合监督方面呈现出多层监督的特点，实践教学质量管理的考核评价标准探索和阶段构成方面也体现出多维性。总体上说来，几个样本学校的情况体现出目前高职院校在实践教学质量管理方面做出了很多努力。

但问题依然是非常明显的。具体表现为：实践教学管理目标偏离人才培养目标，实践教学内容未体现出对学生综合能力的要求；实践教学监控和评价的主体参与不足，内容标准不明；实践教学反馈机制不健全和问题改进不到位；实践教学保障与维护中教务部门独立进行、系部各自为政以及缺少利益相关者的参与。这四个大类的问题体现出高职院校实践教学质量管理体系及其运行机制需要改进和完善。问题的主要原因是多方面的，主要表现在目标设定障碍导致实践教学质量管理定位不明、非合作博弈致使实践教学质量管理的协调不畅、交易成本造成实践教学质量管理体系和机制缺失。

四、完善高职院校实践教学质量管理，需要优化高职院校实践教学质量目标的管理，建立相关主体彼此协调、联动共生的合作博弈运行机制，建立并完善实践教学质量管理监督制度、评价考核制度和反馈与改进制度。

实践教学作为职业教育特有的人才培养模式和核心环节，其管理质量将直接决定和影响人才培养质量。强化高职院校实践教学质量管理业已成为我国职业教育高质量内涵式发展的必然选择。针对当前实践教学质量管理目标定位不明、责任主体间协调不畅、管理体系机制缺失等问题，建构完善的实践教学质量管理体系以最大限度提高人才培养质量可谓时代赋予的历史使命。本研究以高职院校实践教学质量管理现实问题为切入点，从明晰实践教学质量管理目标定位、建立主体间合作博弈运行机制和完善实践教学质量管理制度三个维度建构实践教学质量管理体系，以求破解上述问题，推动高职院校更高质量发展。

首先，针对目标设定障碍导致实践教学质量管理定位不明的问题，本研究依据目标设定理论，提出全员参与制定实践教学质量管理目标、营造追求实践教学质量管理目标的文化氛围以让所有相关责任主体明确实践教学质量管理目标定位，通过明确实践教学质量管理目标实施细则、编制实践教学质量管理实施手册以提高实践教学质量管理目标的可操作性。其次，针对非合作博弈对当前我国高职院校实践教学质量管理产生的巨大影响和制约，本研究依据合作博弈理论提出规避相关主体间的非合作博弈并建立彼此协调、联动共生的合作博弈运行机制。如通过建立责权利对等的主体间合作框架协议，明确职责分配以激发合作博弈行为；通过实现人力和物力资源的合作博弈，打造联动共生的氛围实现实践教学相关主体之间资源的联动共生。再次，针对实践教学质量管理的监控问题、评价问题、保障问题以及反馈与改进问题，本研究以新制度经济学相关理论为理论基础，建立并完善实践教学质量管理监督制度、评价考核制度和反馈与改进制度。建立完善的实践教学质量管理监督制度主要指建立权责制度明确各主体权责，建立奖惩制度规范主体行为；建立完善的实践教学质量管理评价考核制度主要指明确实践教学质量管理评价标准，细化实践教学考核评价机制；建立完善的实践教学质量管理反馈和改进制度主要指建立完善的实践教学质量管理测量分析机制、反馈机制和改进机制。总之，通过建构完善的实践教学质量管理制度有效降低实践教学交易市场中的不确定性、抑制人的机会主义倾向，达到规避相关责任主体败德行为、推动实践教学质量管理高效运行的目的。

对标目的设定，本研究基本达到预期，展望未来，还可从如下两个方面进行深化和持续：

## 1. 在更大范围验证和提升研究结论的普适性

为了确保研究的深度，本研究在考虑代表性和典型性等诸多因素的前提下，选择了三所样本学校，对其实践教学质量管理的常规做法、主要经验、突出问题进行深入分析，并对问题的成因进行深入挖掘；为兼顾研究的广度，本研究还通过发放问卷等形式对目前高职院校实践教学质量管理的基本情况进行调查分析。最后从明晰高职院校实践教学质量管理目标定位、建构实践教学质量管理主体间的合作博弈运行机制、建立完善的实践教学质量管理制度和保障体系等三方面提出了改进高职院校实践教学质量管理的思路。

理论构想和实践运行之间有较大的张力，这需要理论构想根据实践现状不断自我完善，但完善的前提是在较大范围内理解和把握实践运行。所以，本研究所得出的结论需要在更大范围内进行验证，比如，高职院校实践教学的多类型格局对实践教学质量管理提出的个性化要求；领导风格对高职院校实践教学质量管理的文化类型所起到的影响；行业背景对高职院校实践教学质量管理提出的特殊需要；等等。这些问题虽然不是本研究所必须回答的问题，但是也是本研究继续提升的方向。

## 2. 从区域差异中探寻实践教学质量管理的特殊性

本研究选择了我国东、中、西部三所高职院校（D 城市职业学院、Z 交通职业技术学院和 X 护理职业学院）为研究样本，本意是兼顾区域特点，探寻更具普适性的研究结论。从职业教育的区域服务特性来看，区域发展需要决定了高职院校应该关注和满足区域社会经济需要，所以高职院校也必然打上区域特性的烙印。同时，区域社会经济发展水平和文化特性又决定了高职院校发展的区域差异。这些背景性因素决定和影响着高职院校质量管理的区域差异，这在一定程度上与本研究追求普适性结论的初衷相悖。

着眼区域差异探寻高职院校质量管理的区域特色，是此类研究的一个方向。这类研究将有利于建构具有区域特色的高职院校实践教学质量管理体系。在这一旨趣下，一些问题是需要重点关注的，如社会经济发展水平在多大程度上会影响高职院校实践教学区域特征的形成；高职院校实践教学质量管理的区域差异主要体现在结构层面还是要素层面；在不同区域内，企业参与高职教育的积极性不同，作为需要协同构建的质量管理体系，谁是协同的主动发起者；区域内差异与区域间差异在高职院校实践教学质量管理体系的建构中有何特殊性；等等。

以上两个方面，既是高职院校实践教学的理论与实际工作者需要特别注意的问题，也是本人在未来的科研道路上需要持续思考、关注的问题。

# 参考文献

**普通图书：**

[1]　巴纳德 . 经理人员的职能 [M]. 北京 : 中国社会科学出版社， 1997.

[2]　陈杰 . 现代企业管理 [M]. 北京 : 北京理工大学出版社 ,2018.

[3]　顾明远 . 中国古代教育史（下）[M]// 教育大辞典 . 上海 : 上海教育出版社 ,1992

[4]　郭玉梅 . 高等职业教育实践教学管理研究 [M]. 北京 : 中国农业大学出版社 , 2009.

[5]　韩庆祥 . 马克思主义哲学原理疑难解析 [M]. 北京 : 中国人民大学出版社 ,2002.

[6]　何清华 . 项目管理 [M]. 上海 : 同济大学出版社 ,2011.

[7]　扈中平 . 现代教育理论 [M]. 北京 : 高等教育出版社 ,2005.

[8]　黄瑞雄 . 马克思主义哲学原理 [M]. 桂林 : 广西师范大学出版社 ,2003.

[9]　李波 . 网络购物商品质量管控及其演进研究 [M]. 北京 : 知识产权出版社 ,2018.

[10]　李进才 . 高等教育教学评估词语释义 [M]. 武汉 : 武汉大学出版社 ,2016.

[11]　刘国成 , 林锦章 , 王金兰 . 数字家庭应用型人才培养探索与实践 [M]. 成都 : 西南交通大学出版社 ,2017.

[12]　刘茗 . 当代教学管理引论 [M]. 北京 : 教育科学出版社 , 1992.

[13]　卢现祥 . 新制度经济学 [M]. 武汉 : 武汉大学出版社， 2013.

[14]　马克思恩格斯全集 ( 卷 46) 上 [M]. 北京 : 人民出版社 ,1979.

[15]　马克思恩格斯文集（第三卷）[M]. 北京 : 人民出版社 ,2009.

[16]　马克思恩格斯文集（第五卷）[M]. 北京 : 人民出版社 ,2009.

[17]　泰勒 . 课程与教学的基本原理 [M]. 罗康，张阅，译 . 北京 : 中国轻工业出版社 , 2008.

[18]　万融 . 商品学概论 [M]. 北京 : 中国人民大学出版社，2013 : 132.

[19]　王超 . 新建本科院校院系管理的理论与实践 [M]. 成都 : 电子科技大学出版社 ,2009.

[20]　王策三 . 教学论稿 [M]. 北京 : 人民教育出版社 ,2005:87.

[21]　王德清 . 现代管理学原理 [M]. 重庆 : 西南师范大学出版社 ,2007.

[22]　王坤庆 . 现代教育哲学 [M]. 武汉 : 华中师范大学出版社，1996.

[23]　王淑玲 . 药学品管圈实务 [M]. 北京 : 中国医药科技出版社 ,2017.

[24]　王栩 . 王栩集 [M]. 北京 : 线装书局 ,2012.

[25]　吴志宏 , 冯大鸣 , 周嘉方 . 新编教育管理学 [M]. 上海 : 华东师范大学出版社 ,2000.

[26]　谢文东 , 王林发 . 新理念教学丛书 实践教学的途径与应用 [M]. 福州 : 福建教育出版社 ,2017.

[27]　萧浩辉 . 决策科学辞典 [M]. 北京 : 人民出版社 ,1995.

[28]　许智勇 . 高等学校实验室管理理论与实践 [M]. 长春 : 吉林大学出版社 ,2018:18.

[29]　亚伯拉罕·弗莱克斯纳 . 现代大学论 [M]. 徐辉 , 陈晓菲 , 译 . 杭州 : 浙江教育出版社 ,2001.

[30]　杨群祥，熊焰，孙繁正，等 . 高职院校实践教学创新的理论与实践—— 基于校内实习公司培养学生职业素质 [M]. 广州 : 广东高等教育出版社 ,2012.

[31]　赵祥麟 , 王承绪 . 杜威教育名篇 [M]. 北京 : 教育科学出版社 , 2006.

[32] 周萍,缪宁陵,宋扬.高职院校内涵建设：教学质量保障研究[M].苏州：苏州大学出版社,2015.

[33] AITKEN J. National Vocational Qualification: A Review NVQ Report[M]. London : Institution Of Electronics and Electrical Incorporated Engineers, 1993.

[34] BRYK A S. Learning to Improve: How America's Schools Can Get Better at Getting Better[M].Cambridge, MA: Harvard Education Press, 2015.

[35] CEDEFOP. Vocational Education and Training in Germany[M]. Luxembourg: Office for Official Publications of the European Communities, 2007.

[36] CUDDY N, TOM L.Vocational Education and Training in the United Kingdom[M]. Luxembourg: Office for Official Publications of the European Communities, 2005.

[37] DEMING W. Out of The Crisis[M].Cambridge, MA: MIT Press, 2000.

[38] SMITH E, RAUNER F. Rediscovering Apprenticeship, Research Findings of the International Network on Innovative Apprenticeship (INAP) [M]. Technical and Vocational Education and Training: Issues, Concerns and Prospects, 2010.

[39] GLEN A J. Higher Education in Canada: different systems and different perspectives[M]. New York. Garland Publishing Inc, 1997.

[40] HOFFMAN N. Schooling in the Workplace: How Six of the World's Best Vocational Education Systems Prepare Young People for Jobs and Life[M]. Cambridge: Harvard Education Press, 2011.

[41] GORDON H R D. The History and Growth of Vocational Education in America[M]. Boston: Allyn and Bacon, 1999.

[42] SCHAACK K. Why Do German Companies Invest in Apprenticeships? [M]. Klaus Schwarz Publishers Berlin with support of the UNESCO International Centre for Technical and Vocational Education and Training, 2008.

[43] POLANYI M. The Study of Man[M]. London: Routledge&Kegan Paul, 1957.

[44] DEMING W E. The New Economics for Industry, Government, Education[M]. Massachusetts Institute of Technology,1993.

**期刊论文：**

[1] 白义, 王清宣. 高职院校教学质量管理问题探讨 [J]. 山西财经大学学报 ,2010,32(S1):245.

[2] 宾恩林. 工匠精神导向的高职人才培养目标定位 [J]. 职业技术教育 ,2018,39(1):22–26.

[3] 蔡泽寰, 肖兆武, 蔡保. 高职制造类专业人才培养要素优化探析——基于 "中国制造 2025" 视域 [J]. 中国高教研究 ,2017(2):106–110.

[4] 曹珍, 罗汝珍. 职业教育产教融合政策的执行成效研究——基于 2019 年企业参与职业教育的质量年报分析 [J]. 成人教育 ,2020,40(3):54–60.

[5] 查吉德. 发展高职院校高等性 履行高职教育新使命 [J]. 中国职业技术教育 ,2016(6):28–32.

[6] 柴勤芳. 对高职教育 "高等性" 与 "职业性" 融合的思考 [J]. 中国高教研究 ,2012(5):95–97.

[7] 陈德清, 钟燕瑾. 提高高职实践教学质量的研究与探索 [J]. 中国职业技术教育 , 2010(2):22–24, 27.

[8] 陈华胜. 构建实践教学体系 : 以目标、逻辑、模式为视角 [J]. 黑龙江高教研究 ,2018(3):145–147.

[9] 陈利荣. 完善教学督导机制 推进高职教育内涵发展 [J]. 教育发展研究 , 2006(22):78–80.

[10] 陈列. 学校知识管理: 高职院校内涵建设的必要手段 [J]. 教育探索, 2010(11):60-62.

[11] 陈强, 龚少军. 试论高职院校发展性教师评价机制的构建 [J]. 江苏高教, 2012(5):152-153.

[12] 陈士强. 高职院校实践教学管理模式探析 [J]. 继续教育, 2008(5):9-11.

[13] 陈寿根, 顾国庆. 建立利益相关者共同治理的高职院校内部治理结构 [J]. 国家教育行政学院学报, 2016(3):35-39.

[14] 陈嵩. 职业教育管理体制创新研究 [J]. 河北师范大学学报 (教育科学版), 2008(5):100-106.

[15] 陈小燕. 基于校企合作的 "双师型" 师资队伍建设新思路 [J]. 中国大学教学, 2010(1):72-74.

[16] 陈玉华. 校企合作 建设学习生产型校外实训基地 [J]. 中国高等教育, 2010(7):50-52.

[17] 陈玉君. 高职院校教学质量监控与保障问题的思考 [J]. 中国成人教育, 2010(7):41-42.

[18] 陈正江. 高职院校高水平专业建设——基于专业性人才培养与专业化教师发展的二维审视 [J]. 中国职业技术教育, 2019(2):64-67, 87.

[19] 程从柱. 实践教学创新的应然性及其教育价值的有效生成 [J]. 中国成人教育, 2008(24):127-128.

[20] 程培堽. 企业参与校企合作分析: 交易成本范式 [J]. 职业技术教育, 2014,35(34):27-32.

[21] 程万君. 高等职业教育教学质量管理体系的研究 [J]. 继续教育研究, 2009(08):113-115.

[22] 崔文静. 德国职业教育管理体制的特色及启示 [J]. 教育与职业, 2013(1):100-101.

[23] 单文周, 李忠. 现代学徒制试点中双导师制：内涵、瓶颈及路径 [J]. 社会科学家 ,2019(8):143-148.

[24] 邓春江. 加强实践教学, 培养实践能力 [J]. 广东技术师范学院学报（职业教育）,2011,32(1):118-120.

[25] 邓衍鹤, 宋郁, 刘翔平. 自我意志型的青少年自主 [J]. 北京师范大学学报 ( 社会科学版 ),2018(5):62-71.

[26] 邓泽民. 我国职业教育教学内容及其组织的演变 [J]. 山西大学学报 ( 哲学社会科学版 ),2012,35(4):120-124.

[27] 丁继安. 构建以实践教学体系为核心的高等职业教育 [J]. 高等教育研究 ,2004(4):48-52.

[28] 丁金昌. 实践导向的高职教育课程改革与创新 [J]. 高等工程教育研究 ,2015(1):119-124.

[29] 杜学元, 帅燕. 高教大众化背景下高职教学实行全面质量管理探讨 [J]. 职教论坛 ,2008(22):9-11.

[30] 高帆, 赵志群, 黄方慧. 职业能力测评方法的发展 [J]. 中国职业技术教育 ,2017(35):9-16.

[31] 高鸿. 关于职业教育教学成果奖培育的若干思考 [J]. 中国职业技术教育 ,2019(25):5-9.

[32] 郭水兰. 实践教学的内涵与外延 [J]. 广西社会科学，2004(10):186-187.

[33] 高玉兰. 职业院校教学质量监控与评价体系研究与实践——以山西建筑职业技术学院为例 [J]. 教育理论与实践 ,2013,33(15):24-26.

[34] 郭福春, 王玉龙. 规模、结构、质量、政策：高等职业教育供给侧结构性改革的四重维度分析 [J]. 黑龙江高教研究 ,2019(3):39-43.

[35] 韩芳, 董大奎. 基于动态响应的高职院校专业教学质量管理研究 [J]. 中国职业技术教育 ,2015(27):68-71.

[36] 韩延明，栾兆云.我国现代大学文化的价值取向 [J].高等教育研究，2010,31(4) :9-14.

[37] 郝建锋，吕文静.对我国高职人才培养质量评价问题的探讨 [J].职教论坛,2010(32):73-75.

[38] 何静.试论高职院校大学生综合能力的培养 [J].教育与职业,2012(2):173-174.

[39] 何向彤.高等职业教育实践教学管理特质初探 [J].教育与职业，2007(17):46-47.

[40] 洪列平.高职教学评价:问题及应对策略 [J].教育发展研究,2012,32(5):79-82.

[41] 胡海青.浅析美加职业教育模式及其对中国高职教育的启示 [J].教育与职业，2014(33):98-99.

[42] 胡锦涛.高举中国特色社会主义伟大旗帜 为夺取全面建设小康社会新胜利而奋斗 [N].光明日报,2007-10-16.

[43] 胡振京.教育功能观的社会学分析 [J].国家教育行政学院学报,2011(8):20-23，53.

[44] 黄素萍.高职院校实践教学质量评价指标体系的建立与应用 [J].兰州工业高等专科学校学报,2010,17(5):41-43.

[45] 黄亚妮.国外高职实践教学模式特色的评析和启示 [J].高教探索，2005(4):69-71.

[46] 纪静波.佛罗里达州立大学实践课程对我国高职实践教学的启示 [J].职业技术教育，2010, 31(11):93-95.

[47] 贾林平.高职院校实践教学管理模式构想 [J].北京市经济管理干部学院学报，2006, 21(2):58-60.

[48] 姜凌.构建高职实践教学体系的理性思考 [J].教育与职业,2009(12):158-159.

[49] 姜伟,程传蕊.高职院校教学全面质量管理模式的认识与实践[J].教育与职业,2006(36):22-24.

[50] 蒋丽君.高职院校财经类专业三位一体实践教学模式构建探索[J].中国高教研究,2013(2):103-106.

[51] 孔斌,马锦才.校企合作、工学结合模式下的教学改革探讨[J].宁夏大学学报(人文社会科学版),2010,32(3):181-183.

[52] 孔晓东.全面质量管理理论与高校教学质量保障[J].教育评论,2009(1):27-29.

[53] 劳凯声.教育研究的问题意识[J].教育研究,2014,35(8):4-14.

[54] 李超锋.基于共生理论的校企命运共同体构建研究[J].实验技术与管理,2020,37(1):235-237.

[55] 李红.企业主体参与高职院校教学质量监控与评价问题研究[J].内蒙古师范大学学报(教育科学版),2014(11):7-9.

[56] 李兰巧.试论高等职业教育实践教学的管理[J].教育与职业,2012(36):159-160.

[57] 李湘健,陈晓猛.关于实践教学质量保障体系的研究[J].江苏高教,2008(6):84-85.

[58] 李响,仇大勇,黄晓燕.基于全面质量管理的高职院校教学质量管理研究[J].职教论坛,2018(2):58-63.

[59] 李馨.信息化教学中学生全程评价体系的研究[J].电化教育研究,2008(3):85-88.

[60] 李艳荣.基于戴明环理论的培训管理体系建构[J].广西教育学院学报,2014(3):210-214,225.

[61] 李英.高职院校学生职业发展教育的问题与对策[J].中国电力教育,2011(26):174-175.

[62] 李长伟.康德的实践性教育:强制与自由的悖论[J].教育学报,2019,15(4):10-25.

[63] 梁小婉.基于"双创"理念下实践教学体系构建的实证研究[J].实验技术与管理,2013,30(1):142-144,165.

[64] 林小星.基于工学结合的高职实践教学管理体系构建[J].职业技术教育,2011,32(8):23-26.

[65] 林新奇,苏伟琳.组织管理中的反馈:研究现状及管理启示[J].管理现代化,2018,38(3):123-125.

[66] 刘春花,李敏,李宝斌.价值理性与终极关怀:我国高等教育质量管理的价值探求[J].湖南师范大学教育科学学报,2014,13(05):96-100.

[67] 刘春花.从"素质关怀"到"生命关怀"——教师教育的伦理视角[J].教育发展研究,2008(8):50-52.

[68] 刘桂香.现代学徒制下高职实训基地管理模式改革的难点与对策[J].教育与职业,2017(8).

[69] 刘元芳,栗红,任增元."经济人"假设与大学治理的思考[J].现代大学教育,2012(2):40-44

[70] 刘志峰.高职教育实施第三方评价的主要问题与改进策略[J].职业技术教育,2012,33(19):49-54.

[71] 刘志选.论网络环境下高职实践教学资源建设的创新[J].黑龙江高教研究,2013,31(6):159-161.

[72] 龙建佑,唐芳.高职院校教学质量管理中的教学督导工作方式创新研究[J].教育与职业,2015(14):25-27.

[73] 吕红.澳大利亚职业教育质量保障的新举措——从质量培训框架到质量框架的过渡[J].职业技术教育,2013,34(22):90-93.

[74] 马必学,刘晓欢.适应需要构建"四方三层"教学质量管理模式[J].中国高等教育,2009(24):34-36.

[75] 马杰,张俊平,邓子胜."分权制衡、协同联动"的高职院校内部治理改革与实践 [J]. 职业技术教育 ,2019,40(5):11–15.

[76] 马宽斌.着力强化高水平高职学校"双师型"教师队伍建设 [J]. 大学教育科学 ,2020(1):122–124, 127.

[77] 马龙龙.中国农民利用期货市场影响因素研究：理论、实证与政策 [J]. 管理世界， 2010（5）: 1–16.

[78] 米兰,杨彦如,吕倩娜.高职实践教学体系存在的问题及应对策略——以北京电子科技职业学院为例 [J]. 职业技术教育 ,2011,32(32):29–31.

[79] 牟晖,杨挺.我国职业教育管理体制改革研究综述 [J]. 教育与职业 ,2009(27):11–13.

[80] 聂永成.利益相关者视界下的高职院校教学质量管理框架 [J]. 教育学术月刊 ,2012(4):75–78.

[81] 潘春利.引入 ISO9000 体系创新高职实践教学管理模式 [J]. 中国成人教育 ,2013(16):30–32.

[82] 潘春胜.构建工学结合背景下的高职院校教学质量监控体系 [J]. 中国高教研究 ,2010(7):92–93.

[83] 潘海生,王世斌,龙德毅.中国高职教育校企合作现状及影响因素分析 [J]. 高等工程教育研究 ,2013(03):143–148.

[84] 彭亮.学生成为教学评价主体的探究 [J]. 湖南师范大学教育科学学报 ,2015(6):41–45.

[85] 钱吉奎,金榜.关于进一步完善高职院校教学质量管理机制的思考 [J]. 教育与职业 ,2009(33):13–15.

[86] 齐瑞宗.谈实践教学与综合能力的培养 [J]. 教育与职业 ,2001(11):18–20.

[87] 钱军平.中国高等教育质量的困境及出路 [J]. 江苏高教 ,2008(3):35–37.

[88] 曲士英,王丽英.高职院校思想政治理论课实践教学模式建构[J].黑龙江高教研究,2016(11):135-137.

[89] 全守杰,谷陈梦.从缺位到共治:基于利益相关者的高职院校人才培养模式建构[J].现代教育管理,2020(4):96-102.

[90] 任君庆,苏志刚,王义.高职院校可持续发展面临的问题与对策——基于宁波职业技术学院的探索[J].中国高教研究,2009(12):60-61.

[91] 任志祥.新时代青年社会责任感探究——评《青年大学生社会责任感培育研究》[J].高教探索,2018(10):129.

[92] 荣长海,高文杰,冯勇,等.关于高职院校教育质量及其评估指标体系的研究[J].天津师范大学学报(社会科学版),2016(3):40-47,75.

[93] 桑雷.分散治理到协同治理:高职教育多元主体的失位与归正[J].现代教育管理,2017(9):86-90.

[94] 沈奇,张燕,罗扬.应用型本科实践教学体系的构建与改革[J].实验技术与管理,2010,27(10):36-38.

[95] 宋保胜,宋曼.实训教学质量评价体系诉求及构建研究——以财务管理专业为例[J].中国高等教育评估,2018,29(1):55-62.

[96] 宋博,邱均平.利益博弈时代大学评价主体间的冲突与和谐[J].高教发展与评估,2019(1):29-40.

[97] 宋广军.基于大学服务社会视角的职业规划教育研究[J].黑龙江高教研究,2018,36(9):71-76.

[98] 宋志敏."项目驱动化"的政校企合作联动机制探究——以开封大学实践探索为例[J].中国高校科技,2016(11):59-62.

[99] 苏小冬,孙爱武.高职院校教育质量提升策略分析[J].国家教育行政学院学报,2015(2):39-42.

[100] 孙斌,张艳芬.社会在何种意义上以时间为尺度?——从乔治·米德社会心理学出发的一个考察[J].云南大学学报(社会科学

版 ),2017,16(6):33-40.

[101] 孙晓倩 , 欧阳常青 . 高职生创新创业心理素养培育路径——以广西机电职业技术学院为例 [J]. 职教论坛 ,2019(12):166-171.

[102] 孙湧 , 孙宏伟 , 蔡学军 . 高职院校共享社会资源借势发展问题研究与实践 [J]. 深圳职业技术学院学报 ,2007(2):83-86.

[103] 孙由体 . 构建高职思想政治理论课实践教学长效机制的新思考 [J]. 思想理论教育导刊 ,2013(3):107-110.

[104] 谭丹 . 创新创业背景下高职经管类专业立体化实践教学体系的构建 [J]. 教育与职业 ,2020(3):104-107.

[105] 唐大光 . 高校教育质量管理模式的创新 [J]. 教育评论，2014（9）: 22.

[106] 唐华生 , 唐炜 . 教学质量管理体系构建 : 从理念、原则到内容——以新建本科院校为视角 [J]. 四川师范大学学报 ( 社会科学版 ),2008(3):62-65.

[107] 唐逊 . 谈将 ISO9000 族标准引入高职院校教学质量管理 [J]. 中国成人教育 ,2007(23):43-44.

[108] 陶应军 .ISO9000 视野下高职教学质量管理标准体系构建 [J]. 中国成人教育 ,2008(15):109-110.

[109] 田清华 , 张翠明 . 高职院校机电类专业实践教学中存在的问题及对策探析 [J]. 职教论坛 , 2013(26):31-33.

[110] 汪东平 . 知识管理在高职院校教学基本建设中的应用 [J]. 教育理论与实践 ,2012,32(9):35-37.

[111] 汪锋 . 综合能力本位的 "校—企—校" 高职协同育人创新模式探索 [J]. 中国职业技术教育 ,2017(26):76-80, 92.

[112] 汪艳丽 , 黄建伟 . 高职教学质量管理及监控的微观运行机制探讨 [J]. 中国职业技术教育 ,2010(21):81-83.

[113] 王波 , 张崎静 . 基于过程方法的应用型院校实践教学质量管理 [J]. 教育

与职业,2019(20):93-96.

[114]　王德彬,黄瑾,陈夏.我国民间借贷三方策略的探讨——合作博弈理论的视角[J].时代金融,2012（6）:180-181,183.

[115]　王德华,吕俊峰.高职院校教学全面质量管理探索[J].高职技术教育,2010,31(23):64-67.

[116]　王德华,吕俊峰.高职院校教学全面质量管理的研究与实践[J].中国职业技术教育,2010(23):38-41.

[117]　王桂林.高等学校实践教学价值论[J].现代教育科学,2010(4):126-128,149.

[118]　王国光,庞学光.从质量要素到质量体系——试论高职院校校本质量评价对象的转向[J].江苏高教,2017(7):85-89.

[119]　王海燕.计算机应用专业实践教学体系的探索和实践[J].赤峰学院学报(自然科学版),2008(6):144-146.

[120]　王嘉毅.教学质量及其保障与监控[J].高等教育研究,2002(1):74-78.

[121]　王建华.高等教育质量管理:文化的视角[J].教育研究,2010,31(2):57-62.

[122]　王建华.我们需要什么样的大学[J].高等教育研究,2014(2):1-9.

[123]　王丽英.试析高职院校教学督导的机制构建[J].黑龙江高教研究,2013,31(12):106-108.

[124]　王青.现代质量管理理论在软件组织的应用[J].计算机工程与应用,2001(23):71-74,87.

[125]　王仁清.职业技术教育应注重学生综合职业能力的培养[J].教育与职业,2004(28):54-56.

[126]　王义宝.基于全面质量管理的高职教学质量评价研究[J].教育探索,2013(5):63-64.

[127]　王源远,王丽萍.高校实践教学质量管理体系的研究与构建[J].实验技术与管理,2012,29(7):14-16.

[128] 王正.加强高职教学质量管理的意义与方法 [J].教育与职业,2014(12):45-46.

[129] 王证之.21 世纪职业意识内涵研究述评 [J].教育与职业,2010(15):19-21.

[130] 魏四新,郭立宏.我国地方政府绩效目标设置的研究——基于目标设置理论视角 [J].中国软科学,2011(2):8-15.

[131] 吴建强.基于产学结合的高职院校教学质量管理体系构建 [J].教育与职业,2014(26):31-32.

[132] 吴静.高职人才培养质量社会评价的必要性及建议 [J].北京工业职业技术学院学报,2012(3):67-69.

[133] 吴文新.高等职业教育中实践性教学管理探析——以航海类专业为例 [J].湖北函授大学学报,2008,21(1):21-22.

[134] 吴原.问题意识与教育研究 [J].教育发展研究,2014,34(3):61-65.

[135] 吴云,周青.团队冲突的非合作博弈分析 [J].科技管理研究,2012,32(23):143-146.

[136] 武马群,童遵龙,黎梅,等.基于 ISO9000 质量管理体系标准的高等职业教育教学质量管理与保障体系研究实践 [J].中国职业技术教育,2014(32):5-8.

[137] 肖凤翔,付小倩.职业能力标准演进的技术实践逻辑 [J].西南大学学报(社会科学版),2018,44(6):45-50,189-190.

[138] 肖坤,陈粟宋.工学结合背景下教学质量保障体系的构建 [J].职业技术教育,2010,31(14):75-77.

[139] 谢健.高等职业教育实践教学质量保障与监控体系的构建 [J].中国成人教育,2008(15):92-93.

[140] 谢冽.浅析校企合作下实践教学管理模式的建构 [J].职教论坛,2010(11):9-10.

[141] 谢志远,刘燕楠.深化产教融合 推动职业教育技术革命——高职院

校新技术应用人才发展战略思考 [J]. 中国高教研究 ,2018(3):103–108.

[142] 刑经彦 . 浅谈教学管理 [J]. 现代教育管理 , 2001(1):72–73.

[143] 徐张咏 . 对职业教育实践教学的思考 [J]. 教育探索 , 2013(1):61–63.

[144] 徐兆林 . 基于目标管理 SMART 原则的课堂教学有效观测 [J]. 中国职业技术教育 ,2019(35):68–72, 81.

[145] 续永刚 , 闫志波 , 赵晓平 . 高职实践教学环节评价标准和考核方式的研究 [J]. 教育与职业 ,2009(2):163–164.

[146] 颜楚华 , 王章华 , 邓青云 . 政府主导　学校主体　企业主动——构建校企合作保障机制的思考 [J]. 中国高教研究 ,2011(4):80–82.

[147] 杨彩卿 , 霍新怀 . 以培养学生职业能力为中心的实践教学目标体系的构建 [J]. 教育与职业 ,2012(18):40–42.

[148] 杨公安 , 白旭东 , 韦鹏 . 职业教育质量评价标准逻辑模型与体系建构 [J]. 中国职业技术教育 ,2019(20):78–85.

[149] 杨洪 , 冉启阳 . 就业导向的高职教育实践教学目标体系的构建与思考 [J]. 成人教育 ,2010,30(4):55–56.

[150] 杨理连 . 高职教育质量管理 : 内涵审视、体系构建及其评价 [J]. 中国高教研究 , 2015(6):99–102.

[151] 姚荣 . 高等教育质量保障规制体制的理想类型、变革趋势与启示 [J]. 高校教育管理 ,2020,14(2):71–84.

[152] 叶华光 , 吴金定 . 当代高职学生的素质结构特点及素质教育策略研究 [J]. 黄冈职业技术学院学报 ,2018,20(5):20–25.

[153] 叶萍 . 基于 ISO9000 族标准的高职实践教学质量管理体系研究 [J]. 职教论坛 ,2014(18):86–90.

[154] 叶琦 . 基于过程方法的高职实训教学质量管理体系的构建与实施 [J]. 教育理论与实践 ,2014,34(21):26–28.

[155] 余清臣 . 教育研究的问题意识 : 实用化风险及其应对 [J]. 国家教育行政

学院学报 ,2018(5):88–95.

[156]　余小波 , 李乐 , 刘安澜 . 舆论监督高等教育质量 : 基本类型及特点分析 [J]. 现代大学教育 ,2015(4):74–79, 112.

[157]　余涌泉 . 论职业教育的产品——进一步界定教育服务的内涵 [J]. 中国培训，2019（9）: 27.

[158]　张晋 . 高职实践教学的内涵及其特征 [J]. 继续教育研究 , 2009(8):115–117.

[159]　张俊松 , 王晓利 , 许佳玲 . 试析职业教育的校外实践教学 [J]. 中国高教研究 , 2004(7):56–57.

[160]　张凌志 . 责权利的传统意识、现代视角及在管理工作中的应用 [J]. 领导科学 ,2019(12):57–60.

[161]　张美兰 , 车宏生 . 目标设置理论及其新进展 [J]. 心理学动态 ,1999(2):35.

[162]　张敏 . 简论高职学生职业意识形成的影响因素与培养策略 [J]. 当代教育科学 ,2015(17):57–58, 64.

[163]　张鹏 . 探索高职 EDA 技术工程实践教学模式 [J]. 中国教育学刊 ,2015(S2):131–132.

[164]　张生虎 , 张立昌 . 生成、建构到行动 : 教育的时间性考察 [J]. 南京社会科学 ,2017(2):149–156.

[165]　张晓京 , 张丽嘉 . 基于全面质量管理的教学质量体系建设与实践 [J]. 中国大学教学 ,2008(6):68–70.

[166]　张艳芳 , 原二保 . 高职院校实践教学改革研究——以山西建筑职业技术学院建筑工程管理专业为例 [J]. 教育理论与实践 ,2016,36(9):27–29.

[167]　张一平 . 高职院校实践教学管理体系研究与实践 [J]. 中外企业家 , 2017(1):181–182.

[168]　张振锋 . 高职院校实验室建设和管理模式研究 [J]. 实验技术与管理 , 2017, 34(11):251–254.

[169] 赵虹.高职教育实践教学质量监控与评价体系的构建[J].荆门职业技术学院学报,2008(10):15-18.

[170] 赵铁.地方综合性大学教学质量监控体系的总体设计[J].高教论坛,2006(2):98-99.

[171] 赵志群.职业能力评价在职业教育发展中的现实意义[J].职业技术教育,2019,40(25):1.

[172] 赵中建.ISO9000质量体系认证适用于学校吗:关于教育领域引进质量体系认证的思考[J].上海教育,2001(11):18-22.

[173] 赵梓丞,曹迎.大学生职业生涯规划指导存在的问题与对策[J].高等工程教育研究,2019(6):114-117.

[174] 郑彬.产业集群环境下校企合作教育的优势与发展路径——基于交易成本理论视角[J].高教探索,2019(11):78-83.

[175] 周昌顺.建立职业教育管理体制良性运行机制[J].中国成人教育,2002(06):23-24.

[176] 周凤华.ISO9000质量管理体系在职业学校教学管理中运用的可行性分析[J].中国职业技术教育,2004(3):10-12.

[177] 周家春.大学教学评价反馈机制面临的问题与改进策略[J].重庆科技学院学报(社会科学版),2019(4):112-114,118.

[178] 周文清.增值评价:高职院校实践教学质量评价的新选择[J].湖南师范大学教育科学学报,2016,15(03):126-128.

[179] 周祥瑜,吕红.澳大利亚的职业教育质量保障体系——国家质量培训框架[J].职业技术教育:教科版,2005,26(31):79-82.

[180] 周应中.质量文化培育与生成:高职学校高水平建设的核心路径[J].中国高教研究,2020(3):98-101.

[181] 朱厚望,龚添妙.高职教育人才培养目标的历史演变与再定位[J].中国职业技术教育,2020(7):66-70.

[182] 朱辉, 贺超才, 廖才高. 高职院校教学督导制度的创新探索——构建全方位的督导模式 [J]. 湖南社会科学, 2015(6):194-198.

[183] 朱惠君. CBE 职业教育课程开发模式对我国职业教育的启示 [J]. 职教论坛, 2015(2):63-65.

[184] 朱建民. 尊重和成就学生个体的生命独特性 [J]. 中国教育学刊, 2017(5):91-94.

[185] 朱小萍. 加强高职实践教学管理的途径 [J]. 职教论坛, 2010(23):45-46.

[186] NISSIM Y, NAIFELD E. Co-Teaching in the Academy-Class Program: From Theory to Practical Experience[J]. Journal of Education and Learning, v7 n4 2018: 79-91.

[187] SCHWAB J J.The practical: A Language for Curriculum[J]. School Review, 1969, 78 (2) : 1-23.

[188] WOLTEN S C, MÜHLEMANN S, JÜRG S. Why Some Firms Train Apprentices and Many Others Do Not[J]. German Economic Review. 2006 (3) : 249-264.

[189] WOLF A. Portfolio Assessment as National Policy: The National Council for Vocational Qualifications and Its Quest for A Pedagogical Revolution[J]. Assessment in Education: Principles, policy and Practice, 1998 (10) : 21-32.

[190] BROCKMANN, MICHAELA, CLARKE, LINDA, WINCH, CHRISTOPHER. The Apprenticeship Framework in England: a New Beginning or A Continuing Sham? [J]. Journal of Education and Work. 2010: 25-39.

[191] GERHOLZ K H, BRAHM T. Apprenticeship and Vocational Education: An Institutional Analysis of Workplace Learning in the German Vocational System[J]. Discourses on Professional Learning: On the Boundary Between Learning and Working, 2014 (9) : 143.

[192] HYSLOP-MARGISON E J. An Assessment of the Historical Arguments in

Vocational Education Reform[J]. Journal of Career and technical Education, 2001, 17 (1) : 4–21.

[193]　KOLACHi N A Practical Teaching & Learning Model: A Modern Dimension for Business Management Schools[J]. Journal of Education and Learning, 2013,2(2).

[194]　NEVES, BEN–HUR S, et al. Home–Based vs. Laboratory–Based Practical Activities in the Learning of Human Physiology: The Perception of Students[J]. Advances in Physiology Education, 2017,41(1):89–93.

[195]　WALLIS P. Apprenticeship and Training in Premodern England[J]. The Journal of Economic History, Cambridge University Press,2007 (3) : 832–861.

[196]　MÜEHLEMANN S, WOLTER S C. Return on Investment of Apprenticeship Systems for Enterprises: Evidence from Cost–benefit Analyses[J]. IZA Journal of Labor Policy, 2014 (3 ) : 1–22.

[197]　WANG T J, ZHAO Y, HOU J R, et al. Construction practice of theory of machines and mechanism based on OBE model[J]. Journal of Machine Design, 2018, 35(S2): 460–463 (in Chinese) .

[198]　Department of Education, Science and Training. Skilling Australia:  New Directions for Vocational Education and Training[R]. DEST, 2005: 1.

[199]　ISO 8402: 1994 Quality Management and Quality Assurance–Vocabulary[S]. International Organization for Standardization, 1994.

**电子资源：**

[1]　　国务院关于印发国家职业教育改革实施方案的通知( 国发〔 2019〕4 号)[EB/OL]. (2019–02–13) [2019–05–19] http://www.gov.cn/zhengce/content/2019–02/13/content_5365341.htm.

[2]　教育部等六部门关于印发《高职扩招专项工作实施方案》的通知 [EB/OL]. (2019–05–14) [2019–09–02] https://gaokao.chsi.com.cn/gkxx/zcdh/201905/20190514/1791078159.html.

[3]　教育部关于职业院校专业人才培养方案制订与实施工作的指导意见 [EB/OL]. (2019–06–18) [2020–04–15] http://www.moe.gov.cn/srcsite/A07/moe_953/201906/t20190618_386287.html.

[4]　教育部.教育部关于推进高等职业教育改革创新引领职业教育科学发展的若干意见 [EB/OL]. (2011–09–29) [2019–08–16] http://www.gov.cn/gongbao/content/2012/content_2112752.htm.

[5]　全国人民代表大会常务委员会.中华人民共和国高等教育法 [EB/OL].(1998–08–29) [2019–09–25].http://fffg4a810dc598c046a5b99550803b7b7acdhxonkobqoxukk6u5f.fgfy.eds.tju.edu.cn/item/flfgk/rdlf/1998/111603199802.html/.

[6]　王晓宏，汤红军，周少华.《高职实训基地建设与提升学生就业竞争力关系研究》研究报告 [EB/OL]. [2020–05–02] http://fffg76f64419792a42d68f16568a2ffde302h9wkpo0wwqkcc69v6.fgfy.eds.tju.edu.cn/.

[7]　中华人民共和国教育部.教育部关于职业院校专业人才培养方案制订与实施工作的指导意见 [EB/OL]. (2019–06–11) [2020–07–28] http://www.moe.gov.cn/srcsite/A07/moe_953/201906/t20190618_386287.htm.

学位论文：

[1]　陈方媛.高职院校教学质量内部保障体系完善研究 [D]. 成都：四川师范大学 ,2019.

[2]　陈星.应用型高校产教融合动力研究 [D]. 重庆：西南大学 ,2017.

[3]　郭洪月.我国高等职业教育实践教学环节的研究 [D]. 天津：天津大学，2007.

[4] 冷寒.重庆市江北区道路运输管理机构职能调整研究[D].重庆:重庆大学,2016.

[5] 廖友芳.职业中学教学质量管理现代化研究[D].上海:华东师范大学,2006.

[6] 刘选.工学结合模式下高职校外实践教学管理问题剖析与对策研究[D].上海:上海师范大学,2011.

[7] 尚宇红.博弈论前史研究[D].西安:西北大学,2003.

[8] 陶剑峰.技工院校建筑专业环境法教育研究[D].杨凌:西北农林科技大学,2014.

[9] 熊莉.高职院校学生奖学金激励有效性的研究[D].南昌:江西科技师范大学,2018.

[10] 应昊硕.构建高职院校实训教学质量管理体系的研究与实践[D].上海:上海师范大学,2011.

# 附　录

## 附录 A
### 高职院校实践教学质量管理现状调查问卷

尊敬的领导、老师:

　　您好! 本次调查的目的主要是了解高职院校实践教学质量管理现状。调查采用匿名答卷方式, 我们承诺调查结果仅供学术研究使用。您的真实回答对本研究至关重要, 请在相应的"□"内画√。十分感谢您的支持和帮助!

　　一、基本信息 (除特别说明外, 其他均为单选题)

　　1. 您的性别: □男　　□女

　　2. 您的教龄: □≤ 5 年　　□ 6 ~ 10 年　　□ 11 ~ 15 年

　　　　　　　　　□ 16 ~ 20 年　　　□ 21 ~ 25 年　□≥ 26 年

　　3. 您的学历: □中专　□大专　□本科　□硕士研究生　□博士研究生

　　4. 您所在的学院属于: □工科类　□经管类　□农业类　□医护类
□文化艺术类　□其他 _____

　　5. 您的工作岗位 (可多选): □管理岗　□专业技术岗　□工勤服务岗
□其他 _____

　　6. 您的职称: □初级　□中级　□副高　□正高

　　7. 您所在学校的建校时间: □≤ 20 年　□ 21 ~ 30 年　□ 31 ~ 40 年
□ 41 ~ 50 年　□ 51 ~ 60 年　□≥ 61 年

## 二、现状调查（除特别说明外，其他均为单选题）

8.本校建立了哪种实践教学场所？

□校内实践教学基地　　　　□校外实践教学基地

□以上两种都有　　　　　　□尚未建立实践教学基地

9.本校实践教学质量管理是否由专门的组织机构负责？

□是　　　□否

10.当前本校实行的实践教学质量管理的模式是

□课程的实践性教学，包括课程作业、实训（验）、实习（设计）等

□集中实践性教学，包括校企合作、社会调查、毕业实习（见习）以及毕业论文（设计）等

□兼顾课程的实践性教学与集中实践性教学

□其他 _____

11.您对本校实践教学质量管理情况的满意程度如何？

| 题号 | 题项 | 非常满意 | 比较满意 | 无意见 | 比较不满意 | 非常不满意 |
|---|---|---|---|---|---|---|
| ① | 我对本校校内实践教学基地建设情况 | | | | | |
| ② | 我对本校校外实践教学基地建设情况 | | | | | |
| ③ | 我对本校实践教学资源库建设情况 | | | | | |
| ④ | 我对本校实践教学教材体系建设情况 | | | | | |
| ⑤ | 我对本校实践教学质量管理的信息化建设情况 | | | | | |
| ⑥ | 我对本校实践教学的教师队伍建设情况 | | | | | |

12. 您在何种程度上赞同如下陈述?

| 题号 | 题项 | 非常赞同 | 比较赞同 | 无意见 | 比较不赞同 | 非常不赞同 |
|---|---|---|---|---|---|---|
| ① | 我觉得高职院校实践教学质量管理的理论依据很重要 | | | | | |
| ② | 本校有完善的实践教学质量保障制度 | | | | | |
| ③ | 本校能严格执行实践教学质量管理文件 | | | | | |
| ④ | 本校能规范组织实践教学质量管理活动 | | | | | |
| ⑤ | 本校实践教学与职业资格证书制度结合情况很好 | | | | | |
| ⑥ | 本校"双师型"教师队伍的比例很高 | | | | | |
| ⑦ | 本校有完善的实践教学质量监督机制 | | | | | |
| ⑧ | 本校能规范运行实践教学质量监督机制 | | | | | |
| ⑨ | 本校有完善的实践教学质量评价体系 | | | | | |
| ⑩ | 本校能规范地对实践教学质量进行考核评价 | | | | | |
| ⑪ | 我觉得本校具有高水平的实践教学质量管理 | | | | | |

13. 您认为影响实践教学质量管理的因素有哪些? (最多选 3 项)

□学校重视程度 □学生兴趣 □经费投入 □师资水平

□基地建设 □设施设备建设 □课程体系安排

□其他 _____

14. 为提升实践教学质量, 您认为学校应该在哪些方面做出改善?
(多选)

□加强实习前培训联系 □联系更多实习单位

□延长实习时间 □加强实习后总结交流

□加强与实习单位的沟通 □建立定点实习基地

□其他 _____

15.请您指出本校实践教学质量管理中存在的最大问题，并提出改进建议。

_____

_____

_____

问卷到此结束，衷心感谢您的作答！祝工作愉快！

附录 B

## 高职院校实践教学质量管理现状调查问卷

### 一、实践教学管理人员访谈提纲

基本信息：性别、年龄、院系、职务

1. 学校目前有哪些实践教学的方式呢？学校在开展实践教学质量管理的过程中，进行了哪些方面的探索？当前实行的实践教学质量管理的依据有哪些呢？

2. 当前学校对实践教学质量管理有哪些制度规定呢？不同学院和专业之间有没有不同的管理方式呢？您认为学校开展专业方向上的实践教学，其定位应该是怎样的？

3. 开展实践教学质量管理的目标是什么呢？管理目标从学校到学院有没有不同呢？通常会由谁来拟定呢？

4. 目前开展的实践教学环节有哪些？是怎样分配的呢？

5. 学校有没有专门的实践教学基地呢？是什么时候开始建设的呢？所有专业都有吗？

6. 学校对校外实践教学采取了怎样的管理？如何保证校外实践教学的质量？

7. 实践教学质量管理的监督是如何执行的？管理的效果如何进行考量？学校在实践教学质量监督管理方面采取的是什么样的模式呢？有哪些部门会参与到监督管理的过程中去呢？

8. 学校有没有建立实践教学质量管理的保障体系？是哪种形式的呢？学校对实践教学制定了哪些专门的制度以保障实施呢？

9. 学校与企业之间如何进行实践教学质量管理？反馈机制中会涉及哪些人员和环节呢？如何对校内和校外两方面的质量管理进行平衡呢？

10. 学校对实践课程的评价体系有没有建立统一的标准？

11. 学校在保证、提升校内教师实践教学质量上采取了哪些方法？在选拔校外实践教学教师时有什么必要的标准？

12. 学校开展实践教学的教师和接受实践教学的合作企业应当有哪些必备的素质或条件？学校有哪些相应的选评或考核机制？

13. 学校有没有采取与企业、社会组织、政府机构合作的形式的实践教学呢？是从什么时候开始实行的？采取这种方式的目的或意义是什么呢？

14. 教师、学生、企业三方面会通过什么方式给出对实践教学的反馈？通常多久会收到一次反馈？学校对这些反馈会做出哪些处理呢？

15. 学校有哪些方式向学生普及专业的就业方向和实际工作环境呢？

16. 目前实践教学的师资队伍是怎么构成的呢？学校是如何看待双导师制度的呢？您认为这种模式的运行对实践教学质量管理的提升有什么作用呢？

17. 您认为影响实践教学质量管理的因素有哪些？对当前的实践教学质量保障会形成怎样的障碍？未来有没有什么措施可以解决呢？

二、实践教学专业教师访谈提纲

基本信息：性别、年龄、教龄、院系

1. 请问学院目前开展了实践教学的专业有哪些？这些专业的实践教学具体包括了哪些方面？

2. 您所教授的专业目前开展实践教学的模式是什么？

3. 您教学的专业每学期理论课与实践课的课时分配是怎样的？

4. 除了学校、学院固定的考核方式，您还有没有其他评价实践教学质量的方法？

5. 您参加过哪些提升实践教学能力的活动呢？这些活动有什么特点？对您指导实践教学起到了怎样的帮助？

6. 您通常会通过什么样的方式获得专业或行业专家的指导？如何获取职业一线、专业前沿的实时知识呢？

7. 学校或学院对您负责的实践教学环节是怎样进行考核的呢？考核的标准是什么呢？授课时是否有督导检查人员或者校级、院级领导前来观摩呢？

8. 学生对您的实践教学课程给出的意见或建议，您通常会如何进行反馈呢？

9. 您如何看待学校在实践教学上采取的监管机制呢？这些制度对您开展实践教学起到了什么作用？您对当前监管制度的改进有没有什么建议呢？

10. 您所教授的专业在实践教学环节有学生监管的环节吗？是用什么形式进行监管的呢？你认为这种方式对您的实践教学能力提升有什么作用呢？

11. 您如何看待双导师制度呢？您认为这种方式对您的实践教学能力的提升有什么影响呢？

12. 您认为学校、教师、学生、实习单位在实践教学过程中的定位分别是什么？

三、实践教学监督教师访谈提纲

基本信息：性别、年龄、工龄、职务

1. 您所在的学院目前采取了哪些方式来管理实践教学呢？对实践教学的哪些方面会进行监督呢？校内和校外的实践教学分别采用了什么监督方式呢？

2. 您会用什么方式收集学生实践学习的反馈信息呢？随后会怎么处理这些信息呢？

3. 您在参加实践教学监督过程中遇到的最大障碍是什么呢？您认为是什么因素导致了这类情况的发生？学校、学院采取了什么措施来减少这类情况呢？

4. 学校、学院对实践教学工作建立了怎样的考评体系呢？他们对您所负责的监督工作如何进行考评和管理呢？

5. 您如何看待学生在实践教学过程中写实习日记的反馈方式？您认为这种方式能否反映出实践教学质量管理的真实性和有效性？

6.您所在的学院与校外实践教学单位有没有建立共同监督机制呢？双方采取了什么样的形式呢？

7.请问您所监督的内容会进入实践教学的考核评价环节吗？对考核评价的结果会有什么样的影响呢？

8.您所负责的监督工作在整个实践教学过程中如何定位呢？

**图书在版编目（CIP）数据**

高职院校实践教学质量管理研究 / 王国光著. — 杭州：
浙江大学出版社，2022.1
 ISBN 978-7-308-22199-3

 Ⅰ．①高… Ⅱ．①王… Ⅲ．①高等职业教育－教学质量－
质量管理－研究－中国 Ⅳ．①G718.5

中国版本图书馆CIP数据核字（2021）第278278号

**高职院校实践教学质量管理研究**

王国光　著

| | |
|---|---|
| **责任编辑** | 汪淑芳 |
| **责任校对** | 李　琰 |
| **封面设计** | BBL品牌实验室 |
| **出版发行** | 浙江大学出版社 |
| | （杭州市天目山路148号　　邮政编码　310007） |
| | （网址：http://www.zjupress.com） |
| **排　　版** | 杭州林智广告有限公司 |
| **印　　刷** | 浙江新华数码印务有限公司 |
| **开　　本** | 710mm×1000mm　1/16 |
| **印　　张** | 14.75 |
| **字　　数** | 200千 |
| **版 印 次** | 2022年1月第1版　2022年1月第1次印刷 |
| **书　　号** | ISBN 978-7-308-22199-3 |
| **定　　价** | 59.00元 |